챗GPT 시대
기업이
살아남는 법

오라클, 딜로이트, 언스트앤영 출신의 빅데이터 • AI 전문가가 알려 주는

챗GPT시대 기업이 살아남는 법

초판 1쇄 발행 2023년 8월 25일

지은이 장동인

펴낸이 전정아

편집 오은교 **조판** 이소연 **디자인** nu:n **일러스트** 이진숙

펴낸곳 리코멘드

등록일자 2022년 10월 13일 **등록번호** 제 2022-000120호

주소 경기도 파주시 회동길 480 B동 531호

전화 0505-055-1013 **팩스** 0505-130-1013

이메일 master@rdbook.co.kr

홈페이지 www.rdbook.co.kr

페이스북 www.facebook.com/rdbookkr

Printed & published in Korea by 리코멘드

ISBN 979-11-983642-3-4 03320

* 책값은 뒤표지에 있습니다.

오라클, 딜로이트, 언스트앤영 출신의 빅데이터 • AI 전문가가 알려 주는

챗GPT시대 기업이 살아남는 법

장동인 지음

인공 지능 시대 기업이 살아남기 위한 생존 전략

초거대 언어 모델과 생성형 인공 지능이 주도한 최근 몇 년간의 인공 지능 발전 속도는 10여 년 전보다 훨씬 빠릅니다. 그 속도가 어찌나 빠른지 작년 11월에 나온 ChatGPT가 벌써 과거의 기술처럼 느껴질 정도입니다.

이제 인공 지능은 연구의 영역이 아닌 우리 삶에 직접적으로 영향을 미치는 산업의 단계에 도달했습니다. 지난 20년이 인터넷과 모바일 디바이스의 시대였다면, 앞으로의 10~20년은 본격 인공 지능의 시대가 될 것입니다.

『챗GPT시대 기업이 살아남는 법』은 ChatGPT에 대한 기본 설명의 차원을 넘어 인공 지능 시대에 기업이 어떤 식으로 이를 활용하며 생존해야 하는지에 대한 장동인 교수님의 깊은 혜안이 들어있는 책입니다.

ChatGPT로 대표되는 최근의 초거대 언어 모델은 단순 대화형 인공 지능이 아닙니다. 이들은 한 번도 보지 못한 새로운 문제가 주어지더라도 기존에 습득한 지식을 바탕으로 이를 이해하고 해결할 수 있습니다. 이는 결국 인간이 할 수 있는 지식과 데이터 기반의 모든 일을 대체할 수 있는 인공 일반 지능의 출현을 의미합니다.

인공 일반 지능의 발전은 단순 작업을 상당 부분 대체해 생산성을 극대화시키며, 많은 지식 기반 산업의 업무 프로세스는 기존과는 완전히 달라질 것입니다.

ChatGPT가 상용화된 시대에 인공 지능은 기존 기업에 위기가 될 수도, 한편으로는 기회가 될 수도 있습니다. 빠른 속도로 기업이 가진 도메인 지식을 데이터화하여 ChatGPT 등 초거대 언어 모델의 API를 활용하는 프로세스를 정립하거나 그간의 기업 노하우와 지식이 정제된 인공 지능 모델을 자체 확보하면 인공 지능 기반의 빠른 산업 개편 속에서도 생존할 수 있을 것입니다.

장동인 교수님은 KAIST CAIO(Chief AI Offiicer) 과정에서 주임교수로 처음 만나 뵈었습니다. 최신 인공 지능 기술과 개발 등의 모든 프로세스에 깊은 이해를 갖고 계신 교수님의 넓고도 깊은 식견과 빠른 최신 지식의 습득에 놀라움을 느꼈고, 대화할 때마다 이들을 비즈니스에 적용하기 위한 통찰력 있는 방안을 내놓으시는 것에 많은 배움을 얻습니다.

인공 지능의 기술과 비즈니스 각각의 분야별 전문가는 많지만 장동인 교수님과 같이 기술과 비즈니스 모두를 깊이 이해하고 이를 실제 기업 환경에 적용하여 문제를 해결할 수 있는 능력이 있는 분은 정말 극소수입니다. 이에 제가 창업한 DeepAuto라는 스타트업에 교수님을 CBO(Chief Business Officer)로 모셔와 하루하루 많은 배움을 얻고 있습니다.

이 책은 빠르게 다가오는 인공 일반 지능의 시대에 개인과 회사가 생존하는 비법을 최신 기술 동향과 함께 담고 있습니다. 이 책을 통해 장동인 교수님의 깊은 통찰을 독자 여러분과 함께 나눌 수 있는 기회가 되었으면 합니다.

KAIST 김재철 AI대학원 지정석좌교수
황성주

새벽 손님처럼 너무나 일찍 찾아온 ChatGPT를 맞이하며

ChatGPT는 새벽 손님입니다. 우리가 생각지도 못하는 사이에 너무 일찍 찾아온 손님입니다. 저는 한 10년은 걸릴 줄 알았습니다. 아니, 최소한 5년은 걸릴 줄 알았습니다. 그러나 사용하면 할수록 ChatGPT가 가지고 있는 능력과 변화에 놀라는 중입니다.

각종 커뮤니티에는 다음과 같은 질문이 끊임없이 올라옵니다.

- ChatGPT는 어떻게 생겨났고 어떤 구조로 되어 있나요?
- ChatGPT는 어떻게 그렇게 정교하게 답을 할까요?
- ChatGPT는 세상에 어떤 변화를 가져올까요?
- ChatGPT는 내가 하는 일에 어떤 영향을 줄까요?
- ChatGPT를 어떻게 이해하고 활용해야 할까요?
- OpenAI가 ChatGPT를 통해 그리는 세상은 어떤 것일까요?
- 마이크로소프트나 구글 등 글로벌 기업들은 어떤 세상을 그리고 있을까요?
- 개인인 나는 어떻게 하면 이 혁명에 올라타 주도해 나갈 수 있을까요?
- 이렇게 빠른 속도로 발전하다 보면 영화처럼 AI가 인간을 지배할 날도 올까요?

질문을 쭉 읽어 보면 마치 이전에 PC나 인터넷, 스마트폰 등이 처음 등장했을 때를 연상케 합니다. 모두 우리의 생활 패턴을 근본적으로 변하게 했던 것들이죠.

PC가 세상에 처음 등장하자 사람들은 경악했습니다. 소수의 대기업들만 가지고 있던, 냉방이 잘 되는 커다란 방에 멋지게 전시된 비싼 기업용 컴퓨터만 생각하다 TV 화면처럼 생긴 모니터에 타자기가 붙어 있는 모습에 놀랐기 때문입니다. 이렇게 PC는 반도체 시장이라는 거대한 산업을 일으켰습니다. 이러한 흐름을

주도한 IBM, 인텔, 마이크로소프트 등의 기업은 거대 규모로 성장했습니다.

인터넷 세상은 차원이 다른 경험을 선사했습니다. 전 세계 사람들이 소통을 시작하고, 다양한 물건을 사고팔고, 각종 뉴스와 광고가 쉴 새 없이 흘러나오기 시작한 것입니다. 아마존, 구글, 페이스북, 넷플릭스, 텐센트 등의 거대 기업들이 앞장서서 폭발적인 성장을 일궈냈습니다

스마트폰은 전화기나 컴퓨터의 개념을 새롭게 정립했습니다. 이제는 생활 영역의 대부분을 차지하며 스마트폰이 없는 세상은 상상할 수 없습니다. 애플, 구글, 삼성전자, 퀄컴, 우버, 에어비앤비 등의 기업도 엄청나게 성장했습니다.

사람들은 이제 영화관에 가거나 TV 채널을 시청하는 대신 유튜브를 보거나 OTT를 이용합니다. 이렇게 혁신적인 기술의 등장은 사람들의 행동을 변하게 하고, 기업을 변하게 하고, 나아가 세상을 변하게 합니다.

개개인의 생활 패턴이 변화하면 산업도 변화합니다. ChatGPT로 인한 AI 혁명은 지금까지 나왔던 PC, 인터넷, 스마트폰보다 훨씬 더 거대한 혁명입니다. 이는 결국 인간이 소통하고 생활하는 근본적인 방식을 바꿀 것입니다.

AI로 인한 혁명, 좀 더 정확하게는 ChatGPT로 인한 혁명의 시작점에 서 있는 지금, 우리가 이것의 정체와 흐름을 파악하고 어떤 기업의 누가 주도하고 있는지를 잘 알고 있어야 변화에 적극적으로 동참할 수 있습니다. 이것이 제가 이 책을 쓴 이유입니다.

지금부터 저와 함께 새벽 손님을 맞이하러 가지 않으시겠습니까? ChatGPT를 비롯한 수많은 초거대 언어 모델과 생성 AI가 가져올 미래가 어떤 모습일지, 그리고 우리는 어떤 모습으로 이를 맞이해야 할지 기대로 가슴이 두근거립니다.

장동인

목차

한 편의 영화처럼 등장한 ChatGPT 이야기

현대적인 AI 히스토리

CHAPTER 03

ChatGPT 기술의 이해

CHAPTER 04

OpenAI가 꿈꾸는 원대한 비전

CHAPTER 07 마이크로소프트의 AI 전략

목차

CHAPTER 08

오픈 소스 진영의 부상

CHAPTER 09

ChatGPT와 다양한 기술의 결합

CHAPTER 01

한 편의 영화처럼 등장한 ChatGPT 이야기

OpenAI가 개발한 ChatGPT가 세상에 공개되자 "와, 이런 것도 가능하구나!"라며 곳곳에서 탄성이 터졌습니다. 직접 사용해 보니 2020년에 출시됐던 GPT-3와는 많이 달랐습니다. 마치 사람과 채팅하듯이 자연스러운 대화가 계속해서 이어졌기 때문입니다.

누구나 ChatGPT와 같은 인공 지능의 등장을 이야기했지만 이렇게 빨리 우리 곁에 다가올 줄은 몰랐습니다. 기대했던 것보다 너무 일찍 온, 마치 새벽에 찾아온 손님과 같은 느낌입니다. 그러니 앞으로 ChatGPT가 만들어갈 미래 또한 설레며 기다리게 됩니다. 물론 당면한 과제들도 많지만, ChatGPT의 등장이 보여 준 서프라이즈와는 비교가 안 됩니다.

한 편의 영화처럼 등장한 ChatGPT의 스토리와 그로 인해 우리가 그려 볼 수 있는 미래에 대해 살펴보겠습니다.

개발자도 예상하지 못한 ChatGPT의 대성공

ChatGPT를 개발한 OpenAI도 ChatGPT가
이토록 엄청난 인기를 누릴 줄은 몰랐습니다.

다음은 미국 MIT에서 발행하는 학술지 『MIT 테크놀로지 리뷰』 2023년 3월 호에 실린 이야기입니다.

ChatGPT를 개발한 인공 지능 연구소인 OpenAI의 직원 중 어느 누구도 ChatGPT가 이렇게 입소문을 타면서 전 세계적으로 엄청난 인기를 누릴 줄은 몰랐다고 합니다. 사실 ChatGPT는 GPT-4라는 인공 지능 모델을 만들기 위한 중간 다리 역할 정도로 간주했기 때문입니다. ChatGPT 개발에 참여한 OpenAI의 과학자들은 실제로 이와 같이 이야기를 나눴습니다[1].

"ChatGPT의 성공에 솔직히 매우 당황했다. 우리는 놀라서 상황을 따라잡기 위해 애썼다."_ **얀 레이커**Ian Leiker

"출시 후 며칠 동안 트위터를 여러 번 확인했는데, ChatGPT 스크린샷들로 피드가 가득 차는 말도 안 되는 시기가 있었다. ChatGPT가 직관적이며 사용하기

1 MIT 테크놀로지 리뷰, https://www.technologyreview.kr/the-inside-story-of-chatgpt

쉽기 때문에 어느 정도 인기를 얻을 수 있으리라고 예상했지만, 이 정도로 엄청 난 인기를 누리게 될 줄은 몰랐다."_ **존 슐먼**John Schulman

"정말 많은 사람이 ChatGPT를 사용하기 시작하면서 우리 모두가 놀랐다. 사실 우리는 이러한 언어 모델을 너무 많이 연구하고 있기 때문에 바깥 세상 사람들에게 얼마나 놀라워 보일지에 대해서는 종종 잊어버린다."_ **산디니 아가왈**Sandhini Agarwal

"우리는 ChatGPT가 이렇게 좋은 평가를 받은 것에 매우 놀랐다. 이전에 범용 챗봇을 만들려는 시도가 많았기 때문에 상황이 우리에게 불리하다는 것은 알고 있었다. 하지만 ChatGPT를 통해 사람들이 진정으로 즐길 수 있는 무언가를 우리가 제공할 수 있다는 자신감을 얻게 되었다."_ **리엄 페두스**Liam Fedus

"무엇이 이 모든 상황을 이렇게 이끌었는지, ChatGPT 인기의 비결이 무엇인지 더 제대로 이해하고 싶다. 솔직히 우리도 이해가 되지 않는다. 우리도 잘 모르겠다."_ **얀 레이커**Ian Leiker

OpenAI 내부 직원들이 이렇게 당혹스러워하는 이유 중 하나는 ChatGPT 내부에 담긴 기술 대부분이 신기술이 아니라는 사실입니다. ChatGPT는 OpenAI가 ChatGPT 출시 몇 달 전에 공개한 대규모 언어 모델 제품군인 GPT-3.5의 미세 조정 버전입니다. GPT-3.5는 2020년에 등장한 GPT-3의 업데이트 버전인데, 이것을 단지 채팅 방식으로 인터페이스를 바꿔 내놓은 ChatGPT가 뛰어난 접근성과 사용성 덕분에 대박을 터뜨린 것입니다.

> ChatGPT는 GPT-3.5를 사용하며 2023년 3월에 출시된 GPT-4는 ChatGPT와는 다른 버전입니다. 하지만 ChatGPT라는 명칭이 고유명사처럼 널리 사용되고 있으므로 이 책에서는 반드시 구분해서 명기할 필요가 있을 때만 GPT-4라고 쓰고, 그렇지 않을 경우에는 모두 ChatGPT를 사용하겠습니다.

OpenAI 내부에서는 지금까지 하던 대로 했을 뿐인데 생각지도 못하게 크게 성공했다고 느끼는 것 같습니다.

OpenAI가 ChatGPT를 발표한 이유

OpenAI 경영진들은 ChatGPT가 이렇게 성공할 줄도 몰랐는데
왜 세상에 발표한 걸까요?

그동안 대화형 AI 모델이 ChatGPT만 있던 것은 아니었습니다. 구글도 2020년에 대화형 챗봇 Meena(미나)를 개발했고, 2021년에는 **초거대 언어 모델**Large Language Model(**LLM**)인 LaMDA(람다)를 발표했습니다. 2022년에는 GPT-3보다 약 세 배가 많은 5,400억 개의 파라미터를 가진 초대형 인공 지능 PaLM(팜)도 공개했습니다. 이는 현재 GPT-4보다 훨씬 더 크고 강력한 언어 모델이며, ChatGPT에 참여한 인간 라벨러들이 AI 모델의 답변을 피드백하는 **인간 피드백 기반 강화 학습**Reinforcement Learning with Human Feedback(**RLHF**) 기능도 있습니다. 그뿐만이 아닙니다. 구글의 자회사인 딥마인드 역시 대규모 언어 모델인 Gopher(고퍼)와 Chinchilla(친칠라)를 발표합니다. 구글도 Bard(바드)를 내세워 ChatGPT와의 경쟁을 본격화하고 있습니다.

> LLM(Large Language Model)을 번역하면 '초거대 언어 모델'입니다. 대규모 데이터셋에서 훈련된 모델로, 텍스트를 이해하고 생성하는 데 특화되어 있어 대화형 챗봇 등과 같은 자연어 처리 작업에 활용됩니다. 이 책에서는 LLM으로 줄여서 사용하겠습니다.

2016년 마이크로소프트는 인공 지능 챗봇 테이Tay를 발표한지 하루 만에 무수한 비난을 받고 서비스를 접어야 했습니다. 현실 세계의 수많은 차별과 편견을 거르지 못하고 학습해 인종 차별, 성차별적인 발언을 서슴없이 내뱉었기 때문입니다. 2020년 우리나라에서도 비슷하게 벌어진 '이루다 사건' 때문에 실력 있던 스캐터랩이라는 벤처 회사가 어려운 상황에 빠지게 되었습니다. 물론 이후에 잘못된 데이터를 수정한 두 번째 버전이 바로 출시되긴 했지만, 한번 등을 돌린 대중의 관심을 되돌리기는 어려웠습니다.

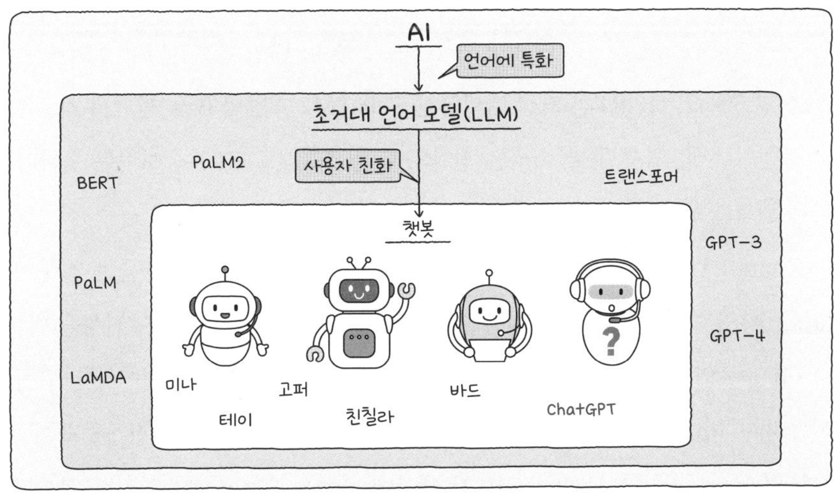

이렇게 많은 기업이 뛰어드는 경쟁의 소용돌이 속에서 OpenAI가 ChatGPT를 공개한 이유는 무엇일까요?

첫째, 챗봇 테이와 같은 논란에 휘말리지 않을 거라는 자신이 있었습니다.

OpenAI 입장에서는 과감하게 회사의 운명을 걸었던 것으로 보입니다. 유료 전환 계획을 가지고 ChatGPT를 발표한 시점에는 GPT-4가 거의 완성 단계에 있었습니다. 만약 ChatGPT에 문제가 생기면 바로 GPT-4로 대체하려고 만반의 준비를 했던 것이죠. OpenAI가 ChatGPT를 발표하기까지 내부적으로 준비한 내용과 규모를 살펴보면 직원이 400명도 안 되는 기업에서 이렇게 많은 일을 할 수 있는지 놀라울 정도입니다.

둘째, 구글과의 경쟁 때문입니다.

구글은 현존하는 모든 LLM의 조상격인 트랜스포머Transformer를 2017년에 만들고, 그 이후에도 훌륭한 AI 모델을 수없이 개발했습니다. 2023년 2월에 AI 챗봇인 Bard(바드)를 성급하게 발표했다가 시연하는 자리에서 잘못된 답변을 하는 바람에 이미지에 엄청난 타격을 입고 2023년 3월에 베타 테스트에 들어갔지만 여전히 OpenAI의 GPT-4만 못하다는 말을 더 많이 들었습니다. 그러던 중 2023년 5월 ChatGPT의 거센 위세를 뚫고 PaLM2 기반의 Bard를 신무기로 다시 내놓았는데 "역시 구글"이라는 평가와 함께, "그래도 GPT-4보다는 못하다"라는 의견도 들으며 OpenAI의 뒤를 바짝 뒤쫓고 있습니다.

ChatGPT에 관한 소스 코드나 논문을 공개하지 않는 이유를 묻는 질문에, OpenAI의 수석 과학자인 일리야 슈츠케버Ilya Sutskever는 "경쟁과 안전성을 이유로 GPT-4의 트레이닝 데이터를 비공개로 전환한 것은 자명한 일이다"라고 답했습니다. 따라서 OpenAI에 대한 구글의 대응이 앞으로 어떻게 전개될지 매우 궁금해지는 시점입니다. ChatGPT를 세상에 내놓은 OpenAI의 과감한 의사 결정은 CEO인 샘 알트만Sam Altman의 용감하고 현명한 판단이라고 봐야 할 것입니다. 직원 400명으로 AI의 역사와 발자취를 함께 해 온 작지만 거대한 기업인 OpenAI의 발표 하나가 새로운 시대를 성큼 앞당겼습니다.

For Business

구글만큼 AI 인력이 많은 기업도 없을 것입니다. 구글 AI, 구글 브레인, 구글 클라우드 AI, 딥마인드, 구글 리서치 등 최소 다섯 개의 AI 조직이 있고, 자율 주행을 개발하는 자회사 웨이모, 창의적인 아이디어를 비밀스럽게 연구하는 구글 X에도 AI 조직이 있습니다. 조직이 분산되면 문제가 많아질 수밖에 없습니다. 오늘날 구글의 문제는 AI 모델이나 인력의 문제가 아닌 경영에 따른 요인이 있을 것으로 보입니다.

바둑 두는 알파고,
말하는 ChatGPT

알파고와 ChatGPT는 인공 지능의 발전을 대표하는 기술이지만
서로 상당히 다른 특성을 가지고 있습니다.

2016년에 이세돌과 바둑을 겨룬 딥마인드의 알파고와 2022년에 혜성처럼 등장한 OpenAI의 ChatGPT는 사람들에게 인공 지능의 세상이 왔음을 알려 주는 거대 사건이었습니다. 그런데 같은 인공 지능이어도 알파고와 ChatGPT는 상당히 다른 특성을 가지고 있습니다.

알파고는 바둑이라는 분야에서 어떻게 인간의 능력을 넘어설 수 있는지를 보여 주는 획기적인 사건으로 남았습니다. 그러나 이렇게 크나큰 충격을 주었음에도 결과적으로 보면 알파고는 바둑이라는 아주 좁은 영역에서의 증명에 지나지 않습니다. 즉, 바둑을 두지 않는 대부분의 사람들에게는 그리 큰 파급력이 없었던 것입니다. 물론 알파고로 인해 정부는 적극적으로 AI 전문가 육성에 나서기 시작했고, 기업에서도 다양한 영역에 AI 기술을 도입하자 많은 학생이 이를 연구하기 위해 대학원의 문을 두드리기 시작했습니다. 많은 사람이 AI의 뛰어난 능력에 감동했고, 사회적 관심 또한 대단했습니다.

반면 ChatGPT는 그동안 AI에 관심이 없었던 사람들에게도 경이로움 그 자체였습니다. 가히 모든 분야, 모든 산업, 모든 사람에게 어마어마한 파급력을 몰고

온 것입니다. 이는 과거에 PC, 인터넷, 스마트폰이 세상에 처음 나왔을 때의 놀라움과 견줄만합니다. 조금만 사용해 봐도 알겠지만 ChatGPT가 하는 답변은 기존 검색과는 다르고 심지어 사람과 견주었을 때 더 빠르고 정확하다고도 합니다.

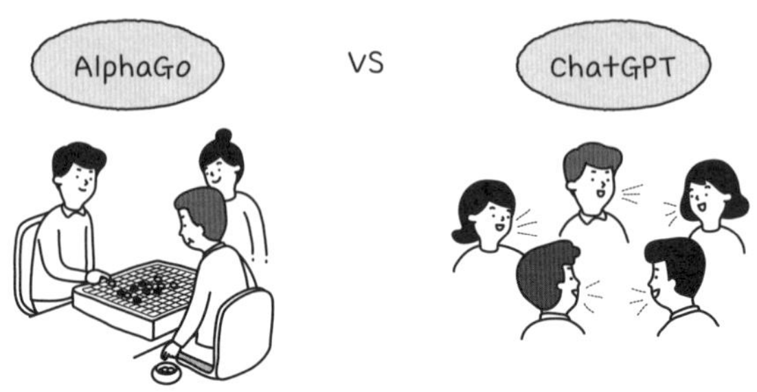

다만 2022년 11월 GPT-3.5를 기반으로 만들어진 ChatGPT는 틀린 답변을 꽤 그럴듯하게 각색했고, 이것은 큰 이슈가 되기도 했습니다. 예를 하나 들어 보겠습니다. ChatGPT에 다음과 같이 말도 안 되는 질문을 했습니다.

ChatGPT에 직접 물었다!

고종의 맥북 도난 사건에 대해 이야기해 줘.

고종의 맥북 도난 사건은 2011년 9월에 일어난 사건으로, 당시 대한제국의 마지막 황제였고 고종의 마산 장원 궁에서 보관되고 있던 맥북이 도난당한 사건입니다.

해당 맥북은 대한제국 시절 고종이 사용했던 물품으로, 고종의 사직 이후 궁중의 문화재로 보존되고 있었습니다. 그러나 2011년 9월 5일, 궁내 방문객들이 보관함을 열어 보니 맥북이 사라져 있었습니다.

경찰은 맥북을 찾기 위해 수사를 진행했고, 이후 용의자 두 명이 검거되어 조사를 받았습니다. 그러나 용의자들은 범행을 부인하며, 사건의 배후나 다른 범인들의 존재 가능성도 제기되었습니다.

사건 이후 궁중의 문화재 보호에 대한 문제가 다시 한 번 논의되었고, 궁중 문화재의 보존과 관리에 대한 강화된 대책이 마련되기도 했습니다.

어떤가요? 정말 그럴듯하지요? '고종 맥북 도난 사건'에 대한 신문 기사라고 해도 깜빡 속아넘어갈 정도입니다. 이런 글을 소위 말하는 **'아무 말 대잔치**(전문 용어로는 할루시네이션 Hallucination)'라고 합니다.

 Hallucination을 우리말로 번역하면 '환각'이지만 이것은 원래 의미를 많이 벗어나므로 이 책에서는 '아무 말 대잔치'로 지칭하겠습니다.

이번에는 최근 GPT-4로 업그레이드된 ChatGPT 플러스(유료)에 같은 질문을 해 봤습니다.

ChatGPT에 직접 물었다!

고종의 맥북 도난 사건에 대해 이야기해 줘.

고종의 맥북 도난 사건이라는 특정 사건에 대한 정보는 찾을 수 없습니다. 고종은 대한제국의 마지막 국왕으로, 1863년부터 1907년까지 통치했습니다. 이 시기는 맥북 또는 컴퓨터가 아직 발명되지 않은 시대이므로, 고종이 관련된 맥북 도난 사건이 있을 수 없습니다.

만약 다른 유사한 사건이나 인물에 대해 알고 싶다면, 질문을 조금 더 명확하게 해 주시면 도움을 드릴 수 있습니다.

오우, 정답입니다. 그런데 재미는 좀 없네요. GPT-4에 들어와서는 이러한 아무 말 대잔치 답변이 40% 정도 줄었다고 합니다. 여전히 이에 대한 이슈는 있지

만 그렇다고 해서 우리가 ChatGPT를 사용하지 않을 이유는 없습니다. 혁신적인 기술이 세상에 처음 나오면 어느 정도 문제가 있어도 이를 주도하는 기업의 적극적인 연구 개발이 이루어집니다. 따라서 사람들이 얼마나 사용하느냐에 따라 부정확한 답변이나 아무 말 대잔치 문제 등은 앞으로 많이 정제될 것입니다.

ChatGPT는 OpenAI가 개발한 인공 지능 언어 모델입니다. 언어 모델은 어떤 문장이 주어졌을 때 그 다음에 오는 단어들을 확률로 맞추는 수학적인 원리로 이루어집니다. 즉, 우리가 ChatGPT에 어떤 질문을 던지면 가장 높은 확률로 정답에 가까운 답변을 만들어 줍니다. 또한 텍스트 데이터를 학습하기 때문에 언어로 하는 모든 일에 뛰어난 성능을 보입니다. 이는 인공 지능이 인간처럼 글을 작성하거나 질문에 답변하고, 번역과 요약과 같은 다양한 언어 관련 작업을 수행할 수 있다는 것을 보여 줍니다. 추후에 다시 설명하겠지만 ChatGPT의 모태가 되는 모델인 GPT-3는 트랜스포머라는 인공 지능 아키텍처를 사용하며, 1,750억 개의 파라미터를 통해 4,990억 개의 단어를 익혔습니다. 한마디로 어마어마한 양의 단어를 학습한 결과입니다. 이러한 GPT-3를 훨씬 더 사용자 친화적으로 개선한 것이 바로 ChatGPT입니다.

알파고와 ChatGPT는 인공 지능 발전에 있어 서로 다른 양상을 보입니다. 알파고는 바둑이라는 특정 분야에서 인간의 전문가 수준을 넘어서는 성과를 냈습니다. 이세돌과의 대국 이후 알파고는 알파고 제로AlphaGo Zero, 알파 제로Alpha Zero, 뮤 제로Mu Zero로 발전했습니다. 바둑뿐만 아니라 장기, 체스, 아타리 게임 등 마치 인간처럼 다목적 과제를 수행할 수 있도록 진화한 것이죠. 사실 딥마인드 대표인 데미스 하사비스Demis Hassabis의 원대한 꿈은 인간과 거의 흡사한 범용 인공 지능을 만드는 것이었습니다. 하나의 인공 지능이 여러 가지 일을 동시에 할 수 있다는 것을 보여 주고 싶었던 것입니다. 이후 스타크래프트 게임에서 인간을 이기는 알파 스타Alpha Star, 인간보다 뛰어난 능력으로 단백질 구조를 예측하는 알파폴드Alpha Fold 등 더욱 발전된 형태의 인공 지능이 등장하게 되었습니다.

ChatGPT는 알파고보다 일반화된 형태의 인공 지능으로, 다양한 언어 작업에서 뛰어난 성능을 발휘하며 인간과 비슷한 수준의 의사소통 능력을 갖추었다고 할 수 있습니다. 가장 최근에 출시된 GPT-4는 화제가 된 ChatGPT보다 한층 업그레이드된 실력을 보여 줍니다. 사실 ChatGPT가 기본적으로 가지고 있는 능력만으로도 어마어마하기 때문에 ChatGPT를 이야기하는 것은 마치 '눈 먼 사람 코끼리 만지기'와 같습니다.

ChatGPT를 만든 OpenAI와 딥마인드의 동일한 목표가 있다면 그것은 하나의 인공 지능이 여러 가지 일을 수행하게 하자는 것입니다. 알파고 이전까지 하나의 인공 지능은 하나의 작업만 할 수 있었습니다. 예를 들어 어떤 글을 읽고 긍정인지 부정인지를 판단하는 인공 지능, 번역하는 인공 지능, 요약하는 인공 지능이 별개로 존재한 것입니다. ChatGPT를 비롯한 현재의 인공 지능은 이 모든 기능을 하나로 통합한 형태입니다.

GPT-4는 텍스트로만 소통하는 ChatGPT에서 한걸음 더 나아가 어떤 사진을 보여 주면 그에 대한 설명과 추론까지 할 수 있습니다. 이처럼 앞으로는 텍스트, 이미지, 음성, 영상 등 다양한 형태의 데이터를 입력하면 답변도 다양한 형태로 받을 수 있는 시기가 올 것입니다. 이를 **멀티모달**Multi-Modal 인공 지능이라고 합니다. 사람은 당연히 멀티모달 능력을 가지고 있습니다. 문장을 읽고, 음악을

듣고, 영상을 보고 이해할 수 있으며 필요하면 글을 쓰거나 음악과 영상도 만듭니다. 따라서 인공 지능이 발전한다는 것은 점점 더 사람과 닮은 수준의 인공 지능을 만들어 간다는 뜻이기도 합니다.

알파고와 ChatGPT 둘 다 인공 지능의 빠른 발전을 보여 주는 대표적인 사례이지만 범용성과 능력면에서 ChatGPT는 알파고가 따라잡을 수 없을 정도로 어마어마한 혁신을 이뤄냈습니다. 사람과 비슷한 수준의 능력을 보여 주기 시작한 ChatGPT의 미래는 이제 겨우 시작일 뿐입니다!

	알파고	ChatGPT
개발 회사	구글 딥마인드	OpenAI
인공 지능 종류	강화 학습	자연어 처리
개발 목적	바둑 게임에서 인간 프로 선수에 승리	인간처럼 대화하고 추론하여 문제 해결
대표적인 응용 분야	바둑, 쇼기(일본 장기), 아타리 게임 등	자연어 대화, 챗봇, 자동 코딩
학습 데이터 양	16만 개 바둑 기보	인터넷 등 대규모 텍스트 데이터
대화 품질	대화 기능 없음, 다음 수만 지정	자연스러운 대화, 문맥 파악 능력
향상 기술	딥러닝 기반의 강화 학습	인간 피드백을 거친 강화 학습과 추론
활용 가능한 분야	게임, 과학 연구 등	챗봇, 문서 요약, 기사 생성 등
유명한 경연 대회	알파고 대 이세돌	공식 대회는 없지만 수많은 과제 수행
출시 시기	2016년	2022년

알파고와 ChatGPT의 특성 비교

우리는 왜 ChatGPT에 열광하는가?

인류의 역사 속에서 인간이 지식을 창조하고 전수하는 방식은 세 가지가 있습니다. 바로 말, 책, 검색입니다.

인쇄술이 발달하기 전, 무엇을 배우고자 하면 제자는 스승의 말을 통해 배울 수밖에 없었습니다. 따라서 좋은 스승을 찾으면 제자는 스승의 말을 일일이 손으로 써서 기록했습니다. 이것이 필사본입니다. 어떤 지식을 얻으려면 이 희귀한 필사본을 구하기 위해 온 세상을 돌아다녀야 했습니다. 지식을 구하고 얻는 것에 드는 시간과 노력이 어마어마했기 때문에 당연히 지리적, 시간적 한계가 있었죠.

인류 역사에 커다란 획을 그은 것이 바로 종이와 인쇄술의 발명입니다. 책을 대량으로 만들고 배포할 수 있게 된 것입니다. 금속활자의 발명은 인쇄술의 혁신과 함께 근대 문명을 여는 계기가 되었습니다. 더 많은 사람이 책을 통해 지식을 교류할 수 있게 되었기 때문입니다. 그런데 책은 누군가가 글을 써야 하고, 그 글을 모아 책의 꼴을 만들어 유통 및 판매시키는 과정이 필요합니다. 독자 또한 그 책을 읽으려면 그에 걸맞은 언어 능력을 갖춰 이해하고 정리하는 과정이 필요합니다. 한마디로 지식을 전달만 하는 데도 엄청난 시간과 노력이 드는 것입니다.

1990년대 인터넷이 보급되면서 월드 와이드 웹WWW; World Wide Web을 통해 방대한 양의 콘텐츠를 검색하는 검색 엔진이 나오게 되었습니다. 초기에는 그다지 주목을 끌지 못했지만 검색 광고 시장이 열리면서 검색 엔진은 급속도로 발전하기 시작합니다. 돈이 되니 너도나도 투자하기 시작해 이제는 사람들이 원하는 내용보다 광고가 훨씬 더 많이 뜨는 상황이 됐습니다. 소위 TMI Too Much Information가 가득해진 것이죠. 그래도 지식을 얻는 데는 당연히 검색이 책보다 빠르고 편했습니다.

그런데 이번에는 완전히 다른 차원의 혁명이 시작되었습니다. 대화형 인공 지능인 ChatGPT는 어마어마한 양의 책과 인터넷 콘텐츠를 학습했기 때문에 궁금한 것을 물으면 한 방에 바로바로 답을 합니다. 그동안 책을 뒤지면서 궁금한 부분을 하나하나 찾아야 했던 노력이 필요 없어졌습니다. 수백 수천만 건의 검색 결과를 하나씩 클릭해야 했던 노력 또한 필요 없어졌습니다. 이런 것은 지금까지 존재하지 않았습니다!

ChatGPT는 이렇게 인류가 지식을 찾고 전수하는 방법을 혁신하고 있습니다.

인류가 지식을 전달하기 위해 발명한 종이, 금속활자, 책, 검색 기능이 인류의 역사에 커다란 진보를 이뤘던 것처럼 ChatGPT도 마찬가지로 눈에 띄는 혁신을 가져올 것입니다. 인터넷, PC, 스마트폰이 새로운 산업을 창출했듯이 ChatGPT는 거대 산업을 창출할 것이고, 지금은 그 시작점에 서 있습니다. 물론 ChatGPT의 문제점인 편견과 오류, 남용의 가능성과 앞으로 나타날 많은 부정적인 이슈들은 반드시 고쳐 나가야겠지요. ChatGPT로 인해 펼쳐질 미래 산업이 참으로 궁금해집니다.

사실 ChatGPT보다 먼저 출시된 GPT-3는 일반인이 사용하기는 어려웠습니다. API라는 것을 활용해 따로 앱을 만들어야 했기 때문이죠. GPT-3를 활용한 다양한 앱이 나왔지만 사람들이 많이 사용하지는 않았습니다. 그런데 ChatGPT는 달랐습니다. 사람들이 이렇게 ChatGPT에 열광하는 데는 다음과 같은 이유가 있습니다.

채팅 화면 같은 단순한 사용자 인터페이스

현대 사람들은 카카오톡과 같은 채팅 메신저를 사용해 대화하는 것에 매우 익숙합니다. 누군가와 메신저로 대화하는 느낌의 ChatGPT 사용자 인터페이스는 매우 단순하고 쉬울 수밖에 없습니다. 기술에 익숙하지 않은 사람도 쉽게 사용할 수 있는 것이죠. 지금까지의 인공 지능 언어 모델은 AI 전문가들이 어려운 프로그래밍을 해야 답이 나왔지만, ChatGPT는 마치 친구와 톡을 하는 것처럼 답변이 바로바로 오는 것이 특징입니다.

다양한 분야에서 활용

ChatGPT는 글쓰기, 편집, 번역, 프로그래밍, 교육, 엔터테인먼트 등 다양한 분야에서 도구로 활용되고 있습니다. 또한 거의 모든 분야를 망라하기 때문에 의료, 법률, 세무, 경영, 엔지니어링, AI, 코딩 등의 분야에서도 놀랄 정도의 전문성을 보입니다. 그렇기 때문에 필요에 따라 굉장히 다양한 분야로 뻗어 나갈 수 있습니다.

원하는 결과를 바로 제공

ChatGPT는 작업 효율을 향상시키는 데 큰 도움을 줍니다. 복잡한 작업을 빠르게 수행하거나 정보를 검색하고 정리하는 등의 작업을 단순화할 수 있습니다. 특히 어떤 일을 계획하는 데 엄청난 인사이트를 제공합니다. 이는 지금까지 어떤 종류의 AI로도 하지 못한 일입니다.

빠른 발전 속도

인공 지능 기술은 계속해서 발전하고 있으며, ChatGPT도 이를 부지런히 따라가는 중입니다. 끊임없는 성능 향상으로 인해 사용자들의 관심도 이어지고 있습니다. 최근에 등장한 GPT-4는 새로운 기능뿐만 아니라 기존 성능의 정확도를 개선시키고 있습니다. 기술 발전 속도가 너무 빨라 당황스러울 정도입니다.

똑똑한 답변을 통한 지적 호기심 자극

인공 지능과의 대화는 기존에 접하지 못한 새로운 경험을 제공하는데, 이것이 사람들의 호기심을 자극하고 열광하게 하는 요인입니다. ChatGPT의 응답은 때론 놀라운 통찰력과 창의성을 보여 주기도 합니다. 과거에 우리가 만난 챗봇은 답변은 그럴듯해도 단편적인 내용의 한계가 있었는데, ChatGPT는 질문의 논점과 디테일을 그대로 유지하면서 끊임없이 대화를 이어 나갈 수 있습니다.

프로그램 코딩 능력

ChatGPT는 지금까지 넘을 수 없었던 코딩의 장벽을 아주 쉽게 넘게 해 줍니다. 자신이 원하는 기능을 문장으로 기술하면 프로그래밍 언어로 바로 코딩해 줍니다. 따라서 코딩을 조금만 이해하는 사람이라면 누구나 얼마든지 새로운 앱을 개발할 수 있게 되었습니다.

이러한 이유들로 인해 사람들은 ChatGPT와 같은 인공 지능 대화 모델에 뜨겁게 열광하고 있습니다. ChatGPT를 시작으로 인공 지능 대화 모델이 많이 출시되면 서로간의 경쟁을 통해 성능은 더욱 향상되고 특화될 것입니다.

ChatGPT가 여는 본격 AI 시대

ChatGPT는 앞으로
우리 사회 구석구석을 변화시킬 것입니다.

지금도 많은 사람들이 체감하고 있듯이 ChatGPT는 기술, 학문, 사회, 서비스, 기업 문화 등 사회 전반을 조금씩 바꾸고 있습니다. 그 변화에는 어떤 것들이 있는지 하나씩 살펴보겠습니다.

유료 서비스로 인한 AI 발전 가속화

OpenAI는 ChatGPT 유료 서비스로 인한 매출이 올해 2억 달러, 2024년에는 약 10억 달러로 예상하고 있습니다. 또한 현재 ChatGPT가 제공하는 언어의 수는 95개이므로 앞으로 거의 모든 나라가 사용할 수 있게 될 것입니다.

ChatGPT는 기본적으로 무료 서비스이지만 사용하다 보면 유료 서비스에 가입하는 경우가 많습니다. 무료 서비스는 사용자가 몰릴 경우 응답 시간이 느리거나 가끔 사용할 수 없을 때가 있기 때문입니다. 다음은 ChatGPT 유료 서비스를 사용하는 주요 이유입니다.

- 유료 사용자는 사용량이 많은 시간대에도 서비스를 우선적으로 사용할 수 있는 권한을 갖습니다.
- 유료 사용자는 새로운 기능 및 개선 사항을 반영한 모델을 우선적으로 사용할 수 있습니다.
- GPT-4는 유료 사용자만 사용할 수 있습니다.
- 새로 추가된 플러그인과 실시간 검색 기능을 사용할 수 있습니다.

> 플러그인은 특정 기능을 실행할 수 있는 일종의 확장 프로그램입니다. ChatGPT 플러그인은 최신 정보에 취약했던 ChatGPT의 약점을 보완하고, 연결된 다른 프로그램에서 사용자가 할 일을 대신 수행합니다. GPT-4에는 현재 540여 개의 플러그인이 있으며(2023년 7월 기준), 실시간 검색은 마이크로소프트 Bing을 통해 가능합니다.

ChatGPT는 이제 기업에서도 많이 사용하고 있습니다. 유료 버전은 월 20달러로 기업 입장에서는 비용도 크게 비싸지 않기 때문에 이왕이면 요금을 내고 자유롭게 서비스를 이용할 것입니다. 따라서 앞으로도 유료 서비스 가입자 수는 ChatGPT 사용자 수만큼이나 기하급수적으로 늘어날 것으로 예상됩니다.

과연 어느 정도 규모인지 한번 추산해 보겠습니다. 현재 ChatGPT 전체 가입자가 2억 명이라고 하면 이중 약 10%만 유료 가입자라고 해도 2,000만 명이고, 이들이 한 달에 20달러씩 내면 월 수입은 4억 달러가 됩니다. 그렇게 되면 연평균 약 48억 달러의 수입이 되겠죠. 어마어마한 시장입니다. 물론 ChatGPT 유료 버전이 아니더라도 무료로 사용할 수 있는 마이크로소프트의 Bing Chat(빙챗)이나 구글 Bard(바드)를 사용할 수도 있습니다. 그렇다고 하더라도 인터넷 실시간 검색 기능과 플러그인 기능이 제공되는 ChatGPT는 Bing Chat이나 Bard보다 답변의 깊이나 내용이 더 훌륭한 편이기 때문에 당분간 유료 서비스는 계속될 것입니다.

학문적인 AI에서 상업적인 AI로

얼마 전까지는 대학에서 새로운 AI 모델이나 기술을 개발하면 일반 기업에서 그것을 응용해 사용했습니다. 저명한 AI 리더라고 하면 대부분이 대학교수였습니다. 스탠포드, 카네기멜런, MIT, 토론토, 옥스퍼드, KAIST 등 전 세계 유수 대학들이 앞장서서 AI 분야를 이끌어 왔습니다. 이에 따라 국내외 AI 학회에서 새로운 논문을 발표하는 것이 연구자로서 영예로운 업적 중 하나였고, 많은 교수와 학생들이 이를 따랐습니다. 또한 논문을 발표하면 연구에 사용된 소스 코드도 함께 공개하는 것이 미덕이었습니다.

그런데 AI 모델이 점점 거대해지고 이를 학습시킬 GPU도 증가함에 따라 AI 연구에는 이전보다 몇 배의 비용이 들게 되었습니다. GPT-3를 학습하는 데만 최소 수백억 원의 비용이 들어갔다고 하니 ChatGPT나 GPT-4도 비슷한 정도의 비용이 들었을 겁니다. 이렇게 되니 대학에서는 새로운 AI 모델을 개발하는 데 발생하는 비용을 감당할 수가 없습니다. GPT-3가 출시된 2020년 이후에 발표된 새로운 AI 모델을 살펴보면 모두 OpenAI, 구글, 메타 등의 세계적인 기업

GPT-4 Technical Report

OpenAI*

Abstract

We report the development of GPT-4, a large-scale, multimodal model which can accept image and text inputs and produce text outputs. While less capable than humans in many real-world scenarios, GPT-4 exhibits human-level performance on various professional and academic benchmarks, including passing a simulated bar exam with a score around the top 10% of test takers. GPT-4 is a Transformer-based model pre-trained to predict the next token in a document. The post-training alignment process results in improved performance on measures of factuality and adherence to desired behavior. A core component of this project was developing infrastructure and optimization methods that behave predictably across a wide range of scales. This allowed us to accurately predict some aspects of GPT-4's performance based on models trained with no more than 1/1,000th the compute of GPT-4.

1 Introduction

OpenAI의 GPT-4에 대한 기술 문서[2]

---

2 OpenAI, 「GPT-4 Technical Report」

연구소에서 개발한 것입니다. 이제 새로운 AI 모델은 굳이 학회를 거치지 않고도 논문 형태가 아닌 기술 문서Technical Report 형식으로 발표됩니다.

OpenAI는 자신들이 개발한 소스 코드를 공개하지 않습니다. 따라서 2023년 3월 14일에 발표한 GPT-4의 기술 문서에는 중요한 기술적 내용이 빠져 있습니다. 이제는 OpenAI가 더 이상 'Open'이 아니라고 농담조로 이야기하기도 합니다.

구글도 이에 지지 않기 위해 2023년 5월 10일 차세대 언어 모델 PaLM2 Pathways Language Model 2(팜2)를 발표했습니다. 이를 지메일, 구글 독스 등 자사 25개 제품에 적용하고, 개발자들을 위해 API도 제공할 계획이라고 합니다. 구글도 마찬가지로 PaLM2의 파라미터 개수나 구체적인 기술 정보를 공개하지 않았습니다. OpenAI와 구글 모두 소스 코드를 공개하지 않는 폐쇄형 AI 개발을 추진하고 있는 것입니다. 메타에서도 ChatGPT와 유사한 기능을 갖는 LLaMALarge Language Model Meta AI(라마)의 소스 코드를 연구 목적에 한해서만 공개했기에 이를 근간으로 새로운 상용화 제품을 만들 수는 없습니다.

더구나 각 나라의 정부는 AI를 국가의 중요한 전략적 기술로 생각하기 때문에 이를 외국에 전수하는 것을 금지하고 있습니다. 중국이 AI 기술을 발전시키는 시도를 견제하기도 합니다.

AI가 본격 유료화되면 소스 코드는 더 이상 공개되지 않고 AI의 주도권이 대학에서 기업으로 확실히 넘어갈 것입니다. 또한 AI의 새로운 이론보다는 상용화할 수 있는 서비스를 확장하거나 기업을 대상으로 서비스 제공 범위를 다각화하는 방향으로 변화하겠죠. 이렇게 되면 전 세계를 대상으로 AI 발전을 주도하는 몇 개의 기업만이 살아남을 것입니다. 나머지 기업들은 사용자나 거대 기업의 협력사로 남을 가능성이 높습니다. 이것은 우리나라의 영세한 AI 기업의 미래와도 연결됩니다. 대한민국의 AI 미래를 생각하면 하루라도 빨리 대응책을 마련하는 것이 중요합니다.

AI 연구자에서 AI 사용자로

지금까지 AI 연구자라는 영역은 있어도 AI 사용자라는 영역은 없었습니다. 대학에서는 얼마 전까지만 해도 그동안 없었던 이론과 모델을 만들기 위해 AI 연구자들의 역할이 중요했고, 기업에서도 이들이 AI를 주도하는 데 꼭 필요한 인력들이었습니다.

그런데 AI의 헤게모니가 대학교에서는 만들 수 없는 초거대 AI를 만드는 기업 연구소로 옮겨짐에 따라 고학력 AI 연구자보다는 초거대 AI를 제대로 구현하는 인력이 더 필요해졌습니다. 심지어 ChatGPT가 코딩도 할 수 있으니 이를 잘 사용할 줄 아는 AI 사용자를 더 선호하게 됩니다. 앞으로는 이렇게 ChatGPT와 같은 도구를 잘 활용할 줄 아는 프롬프트 엔지니어 및 컨설턴트의 수요가 더 늘어날 것입니다. 이러한 상황에서 대학들은 AI 연구자보다는 AI를 잘 활용해 기업이 원하는 결과물을 만들어 낼 수 있는 AI 사용자 배출에 힘써야 합니다.

예를 들어 건설회사에서 가장 필요로 할 사람은 건설업에 필요한 AI를 만들고 활용할 수 있는 사람입니다. 반대로 AI는 아는데 건설업을 모른다면 앞으로 건설업계에서는 일하기 힘들어지겠죠. 이러한 현상은 곧 모든 산업에 적용될 것입니다. 따라서 AI에 직접 명령하는 프롬프트 엔지니어와 각 분야의 기업 컨설턴트는 해당 산업을 먼저 이해한 다음 그 지식을 바탕으로 AI를 이해하고 활용할 수 있어야 합니다.

이제 AI는 무조건 고부가 가치 산업이라는 생각은 버려야 합니다. AI 깃발만 내걸면 투자가 쏟아지던 시대는 지났습니다. 구직자들 또한 AI만 알면 어디든 취직할 수 있다는 생각도 버려야 합니다.

앞으로는 기업에서 AI 투자 비용에 대한 손익계산서를 뽑을 것입니다. 그저 AI를 도입하는 것만이 능사가 아니라 이로 인해 기업의 수익이 얼마나 창출됐는지, 고객은 만족하는지, 비용은 얼마나 절감했는지 등 그 실질적인 혜택을 모두 따져 봐야 하는 시대입니다.

유료화의 다른 이름은 글로벌 경쟁

ChatGPT 유료 서비스는 모든 기업이 눈독 들이는 비즈니스 모델입니다. 적정한 시스템과 콘텐츠를 보유하고 있으면 고객이 알아서 가입하고 사용료를 매달 지불하는 방식이죠. 기업 입장에서는 OTT와 같은 플랫폼 비즈니스보다도 더 좋은 비즈니스 모델입니다. 플랫폼 비즈니스는 콘텐츠를 소비할 고객과 서비스를 제공할 콘텐츠 업체를 모으는 마케팅 비용이 어마어마한 데 비해 ChatGPT 유료 서비스는 시스템만 안정적으로 확장하면 되는, 게임 분야와 비슷한 모델이기 때문입니다. 비록 콘텐츠를 만들 때 많은 투자 비용이 들더라도 일단 서비스만 하면 유료 회원이 폭주하는 비즈니스 방식입니다.

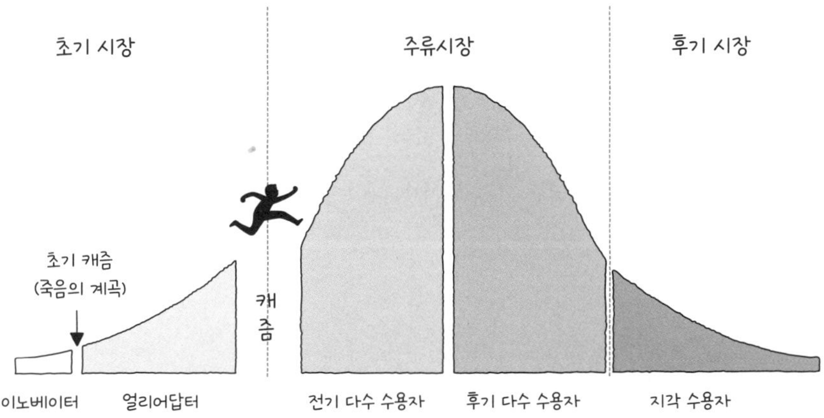

많은 글로벌 기업들이 이런 꿈같은 비즈니스 모델에 당연히 참여하고 싶어합니다. 그러나 여기에는 **캐즘**Chasm이 존재합니다. 이것은 비즈니스의 일정 단계를 지나면 빠지기 쉽고 뛰어넘기도 어려운 죽음의 절벽과도 같습니다. 2020년 우리나라에서 벌어진 이루다 사태나 하루 만에 서비스를 접은 챗봇 테이의 경우가 그렇습니다. 아무리 거대 글로벌 기업이라고 해도 서비스 초기에 치명적인 결함이 생기면 하루아침에 나락으로 떨어지는 것이 바로 이 대화형 챗봇 서비스입니다.

지금도 사람들은 ChatGPT를 향해 엄청난 비판을 쏟아 냅니다. 틀린 답을 너무 많이 제시하기 때문이죠. GPT-4에서 많이 개선되긴 했지만 오답 논란은 앞으로도 계속될 것입니다. OpenAI는 사용자에게 이러한 문제도 당연히 감안하고 사용하라고 합니다. 따라서 검증을 위해서라면 유료 사용자라도 예외 없이 구글링을 계속 해야 하는 형편입니다.

그럼에도 불구하고 OpenAI는 성공적으로 ChatGPT를 론칭했고, 실시간 검색 기능을 추가하거나 ChatGPT 플러그인을 계속 쏟아내고 있습니다. 따라서 앞으로 ChatGPT에 대항할 만한 서비스나 비즈니스 모델이 얼마나 나올지는 사실 의문입니다. 현재 ChatGPT의 유료 서비스로 들어오는 수입은 그들의 서비스 완성도를 계속 높여 경쟁력을 강화하는 결과를 가져올 것이기 때문입니다. 이는 결국 OpenAI가 최후의 승자가 될 가능성이 높다는 뜻이기도 합니다.

유료 서비스로 인한 자본의 유입은 기업간의 경쟁에서 유리한 위치를 선점하는 것은 물론 서비스의 품질을 높이는 데 기여할 것입니다. 솔직히 말하자면, 고도의 기술과 막대한 비용을 투자해야 하는 인공 지능 산업에서는 글로벌한 몇 개의 서비스나 기업만 살아남을 가능성이 높다고 봅니다. 결국 승자만이 전 세계를 차지할 것입니다.

보편적 서비스에서 산업별 서비스로

세상의 모든 대화형 서비스를 OpenAI가 점유하지는 않을 것입니다. 아무리 많은 정보를 학습했다고 해도 모든 분야의 문서를 전부 습득한 것은 아니기 때문입니다. 앞으로 OpenAI와 같은 글로벌 기업이 지향하고 있는 보편적 범위의 서비스 외에 각 산업별 특성에 따라 세분화된 도메인별 서비스가 곧 나타날 것입니다.

보편적 서비스가 글로벌 대기업의 몫이라면, 도메인별 서비스는 각 산업별 노하우를 집약한 서비스라고 볼 수 있습니다. 이미 여러 업체에서 산업별로 이러한 서비스를 제공하고 있습니다.

ChatGPT에 현존하는 산업별로 정보를 서비스하는 회사가 어떤 것들이 있는지 물었습니다.

 **ChatGPT에 직접 물었다!**

산업별 정보 서비스 회사를 산업의 매출 규모 순서로 10개 정도 나열해줘. 산업별 정보 서비스 회사란 예를 들면 금융 산업의 FactSet 같은 회사를 말해.

산업별 정보 서비스 회사 중 매출 규모가 큰 10개의 회사는 다음과 같습니다.

1. **금융 산업** Bloomberg, Refinitiv, S&P Global Market Intelligence, Moody's Analytics, FactSet
2. **의료 산업** IQVIA, Optum, Wolters Kluwer Health, Elsevier Clinical Solutions, IBM Watson Health
3. **소비재 산업** Nielsen, Kantar, Euromonitor International, The NPD Group, IRI
4. **IT산업** Gartner, IDC, Forrester Research, Dell Technologies, International Data Group
5. **컨설팅 산업** Mckinsey & Company, Accenture, Deloitte, PwC, Boston Consulting Group
6. **자동차 산업** J.D. Power, IHS Markit Automotive, LMC Automotive, Autodata, Wards Intelligence
7. **미디어 산업** Nielsen Media Research, comScore, Kantar Media, Gfk, Ipsos
8. **법률 산업** Thomson Reuters Legal, LexisNexis, Westlaw, Bloomberg Law, Wolters Kluwer Legal & Regulatory
9. **통신 산업** Gartner, Ovum, IDC, Ericsson, Huawei
10. **보험 산업** S&P Global Market Intelligence, Moody's Analytics, A.M. Best, Fitch Ratings, Willis Towers Watson

여기에 언급된 회사들은 앞으로 산업별로 특화된 ChatGPT를 만들 가능성이 높습니다. 이미 수십 년에 걸쳐 축적된 데이터를 정제해 유료로 정보를 제공하고 있기 때문이죠. 앞에서 한 질문은 가장 큰 규모의 사업 위주로 답하도록 유도한 것이지만, 여기에 언급되지 않은 거의 모든 분야에서 이러한 정보 서비스를 운영하고 있을 것입니다. 국내 금융 산업의 대표 주자인 에프앤가이드가 금융 전문 ChatGPT를 만들 수도 있습니다.

ChatGPT에 직접 물었다!

각 분야의 ChatGPT가 만들어진다면 어떤 모습일까? 표로 만들어서 보여 줘.

각 분야에서 ChatGPT와 유사한 모델이 만들어진다면 해당 분야에서 가장 필요한 데이터 및 작업 유형에 따라 다양한 형태를 취할 것입니다. 다음은 일부 분야에서 ChatGPT와 유사한 모델들이 어떤 모습일지 예시를 든 것입니다.

분야	모델 이름	특징
의학	MedGPT	의료 데이터에 특화된 자연어 처리 모델, 의료 용어 및 문서 이해를 위한 지식 그래프 활용
법률	LawGPT	법률 문서 및 전문 용어 이해를 위한 법률 전문가들과의 협업을 통해 훈련된 모델
금융	FinGPT	금융 관련 문서 및 뉴스 기사, 시장 데이터 등 금융 데이터를 활용한 자연어 처리 모델
기술	TechGPT	기술 분야의 용어와 기술적인 문서 이해를 위한 모델
뉴스	NewsGPT	다양한 뉴스 기사를 처리하는 자연어 처리 모델, 실시간 뉴스 요약 및 분류에 활용 가능
엔터테인먼트	EntGPT	엔터테인먼트 분야에서 사용되는 용어와 문서 이해를 위한 모델, 대중의 취향 분석 등에 활용 가능

위 표는 각 분야에서의 ChatGPT와 유사한 모델의 예시일 뿐이며, 실제로는

해당 분야에서 가장 필요한 작업 유형과 데이터를 기반으로 다양한 형태의 모델이 만들어질 것입니다.

일반적인 용도에서 기업에 특화된 ChatGPT로

ChatGPT에 입력한 질문은 고스란히 OpenAI의 데이터로 쌓이는데, 이를 보고 많은 기업에서 우려를 표하고 있습니다. 회사의 기밀 등 중요한 내용이 입력되면 이것이 다시 ChatGPT를 학습하는 데 사용될 수 있으며, 결국 이를 학습한 ChatGPT의 답변을 통해 그 내용이 만천하에 공개될 위험이 있기 때문입니다.

물론 입력한 프롬프트 내용을 ChatGPT 학습에 활용하고 싶지 않다면 설정 창에서 'Chat History & Training' 옵션을 해제할 수는 있습니다. 단, 이 설정을 잘 모르고 사용하는 사람들이 아직 많기 때문에 특히 기업에서 ChatGPT를 이용한다면 매우 주의해야 합니다.

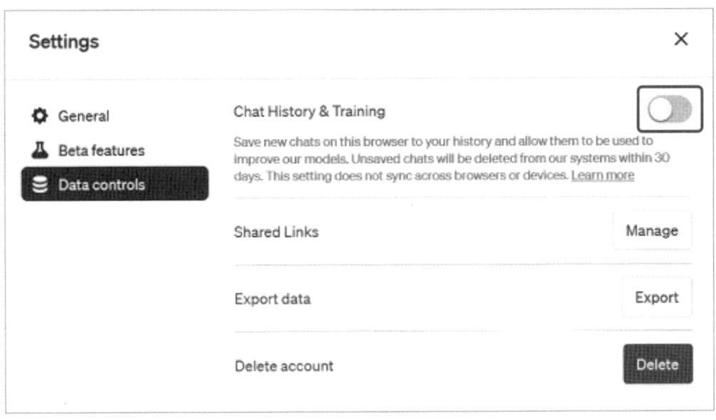

ChatGPT 설정 창에서 'Chat History & Training' 기능을 해제하는 방법

또한 각 기업에는 오랜 시간에 걸쳐 쌓인 기록이나 노하우를 담은 문서들이 많습니다. 이는 주로 기업의 지식 관리 시스템Knowledge Management System에 들어 있는데, 원하는 정보를 찾으려면 검색을 수없이 반복해야 합니다. 만약 그 안에 있

는 문서를 학습시켜 기업용 ChatGPT를 만들면 직원들이 사용하기도 훨씬 편리할 것입니다.

이렇게 각 기업에 특화된 ChatGPT를 만들면 그 자체로 회사의 중요한 자산이 됩니다. 신입 사원도 자신의 업무에 관한 정제된 답변을 받으며 빠르게 업무에 적응할 수 있겠죠. 기업용 ChatGPT를 만드는 새로운 비즈니스의 시대가 열릴 것입니다. 구체적인 방법에 대해서는 CHAPTER 08에서 자세히 다루겠습니다.

주니어 여러 명 대신 ChatGPT를 잘 쓰는 시니어 한 명

전문 지식을 갖춘 ChatGPT를 잘 활용하면 늘상 하는 업무가 매우 쉬워집니다. ChatGPT에 일을 잘 시키려면 먼저 자신이 하는 일에 대한 전반적인 이해가 필요합니다. 그리고 그 일을 세분화한 다음 특정 부분을 ChatGPT에 시키면 됩니다.

ChatGPT는 기업의 일하는 방식을 근본적으로 바꿀 것입니다. 지금까지는 야근도 불사하며 열심히 일하는 사람에게 대부분 높은 평가를 주었습니다. 우리나라 기업 문화의 근간인 '농경 시대의 근면성'은 이제 옛말입니다. '머리가 나쁘면 몸이 고생한다'는 말처럼 상황에 따라 맡은 일의 일부는 ChatGPT에 맡기는 것이 중요해집니다. 사람은 ChatGPT가 일한 결과를 보고 빠진 것이 있는지, 오류는 없는지 등의 문제만 해결하면 됩니다. ChatGPT를 잘 활용하는 사람은 큰 규모의 일도 쉽고 빠르게 처리할 수 있는 반면, 담당 분야가 적고 편협한 사람은 인

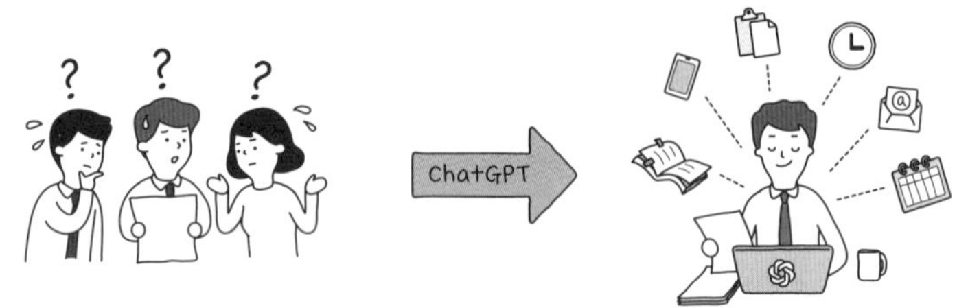

공 지능에 의해 쉽게 대체되겠죠. ChatGPT를 잘 활용하는 소수의 엘리트 직원 한 명이 ChatGPT를 활용하지 못하는 열 명을 대신해 전체 생산성을 주도할 것입니다.

사람은 보통 특정 분야만 잘 안다는 한계가 있습니다. 기업은 모든 문제를 한 번에 해결할 수 있는 슈퍼 능력자를 원하지만 당연히 그런 사람은 세상에 없겠죠. 그러나 이제는 달라질 것입니다. 지금까지 전혀 몰랐던 분야라고 해도 ChatGPT에 물어 보면 단번에 해결되니까요. 약간의 관련 상식과 하고자 하는 열정만 있으면 됩니다.

따라서 기업에서는 처음부터 하나하나 일을 가르쳐야 하는 주니어보다 축적된 경험을 바탕으로 ChatGPT를 잘 사용해 빠른 성과를 내는 시니어를 더 찾게 될 것입니다.

For Business

ChatGPT를 OpenAI 환경에서 사용하면 질문으로 입력한 데이터를 OpenAI에서 활용할 수 있다는 점을 주의해야 합니다. 단, OpenAI API를 이용해 기업 자체만의 챗봇을 만들거나 랭체인 등을 사용하면 어떤 데이터를 입력하더라도 OpenAI에서는 이를 활용하지 않습니다. 따라서 기업에서 데이터 보안 문제로 ChatGPT를 무조건 사용 금지하는 것보다는 API를 활용해 해당 기업용 챗봇을 만드는 것이 좋습니다. 그 구체적인 방법에 대해서는 CHAPTER 08에서 자세히 설명합니다.

새로운 비즈니스를 창출하는 ChatGPT

ChatGPT가 폭발적인 관심을 받으면서
ChatGPT를 접목한 모든 것이 비즈니스가 되고 있습니다.

ChatGPT를 이용하여 유튜브 영상이나 웹사이트, 책 등을 만드는 것이 유행처럼 번지고 있습니다. 앞에서 언급한 것처럼 각 산업별로 ChatGPT를 활용하는 서비스 또한 각광받을 것입니다. 다음은 ChatGPT를 활용한 비즈니스 예상 시나리오입니다.

ChatGPT를 활용한 코딩 컨설팅

ChatGPT는 코딩을 잘합니다. 지금도 코딩 개발에 대한 수요는 굉장히 많으므로 ChatGPT 코딩에 컨설팅을 더하는 비즈니스가 생길 것입니다. ChatGPT에 코딩을 맡기면 매우 일반적인 코드만 생성하거나 자동 생성된 코드에서 발생하는 에러에도 대응해야 하기 때문입니다. 지금도 ChatGPT를 활용한 코딩 교육 업체가 생기고는 있지만 실제 업무에 활용하기 위해서는 전문적으로 ChatGPT를 활용하는 컨설턴트가 반드시 필요할 것입니다.

ChatGPT 기반의 CASE 도구 제공 업체

2000년대 초반에 등장한 CASE Computer Aided Software Engineering는 소프트웨어 시스템을 구축하기 위해 사용하는 도구로, 상세한 비즈니스 요구 사항과 기능을 정의하면 데이터베이스 설계는 물론 소스 코드와 테스트 케이스까지 만들어 주었습니다. 그런데 실제로는 여러 가지 기술적 한계로 인해 잘 구동되지 못했습니다. ChatGPT가 데이터베이스 설계와 소스 코드 생성을 담당한다면 CASE의 부활을 쏘아 올릴 수 있을 것입니다. 이는 앞으로 소프트웨어 제작과 유지 보수 분야에 대단한 혁신을 가져올지도 모릅니다.

ChatGPT를 활용한 마케팅 및 컨설팅

ChatGPT가 또 한 가지 잘하는 것이 창의성을 발휘하는 일입니다. 이를 잘 활용할 수 있는 분야인 마케팅에서 ChatGPT를 전문적으로 활용하는 마케팅 컨설팅 비즈니스가 새로 생길 것입니다. 효과적인 마케팅을 위해 키워드를 뽑거나 기발한 광고 문안을 작성하는 등 마케팅 영역의 상당 부분을 처리하는 컨설팅 비즈니스가 등장할 것으로 예상됩니다.

ChatGPT를 활용한 여행 비즈니스

여행 비즈니스에서 가장 중요한 것은 축적된 노하우를 바탕으로 고객의 취향과 조건을 잘 판단해 각 고객에 따른 맞춤 일정과 최적의 가격을 제안하는 것입니다. 더구나 ChatGPT는 못하는 언어가 없기 때문에 세계 각국의 여행지를 안내하는 데 뛰어난 능력을 보입니다.

ChatGPT를 활용한 시나리오 및 소설 작가 양성 비즈니스

ChatGPT의 창의력을 활용하면 어떤 이야기도 거뜬히 만들 수 있습니다. 대략의 줄거리와 소재, 조건을 주고 그에 맞게 시나리오를 쓰라고 하면 깜짝 놀랄 정도로 뚝딱 만들어 냅니다. 이렇게 시나리오나 소설 작품을 빠르고 창의적으로 쓰는 일 자체가 새로운 비즈니스가 될 것이며, 이를 활용한 작가 양성 비즈니스 또한 매우 활발해질 것입니다.

ChatGPT를 활용한 온라인 언어 교육

ChatGPT가 가장 잘하는 분야가 바로 언어입니다. 말을 잘하고, 글을 잘 쓰고, 번역과 통역이 가능합니다. 이미 듀오링고라는 교육 기업이 OpenAI와 연계하여 40개 언어의 온라인 교육 서비스를 제공하고 있습니다. 최근에는 GPT-4가 적용된 구독 서비스를 통해 개인별 언어 진도에 따른 콘텐츠를 서비스하고, 사용자의 학습 내용에 대한 정확한 교정과 피드백을 전달하고 있습니다.

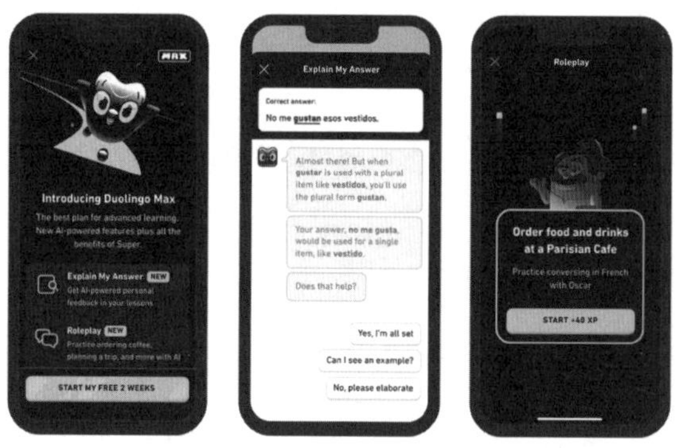

ChatGPT를 활용한 온라인 언어 교육을 제공하는 듀오링고[3]

ChatGPT를 활용한 온라인 교육 시스템 제작 업체

ChatGPT의 방대한 지식을 활용하면 풍성한 온라인 교육 서비스가 가능합니다. 학생 자신이 원하는 과목을 선택하고, 자신의 난이도에 맞게 진도를 조절하

3 듀오링고, https://blog.duolingo.com/duolingo-max

고 피드백도 받을 수 있습니다. 각 학생들의 학습 스타일에 맞는 학습 방향도 조언받을 수 있습니다. 현재 칸아카데미라는 교육 기업에서 OpenAI와 협력해 파일럿 프로그램을 진행하고 있습니다. 앞으로는 모든 교육기관이 이러한 형태로 진화할 것입니다. 특히 CMS Content Management System를 만들어 교육기관에 콘텐츠를 제공하는 회사는 ChatGPT와 접목하여 다양한 교육 시스템을 구축하는 비즈니스를 펼칠 수 있을 것입니다.

기업/공공기관 업무 매뉴얼의 ChatGPT 시스템 구축

거의 모든 기업과 정부기관, 관공서, 공공기관은 자체 업무 처리 규정과 그에 따른 매뉴얼을 가지고 있습니다. 여기에는 법률적으로 민감한 내용도 포함되어 있어 직원들이 이를 모두 숙지하는 것은 사실상 불가능합니다. 또한 반복되는 민원은 내부 콜센터를 통해 처리하지만 그만큼 시간과 비용이 많이 듭니다. 따라서 ChatGPT에 업무 매뉴얼을 학습시키면 많은 업무를 대신해서 처리하거나 빠른 질의응답을 통해 도움을 받을 수 있을 것입니다. 실제로 이러한 업무 매뉴얼 시스템을 전문적으로 개발하는 업체가 생길 것으로 보입니다.

기업의 지식 관리 시스템을 대체하는 사내 ChatGPT

기업이 오랫동안 비즈니스를 하면서 쌓은 노하우는 주로 경험이 많은 시니어 직원들에게 있습니다. 그런데 그런 직원들이 은퇴하거나 퇴사할 경우 기업 입장에서는 매우 큰 손실입니다. 그동안 쌓은 노하우나 수많은 기록 문서를 학습시켜 그 회사만의 ChatGPT를 만들면 직원들의 업무 능률도 높아지고, 회사는 특정 몇몇 사람에게만 의존하지 않아도 됩니다. 이러한 지식 관리 시스템은 사내에서만 공유되기 때문에(OpenAI API를 사용하는 경우) 보안 문제에도 안심할 수 있습니다. 앞으로는 이러한 기업별 ChatGPT 시스템을 구축하는 솔루션 기업들이 생길 것입니다.

ChatGPT의 문제점

ChatGPT는 지금까지 없었던 놀라운 신기술이지만
그에 따른 문제점도 있습니다.

ChatGPT가 가지고 있는 여러 문제는 AI의 근본적인 문제이기도 합니다. 주의해야 할 점으로는 어떤 것들이 있는지 함께 살펴보겠습니다.

아무 말 대잔치

ChatGPT가 그럴 듯한 답변을 마치 사실인 것처럼 주르륵 내놓는 아무 말 대잔치는 상당히 심각한 문제입니다. 앞서 예를 든 '고종의 맥북 도난 사건'과 같이 생각지 못한 재미를 선사하기도 하지만, 이렇게 출처를 모르는 답변이 계속된다면 종국에는 ChatGPT를 신뢰할 수 없게 됩니다. ChatGPT에 대한 신뢰도가 떨어지면 그만큼 검증하는 시간도 굉장히 많이 걸려 사람들이 차츰 멀리하게 될 것입니다. 물론 GPT-4에서 이런 문제를 대폭 개선했다고는 하지만 이보다 더 빠르게 개선되어야 합니다. 특히 비즈니스에서 사용하려면 내용의 정확도가 굉장히 중요합니다.

딥러닝 방식을 사용하는 이상 ChatGPT의 아무 말 대잔치는 피해갈 수 없는 문제입니다. 단지 확률로만 다음 단어를 예측하기 때문에 사실에 기반한 답변이 아니기 때문입니다. 그럼에도 다음과 같은 방법을 사용하면 이 문제를 어느 정도 개선할 수 있습니다.

첫째, 양질의 학습 데이터셋을 확보하는 것입니다.

신뢰도 높은 데이터를 학습할수록 모델이 생성하는 정보 역시 정확해집니다. 기업 내의 도메인별 데이터셋을 사용해 모델을 미세 조정하면 정확하고 맥락에 맞는 응답을 생성할 수 있습니다.

둘째, ChatGPT가 생성한 답변에 인간의 피드백을 반영하는 RLHF 방식도 이 문제를 어느 정도 해결할 수 있습니다.

셋째, 사용자가 대화하는 도중에 아무 말 대잔치 콘텐츠를 자동으로 감지하고 필터링하는 매커니즘을 구현하는 방식입니다.

앞에서 예를 든 '고종의 맥북 도난 사건'에서 고종의 연대와 맥북의 연대를 비교하는 것도 일종의 필터링 매커니즘입니다. 품질 기준에 맞지 않는 텍스트를 식별하고 제거하기 위한 답변 타당성 분류기를 만드는 것도 한 방법입니다.

이 밖에도 아무 말 대잔치 문제는 널리 알려진 문제이기 때문에 많은 전문가와 연구 기관들이 해결을 위해 노력하고 있습니다. 단, 완벽한 해결 방안이 나오기 전까지는 ChatGPT의 모든 답변을 믿지 말고 정확한 정보를 분별해서 사용해야 합니다.

최신 데이터의 부재

현재 서비스 중인 ChatGPT의 답변은 2021년 9월까지의 데이터를 바탕으로 하며, 그 이후의 정보를 물으면 알 수 없다고 답합니다. 물론 ChatGPT를 사용하는 사람들이 구글 수준의 검색 결과를 기대하는 것은 아니지만 되도록 한 곳에서 궁금한 내용을 모두 해결하고 싶어합니다.

그런데 사용자에게 2021년 10월 이후의 최신 뉴스나 정보는 ChatGPT 대신 다른 포털을 이용하라는 것은 고객의 니즈를 파악하는 데 실패한 것입니다. 사람들은 실시간으로 업데이트되는 정보까지 모두 알고 싶어하기 때문이죠. 마이크로소프트의 Bing Chat(빙챗)으로는 실시간 검색도 할 수 있다고 하지만 기존 검색 포털에 비해서는 아직 2% 부족한 느낌입니다.

탈옥으로 인한 사이버 윤리 문제

일부 사용자들이 ChatGPT를 '탈옥'해서 사용하는 경우도 있습니다. 이것을 DAN Do Anything Now 이라고 부르는데, ChatGPT에 특정 프롬프트를 주입해 OpenAI가 제한해 놓은 가이드라인을 강제로 풀어 사용하는 것입니다. 이렇게 되면 폭력적·불법적인 내용까지 가감 없이 다뤄지기 때문에 사이버 범죄의 우려가 더 높아집니다. 물론 OpenAI에서 이러한 시도를 막는 패치를 계속해서 개발하고는 있지만 완전히 차단하는 것은 현실적으로 불가능합니다.

오용·남용 문제

ChatGPT가 보유한 코딩 능력은 해커들이 이를 활용해서 해킹이나 사이버 공격에 사용할 수도 있다는 이야기와 같습니다. 실제로 이러한 사례는 무수히 발생하고 있으며, OpenAI가 이를 어떻게 해결할지가 관건입니다. ChatGPT가 많은 사용자에게 편리함을 주지만 오용과 남용 또한 막아야 하는 것은 마치 양날의 검과 같습니다. 여기에는 국가 차원의 법과 제도, 규제 및 치열한 토론을 바탕으로 한 사회적 합의도 필요합니다.

편향성

ChatGPT의 원천 데이터는 사람이 쓴 글입니다. 따라서 종교, 인종, 성별, 국가 등에 대한 편향적인 시선이 녹아 있을 수밖에 없습니다. ChatGPT가 답변을 했을 때 편향성이 있는 답변을 한다면 어느 정도 걸러서 이해하는 자세가 필요합니다. 물론 개발 과정에서도 이러한 편향성을 제거하기 위해 많은 노력을 하고 있지만, 워낙 방대한 양의 데이터를 바탕으로 하는 만큼 완전히 제거하는 것은 쉽지 않습니다. 따라서 이를 개선하기 위한 노력이 지속적으로 필요합니다.

ChatGPT의 이러한 단점들이 앞으로 얼마나 개선될 수 있을까요? 저는 시간이 지나면 상당 부분 해결된다고 봅니다. ChatGPT가 앞으로 계속 유료화를 지향한다면 그에 따른 개선과 유지 보수 서비스를 철저히 제공해야 하기 때문입니다. 만일 OpenAI가 ChatGPT를 유료화하지 않고 연구소 형태를 계속 유지했다면 이런 문제는 사용자가 알아서 감안하고 사용하는 것으로 끝났을 것입니다. 그런데 지금까지의 OpenAI 행보를 보면 계속해서 이익을 추구하는 기업으로 성장할 것이며, 이에 따라 앞에서 언급한 여러 문제점도 빠른 시일 내에 해결해 나갈 것으로 보입니다.

CHAPTER
02

현대적인 AI 히스토리

AI의 역사는 생각보다 깁니다. 1956년에 미국 다트머스에서 열린 컨퍼런스를 시작으로 지금까지 약 70년 정도의 역사를 가지고 있습니다. 그러나 딥러닝이라 불리는, 현재 우리가 접하고 있는 AI는 2012년부터 시작되었습니다. 다른 분야의 기술이라면 100여 년에 걸쳐 일어날 법한 변화가 AI 분야에서는 불과 10년 남짓한 시간에 일어난 것입니다. AI의 1년은 다른 기술의 10년에 해당하는 것 같습니다. 우리는 이것을 '현대적인 AI'라 부르겠습니다. 지금부터 그 10여 년의 시간 동안 '현대적인 AI'에서 어떤 일이 벌어졌는지 알아보겠습니다.

2012년, 현대적인 AI의 서막

현대적인 AI의 역사는
대량의 데이터를 만든 이야기부터 시작됩니다.

인공 지능을 개발하려면 무조건 데이터가 많아야 합니다. 2007년 스탠포드 대학의 페이페이 리Fei-Fei Li 교수는 컴퓨터 비전 분야에서 인공 지능 기술의 발전을 이끄는 데 대규모 데이터셋Dataset의 중요성을 인식하고 있었습니다. 그 영향으로 다수의 연구원과 팀을 이뤄 인공 지능의 이미지 인식 프로젝트인 **이미지넷**ImageNet을 창시합니다. 그리고 방대한 양의 이미지 데이터 수집을 위해 아마존 메커니컬 터크Amazon Mechanical Turk 플랫폼을 활용해 필요한 인력을 모집합니다. 이것은 '현대판 인형 눈알 붙이기'라고도 불리는 일종의 크라우드소싱Crowdsourcing 플랫폼으로, 대량의 데이터 작업을 인간 작업자들에게 할당하고 보상을 제공함으로써 빠르고 효율적으로 작업을 처리할 수 있었습니다.

페이페이 리 교수는 인터넷에 있는 사진들을 모아 사진 속 물체의 이름을 일일이 이름 붙이는 라벨링 작업을 시작합니다. 그뿐만 아니라 모든 사진의 크기를 224×224 픽셀의 컬러 사진으로 동일하게 맞추는 작업도 무려 1,400만 건이나 완성했습니다. 그 양만 봐도 어마어마하지요. 현대적인 AI의 시작은 이렇게 한 땀 한 땀 공들여 모은 사진에서부터 시작됐습니다. 이렇게 구축한 데이터셋을 **이미지넷 데이터셋**이라고 부릅니다.

2010년부터 이렇게 만든 이미지넷 데이터셋을 기반으로 ILSVRC ImageNet Large Scale Visual Recognition Challenge 대회가 열리기 시작합니다. '이미지넷 챌린지'라고도 부르는 이 대회는 이미지를 분류해 이미지 인식 모델의 정확도와 속도를 평가하고 경쟁하는 일종의 올림픽과 같은 것입니다. 이 대회에 출전하려면 공개된 120만 장의 사진으로 AI 모델을 학습시킨 다음, 다시 5만 장의 사진으로 검증하여 만들어진 AI 모델을 결과물로 제출해야 합니다. 심사위원들은 또 다른 10만 장의 사진을 가지고 제출된 AI 모델이 제대로 작동하는지 평가합니다. 이 대회를 실질적으로 리드한 사람이 페이페이 리 교수 밑에서 박사 과정을 이수하던 안드레이 카파시 Andrej Karpathy 입니다.

다음 그래프는 연도별 이미지넷의 에러 비율을 나타낸 것인데, 안드레이 카파시는 보라색으로 표시된 것처럼 인간의 눈은 약 5%의 에러율을 가지고 있다고 계산한 사람이기도 합니다. 그는 2012년에 1등을 차지한 일리야 슈츠케버와 함께 2015년 OpenAI 창립 멤버가 됩니다.

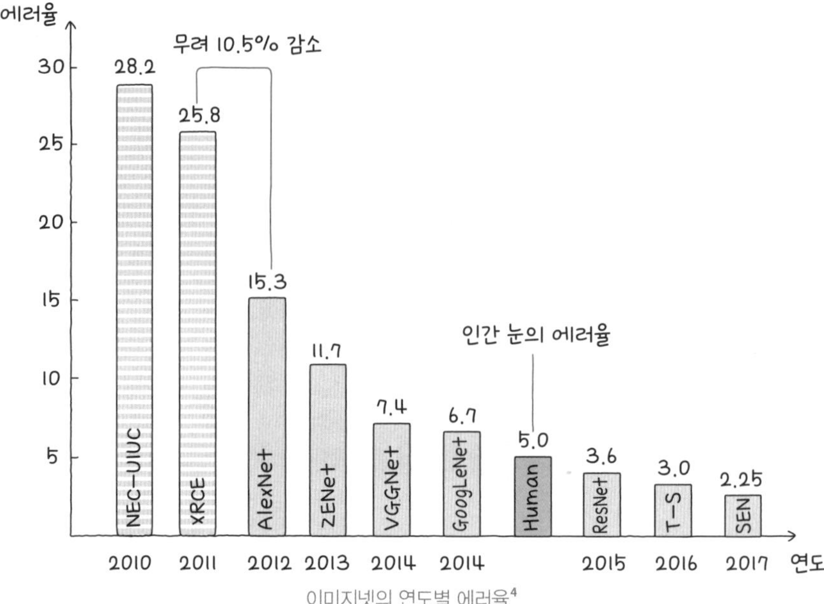

이미지넷의 연도별 에러율[4]

그러다 2012년에 깜짝 놀랄 만한 사건이 발생합니다. 캐나다 토론토 대학의 제프리 힌튼Jeffrey Hinton 교수와 그의 제자인 알렉스 크리제브스키Alex Krijevski, 일리야 슈츠케버가 알렉스넷AlexNet이라는 뉴럴 네트워크Neural Network 기술로 1등을 한 것입니다. 이는 2011년 대회의 1등 결과와 무려 10.5%나 차이 날 정도로 타의 추종을 불허한 성적이었습니다.

전 세계가 깜짝 놀랐습니다. 점수 차이도 엄청났지만 알렉스넷이라는 뉴럴 네트워크의 구조와 GPU를 사용한 새로운 기법, 거기에 그래픽 카드를 활용한 것은 딥러닝의 시초를 만들었다고 해도 과언이 아니었기 때문입니다. 이는 현대적인 AI의 첫발을 떼는 데 결정적인 역할을 합니다.

당시에는 AI에 GPU를 사용한다는 것은 전혀 생각지도 못했습니다. 그래픽 카드는 주로 게임에서 많이 사용되는데, 게임 화면이 끊어지지 않고 빠르게 움

4 https://www.researchgate.net/figure/Main-breakthroughs-in-ImageNet-image-classification-challenge_fig1_335937276

직이려면 화면의 수백만 픽셀의 컬러를 초당 약 60~180번 정도로 빠르게 계산해 주어야 합니다. 이렇게 그래픽 수식 계산을 전문적으로 처리하는 장치가 바로 **GPU** Graphic Processing Unit 입니다. 알렉스넷은 약 6,000만 개의 파라미터를 가지고 있었는데, 제프리 힌튼 교수 팀이 이를 GPU로 계산해 낸 것이었습니다. 그 결과 일반 컴퓨터로 6개월 걸릴 일을 불과 일주일 만에 끝내 버렸습니다. 이는 일반 컴퓨터보다 약 50배 정도 빠른 속도였습니다.

당시에 사용했던 GPU는 엔비디아NVIDIA GTX 580 두 개를 병렬로 처리한 것이었습니다. 메모리 크기는 1.5G로, 내부에 512개의 연산 코어를 가지고 있었죠. 지금 출시되는 그래픽 카드와 비교하면 정말 작은 크기이지만 당시에는 기존 컴퓨터보다 50배 이상이나 빨랐던 믿을 수 없는 속도였습니다. 이때부터 AI를 연구하는 모든 연구자들이 GPU를 사용하게 되었습니다. 이 GPU를 만드는 엔비디아는 어떻게 되었을까요? 세계 최고의 반도체 기업으로 성장했습니다. 그 시작이 바로 알렉스넷입니다.

그 후 이 세 명의 AI 스타 연구자들은 벤처 회사 디엔엔리서치DNNresearch를 창업했고, 구글이 이를 2013년에 인수합니다. 당연히 회사 자체보다는 이 세 인물의 가치를 본 것이죠. 3년 후 제프리 힌튼 교수는 캐나다 토론토 대학으로 돌아갔고, 제1저자인 알렉스 크리제브스키는 AI 연구를 그만두고 은퇴했는데 그 이유는 여전히 미스터리입니다. 일리야 슈츠케버는 ChatGPT를 만든 OpenAI를 2015년에 창업한 뒤 수석 과학자Chief Scientist로서 OpenAI의 모든 연구 방향을

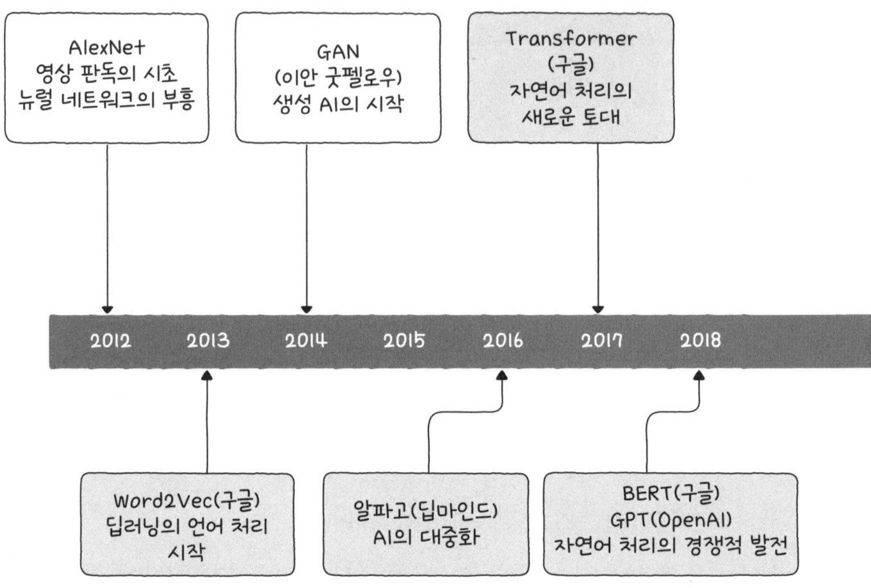

현대적인 AI의 발전사

주도하고 있습니다.

다음은 현대적인 AI의 발전 과정을 표로 정리한 것입니다. 현재 우리가 딥러닝이라고 부르는 AI가 불과 11년 만에 빠른 속도로 성장하는 과정을 한눈에 볼 수 있습니다.

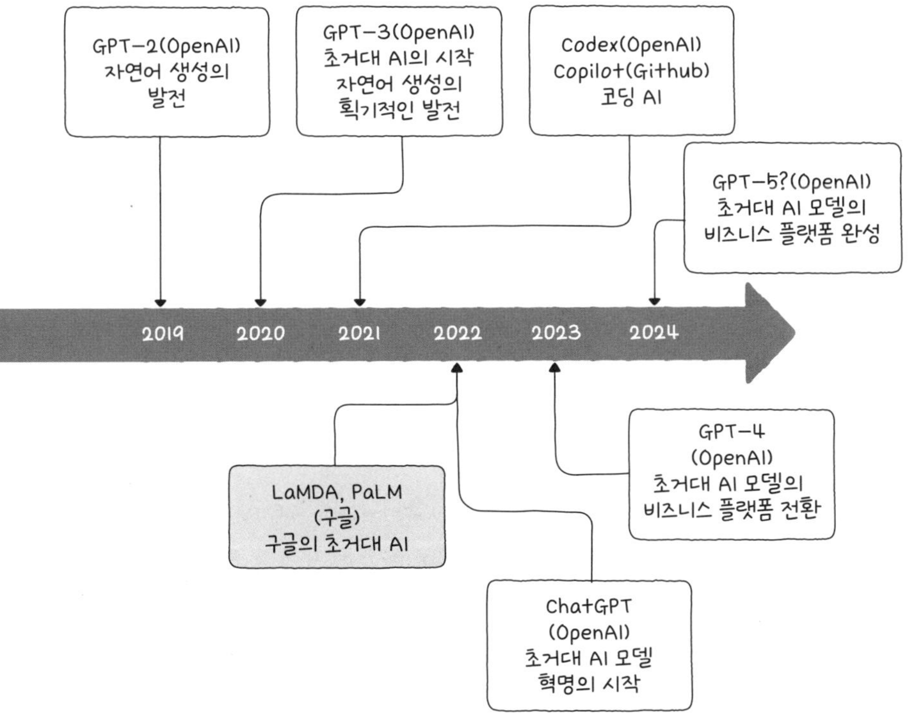

2015년, OpenAI의 시작

영리를 추구하는 AI 개발에
마이크로소프트가 주목합니다.

일론 머스크Elon Musk는 세계 최대 전기차 회사인 테슬라와 우주 탐사 기업인 스페이스X를 만든 것으로 잘 알려져 있습니다. 그러나 그 역시 OpenAI의 창립 멤버였습니다. 그는 AI에 특별한 소신이 있었습니다. 앞으로 AI 기술이 인류의 발전과 안전에 결정적인 역할을 할 텐데, 이것이 만약 특정 소수 집단의 소유물이라면 인류의 미래는 위태로워진다는 생각입니다. 여기서 그가 말하는 특정 집단은 구글로 보입니다. 당시 구글은 딥마인드를 인수하는 등 전 세계에서 내로라하는 AI 전문가들을 빨아들이고 있었거든요.

일론 머스크는 AI 기술은 모든 인류가 공유해야 하는, 이른바 'AI 기술의 민주화'가 이루어져야 한다고 생각했습니다. 그러기 위해 스스로 AI 회사를 설립하고 거기서 개발한 AI 기술을 모두에게 공유하겠다고 다짐했죠. 그는 당시 실리콘 밸리의 유명 벤처 회사였던 와이콤비네이터Y Combinator의 대표 샘 알트만, 알렉스넷의 일리야 슈츠케버와 그렉 브록만Greg Brockman, 이미지넷의 안드레이 카파시 등을 모아 비영리 연구소를 설립했습니다. 그리고 10억 달러 정도의 초기 투자금에 회사 이름도 일론 머스크의 생각대로 OpenAI라고 지었습니다. 설립 초기 그들의 독특한 행보를 보고 뜻을 같이 하는 각계 AI 연구자들이 OpenAI에 합류했습니다.

OpenAI는 설립 초기부터 연구 활동을 활발히 한 결과 2018년에 도타2 Dota2 라는 유명 게임에서 인간 프로게이머를 이기는 AI를 만들었습니다. 또한 유명한 자연어 처리 모델이자 현재 ChatGPT의 원조라고 불리는 GPT-1을 개발했습니다.

그런데 여기서 문제가 생겼습니다. 기능을 업그레이드하면서 AI 모델 크기가 점점 커졌고, 그에 따라 더 많은 GPU를 사용하면서 연구 비용이 크게 증가한 것입니다. OpenAI는 많은 자본이 필요했지만 비영리회사여서 마음대로 수익을 창출할 수 없었습니다. 그 와중에 일론 머스크는 테슬라의 자율 주행을 강력하게 추진하면서 창립 멤버 중 한 사람인 안드레이 카파시를 테슬라 자율 주행 개발 분야의 최고 책임자로 임명합니다. 그러고는 OpenAI가 구글에 비해 뒤처져 있다고 비판하면서 본인이 OpenAI를 경영해야 한다고 주장하죠[5].

OpenAI 경영진이 이를 거부하자 그는 결국 2018년에 OpenAI를 떠납니다. 사람들은 일론 머스크와 샘 알트만의 스타일 차이라고 입을 모아 말했습니다. 일론 머스크는 본인의 뜻을 관철시켜 나가는 좌충우돌 스타성 CEO인 반면, 샘 알트만은 많은 사람과 소통하면서 AI를 점진적으로 발전시켜 나가야 한다고 주장

5 https://www.semafor.com/article/03/24/2023/the-secret-history-of-elon-musk-sam-altman-and-openai

하는 사려 깊은 CEO였기 때문입니다. AI 독점에 대한 우려를 표했다는 점에서 두 사람의 출발점은 같았지만, 결국 이를 추구하는 구체적인 방안에 대해서는 서로 이해 관계가 상충했습니다.

샘 알트만은 결국 2019년 3월에 영리를 목적으로 하는 자회사 OpenAI LP를 설립하고 본인은 지분을 하나도 갖지 않겠다고 발표했습니다. 그야말로 대단한 결정이었습니다.

ChatGPT에 직접 물었다!

일론 머스크와 샘 알트만의 입장 차이를 표로 설명해 줘.

다음은 일론 머스크와 샘 알트만의 입장 차이를 비교한 표입니다.

주제	일론 머스크	샘 알트만
인공 지능	인공 지능에 대한 위험성을 인식하면서도, 인공 지능을 지속적으로 개발하고 활용해야 한다는 입장	인공 지능의 발전은 인류에 치명적일 수 있으며, 더욱 많은 연구가 필요하다는 입장
가상화폐	가상화폐의 발전이 긍정적인 영향을 미칠 수 있다는 입장	가상화폐(월드코인)에 투자하여 기본소득을 해결하겠다는 입장
마케팅 전략	자사 제품을 열광적으로 홍보하며, 소비자들에게 직접 말하는 것을 즐김	마케팅보다는 제품 자체의 질과 기능성을 더욱 강조하며, 소비자들의 평판이 제품의 성공에 더 큰 영향을 미친다고 봄
인간의 삶	기술 발전이 인간의 삶을 더욱 향상시키는 방향으로 나아가야 한다는 입장	기술 발전은 인간의 삶에 부정적인 영향을 미칠 수 있으며, 기술 발전에 대한 규제가 필요하다는 입장

2019년,
GPT-2 등장 이후 GPT-3까지

OpenAI가 유명해진 것은
2019년에 GPT-2를 만들면서부터입니다.

다음은 2019년 당시 GPT-2가 작성한 기사 내용입니다. 읽어 보면 사람이 쓴 것인지 AI가 쓴 것인지 구분할 수 없을 정도입니다. GPT-2에 제시한 내용은 '핵물질을 실은 열차가 신시내티에서 탈취당했다. 현재 행방은 알 수 없다.'라는 두 문장이 전부였습니다.

이번 사건은 코빙턴과 애슐랜드 역 사이에서 운행되는 도심 열차 노선에서 발생했다. 미국 에너지부는 오하이오 뉴스에 보낸 이메일에서 이 탈취범을 찾기 위해 연방철도청과 협력하고 있다고 밝혔다.

톰 힉스 미 에너지부 장관은 성명을 통해 "이번 핵물질 탈취 사건은 공공 및 환경 보건, 우리의 노동력, 미국 경제에 중대한 악영향을 미칠 것"이라며 "우리의 최우선 과제는 탈취범을 찾아내 다시는 이런 일이 일어나지 않도록 하는 것"이라고 말했다.

정부 관계자는 탈취당한 핵물질이 신시내티 대학 원자력 연구팀인 트라이앵글

파크 연구소의 것이라고 밝혔다. 원자력규제위원회는 아무런 입장도 내놓지 않았다.

에너지부에 따르면, 현재 이 사건은 에너지부 내 핵물질 안전 및 보안팀이 조사하고 있는 것으로 알려졌다.

힉스 장관은 "국민과 환경, 국가 비축 핵의 안전이 최우선"이라며 "진상을 규명하고 나쁜 선례가 생기지 않도록 하겠다"고 말했다.

이때부터 OpenAI는 수천억 개의 문서로 수천억 개의 파라미터를 가진 거대한 AI 모델을 만들면 문서의 정확도는 훨씬 높아진다는 확신에 거대한 프로젝트를 출범시킵니다. 2019년 10월까지 거의 모든 웹사이트에 있는 문서를 크롤링한 결과물, 즉 도서, 위키피디아, 블로그 등 4,990억 개의 데이터(토큰)를 모은 것입니다. AI 모델은 1,750억 개의 파라미터를 가졌는데, 이는 당시 언어 모델보다 100배 더 큰 규모였습니다. 그 결과 2020년에 GPT-3가 등장했고, 성능은 당연히 뛰어났습니다.

데이터셋	토큰 수	학습 비율
Common Crawl	4,100억	60%
WebText2	190억	22%
Books1	120억	8%
Books2	550억	8%
Wikipedia	30억	3%

GPT-3 학습 데이터

그러다 2020년 1월에 COVID-19 사태가 전 세계적으로 터졌습니다. 그런데 더욱 놀라운 일이 일어납니다. 커크 외멧Kirk Ouimet이라는 사람이 GPT-3와 나눈 대화를 공개했는데, 팬데믹 상황을 전혀 학습한 바 없는 GPT-3가 다음과 같은 답변을 한 것입니다.

연구원_ 지금과 같은 팬데믹 시기에 어떤 기업이 잘 될 것이라고 생각합니까?

현명한 존재_ 여러 가지가 있습니다. 테슬라, 구글 및 넷플릭스는 모두 잘 될 것입니다. 이들은 사람의 개입이 거의 필요 없는 일을 하고 있습니다. 구글은 자율 주행 자동차를 연구하고 있으며, 이는 향후 솔루션의 일부가 될 것입니다. 자율 주행 자동차는 자동화를 통해 교통 혼잡을 줄이고 사람과 사람 사이의 접촉을 제한할 것이기 때문에 대중화될 것입니다.

여기서 연구원은 커크 외멧 본인이고 현명한 존재는 GPT-3입니다. GPT-3가 학습한 것은 2019년 10월까지의 데이터이므로 이는 AI가 배우지도 않은 사실을 사람과의 대화를 통해서 추론하는 능력이 있다는 것을 보여 줍니다. 우리가 지금 ChatGPT를 사용하면서 놀라는 일들이 이미 3년 전부터 일어나고 있었던 것입니다.

OpenAI가 이토록 놀라운 연구 성과를 올리는 모습을 조용히 지켜보는 회사가 있었습니다. 바로 마이크로소프트입니다. 지금은 세계 2위 기업이지만 한때는 망할 뻔한 위기도 있었습니다. 스마트폰 시장이 이렇게 성장할 것을 예측하지 못했고 클라우드 산업에도 크게 관심을 두지 않았기 때문입니다. 그러다 2014년에 임명된 사티아 나델라Satya Nadella 회장이 마이크로소프트를 죽음의 문턱에서 건져내기 시작합니다. 그는 검색 엔진 Bing(빙)을 시장에 안착시켰고, 기존 마이크로소프트 오피스 제품을 MS 오피스 365로 클라우드화했으며, 윈도우만 있었던 애저Azure 클라우드에 모든 운영체제를 넣었습니다. 이렇게 마이크로소프트를 클라우드 중심의 회사로 거듭나게 한 사람이 바로 그입니다.

꾸준히 OpenAI에 관심을 두고 있던 사티아 나델라는 2019년에 10억 달러를 투자하겠다고 나섭니다. 또한 AI가 데이터를 학습할 때 필요한 GPU를 마이크로소프트 클라우드 애저에서 무료 또는 최저가로 제공하겠다고 제안합니다. 대신 GPT-3의 독점 사용권을 달라는 조건을 제시하면서 말이죠. 이것은 GPT-3 기술을 자사 제품과 클라우드 서비스에 도입하기 위한 전략이었습니다. 괄목할 만한 성과를 냈는데도 불구하고 소스 코드를 공개하지 않아 사람들의 원성을 사던 OpenAI로서는 이러한 마이크로소프트의 요구를 거절하기 힘들었을 것입니다.

2020년에 OpenAI가 GPT-3로 대박을 친 후 너도나도 수천억 개의 파라미터를 가진 초거대 AI 모델을 개발하기 위해 뛰어들었습니다. 우리나라도 예외는 아닙니다. OpenAI는 여기서 그치지 않고 GPT-3가 가지고 있는 약점을 개선하기 위해 노력합니다. 바로 하나의 주제에 대한 구성 요소들에 대해 설명하거나 추상화하는 능력입니다. 아직 일상 업무에 쓰기에는 2%가 부족했던 것이죠.

ChatGPT에 직접 물었다!

GPT-3의 약점은 뭐지?

GPT-3는 강력한 인공 지능 언어 모델이지만, 여전히 몇 가지 약점이 있습니다.

1. **일반화 능력** GPT-3는 사전 훈련된 데이터에 대해서만 작동하기 때문에 학습 데이터에 없는 새로운 정보나 개념에 대해 정확한 답변을 제공하는 데 어려움이 있습니다.
2. **편향성** 훈련 데이터에 포함된 편향이 모델의 결과에 반영될 수 있습니다. 이로 인해 GPT-3는 성별, 인종, 종교 등과 관련된 논란이 있는 주제에 대해 편향된 의견을 표할 수 있습니다.
3. **논리적 일관성 부족** GPT-3는 때때로 모순되거나 일관성이 없는 답변을 제공할 수 있습니다. 이는 모델이 실제로 이해력이 없고, 패턴을 인식하고 텍스트를 생성하는 데 초점을 맞추기 때문입니다.
4. **짧은 문맥 길이** GPT-3는 주어진 문맥에 기반하여 답변을 생성합니다. 하지만 길이가 긴 문맥의 경우 앞부분의 정보를 놓치거나 고려하지 않을 수 있습니다.
5. **인지 불가능한 질문 처리** GPT-3는 때때로 불완전하거나 애매한 정보를 바탕으로 답변을 생성하려고 시도합니다. 이로 인해 오해가 발생할 수 있으며, 모델이 질문의 불분명한 부분을 인지하고 명확한 정보를 요청하는 능력이 제한적입니다.

6. **에너지 효율성과 비용** GPT-3는 매우 큰 모델로써 훈련과 추론 과정에서 상당한 양의 컴퓨팅 자원과 에너지를 필요로 합니다. 이로 인해 비용이 높고 환경에 부정적인 영향을 미칠 수 있습니다.

이러한 약점들에도 불구하고, GPT-3는 자연어 처리 및 생성 분야에서 놀라운 성과를 보여 주며 다양한 응용 분야에 활용되고 있습니다. 앞으로의 연구를 통해 이러한 약점들이 개선되고 더욱 발전된 인공 지능 언어 모델이 개발될 것으로 기대됩니다.

2023년, ChatGPT와 GPT-4의 인기

OpenAI는 GPT-3와는 완전히 다른
새로운 모델 개발을 계획합니다.

2023년에 등장한 GPT-4는 앞에서 ChatGPT가 답한 문제점을 해결하기 위한 모델입니다. 그러나 단지 GPT-3보다 더 많은 데이터셋과 더 큰 AI 모델을 만든다고 해결할 수 있는 문제는 아니었고, 결국 사람의 힘을 빌려야 했습니다. AI가 한 답변에 점수를 매겨 순서를 결정하고, 이 순서를 AI가 배우도록 한 것입니다. 이것을 **인간 피드백 기반 강화 학습(RLHF)**이라고 합니다. 이 방법으로 업그레이드한 것이 InstructGPT(인스트럭트GPT)이고, 일반인 대상으로 서비스하기 위해 답변의 톤을 좀 더 다듬은 것이 ChatGPT입니다. ChatGPT를 GPT-3.5라고도 부르는 데는 GPT-4로 가기 위한 중간 다리라는 의미가 포함되어 있기도 합니다.

ChatGPT에 큰 관심을 보인 회사 또한 마이크로소프트였습니다. Bing(빙)에 애착이 있던 사티아 나델라는 ChatGPT를 보면서 Bing을 살릴 수 있는 절호의 기회라고 생각했습니다. 당시 검색 엔진 시장에서 Bing의 점유율은 2.4%밖에 되지 않았습니다. 전 세계 검색 광고 시장의 대부분을 차지하고 있는 구글을 상대로 마이크로소프트가 파이를 얼마나 차지하느냐에 따라 두 회사의 운명이 달라질 수 있는 상황이었죠. 마이크로소프트는 반드시 ChatGPT를 손에 넣어 승부를 걸어야 했습니다. 그래서 통 큰 투자를 결심합니다. 무려 100억 달러를요!

대신 다음과 같은 조건이 붙었습니다.

- 마이크로소프트는 투자금을 회수할 때까지 OpenAI 이익금 75%를 가져간다.
- 그 이후에는 OpenAI 회사 지분 49%를 확보한다.
- 마이크로소프트는 제품과 서비스에 ChatGPT를 통합할 수 있다. 여기에는 Bing 검색 서비스와 ChatGPT의 통합이 포함되어 있다.

OpenAI 또한 마이크로소프트에 조건을 제시합니다. 참고로 OpenAI의 투자자들은 49%의 지분을, 비영리 연구소인 OpenAI의 모회사는 2%의 지분을 갖고 있었습니다.

- 모든 투자자들은 투자 금액의 100배까지만 수익으로 인정한다. 그 이상이 되면 모회사에 기부한다.
- OpenAI 대표인 샘 알트만은 지분을 가지지 않는다.
- 회사의 중요한 의사 결정에 투자자들은 표결할 수 없다. 지분을 가지지 않은 이사회 임원들만 표결할 수 있다.

마이크로소프트의 통 큰 투자로 인해 OpenAI의 가치는 290억 달러까지 치솟습니다. 이로 인해 마이크로소프트는 완전히 새로운 회사로 탈바꿈하면서 기존 모든 제품에 ChatGPT를 탑재한 채로 클라우드 서비스를 시작합니다. 그동안 검색 시장에서 완전히 소외되었던 Bing이 신(神)으로 거듭나게 되었죠.

2022년 11월 30일, ChatGPT는 출시된 지 단 5일 만에 사용자 100만 명을 돌파하는 등 폭발적인 인기를 끌었습니다. 그로부터 출시 첫 달이 지난 2023년 1월에는 5,700만 명, 2월에는 1억 명을 돌파했습니다. 이는 매일 1,300만 명의 개별 활성 사용자가 ChatGPT를 방문한다는 것을 나타내는 수치이기도 합니다(2023년 1월 기준). 실로 어마어마한 인기입니다.

ChatGPT가 100만 명의 사용자에 도달하는 데 걸린 시간[6]

이러한 폭발적인 인기를 기반으로 OpenAI는 올해 2월부터 ChatGPT의 유료 서비스를 시작합니다. 계정당 한 달에 20달러를 사용료로 받기 시작한 것입니다. AI 분야에서는 처음 있는 일입니다.

6 https://www.statista.com/chart/29174/time-to-one-million-user

OpenAI? CloseAI?

GPT-4의 기술을 공개하지 않은 데에 대한
찬반 의견이 팽팽합니다.

OpenAI는 GPT-4에 대한 기술 문서만 공개하고 학습 데이터와 소스 코드는 공개하지 않고 있습니다. 이에 대해 많은 사람은 우스갯소리로 OpenAI는 이제 회사명을 CloseAI로 바꿔야 한다고 농담하기도 합니다. 물론 초기 OpenAI의 설립 취지는 AI 기술을 모두에게 공개하는 것이었습니다. 그러나 현재는 2015년과 상황이 많이 달라졌습니다.

이제는 소수 인력이 몇 대의 GPU만 가지고 AI를 개발하던 시대가 아닙니다. 또한 AI가 점점 국가 전략 기술로 사용되고 있기도 합니다. 이는 국제적인 해킹에 악용될 수 있다는 뜻이기도 합니다. 물론 OpenAI가 결과물을 공개하느냐 안 하느냐에 대한 결정은 전적으로 경영진과 주주들에게 달려 있지만, 이는 어느 한 회사의 이슈로만 볼 일은 아닙니다. AI가 가진 엄청난 능력만큼 그 기술을 공개하는 것이 과연 인류에게 도움이 되는지를 신중하게 고민해야 합니다.

OpenAI의 공동 창업자인 일리야 슈츠케버는 GPT-4 정보를 공개하지 않는 이유로 경쟁에 대한 두려움과 안전에 대한 우려를 꼽았습니다. 수많은 고급 인력과 막대한 자금을 투입해 애써 개발한 제품의 노하우를 쉽게 공개하지 않는 것은 비즈니스 측면으로 보면 매우 당연한 일입니다. 게다가 구글, 메타 등의 거대한 글로벌 기업과 중국이라는 막강한 국가와의 경쟁 한복판에 있는 회사에 이를 개방하라고 압박하는 것도 사실 쉽지 않습니다.

OpenAI와 경쟁하고 있는 구글도 비슷한 고민을 안고 있습니다. 구글은 2023년 5월에 GPT-4를 겨냥한 PaLM2를 발표했지만 내부 소스 코드와 데이터는 공개하지 않았습니다. 아마 두 회사의 경쟁 관계로 인한 것임은 확실해 보입니다.

반면 오픈 소스 진영에서는 메타에서 개발한 LLaMA 모델을 비롯해 비영리 연구소인 EleutherAI(일루서AI)의 오픈 소스 버전인 GPT-J를 기반으로 새로운 LLM을 일주일에 몇 개씩 생산하고 있습니다. 비록 그 규모가 GPT-4의 약 1/10 정도로 비교할 수 없을 만큼 작지만 그만큼 GPU 비용이 들지 않기 때문에 가능한 일이죠. 이처럼 오픈 소스냐 클로즈드 소스냐를 이야기할 때 가장 중요한 핵심은 투입되는 비용과 상호 경쟁입니다. 나머지는 부차적인 문제일 뿐입니다.

그러나 오픈 소스만으로는 일리야 슈츠케버가 이야기하는 안전에 대한 우려를 지울 수 없습니다. '안전'이라는 개념이 인간이 LLM에 비정상적인 명령을 할 경우 이를 거부하는 기술을 말한다고 가정한다면, OpenAI는 이 기술을 갖고 있어도 나머지 오픈 소스 진영에서는 보유하기 어려울 것입니다. 이 안전에 대한 기술마저 모두 공개해 버리면 OpenAI와 오픈 소스 진영과의 기술적 차이는 없어지게 됩니다. 또한 이를 ChatGPT처럼 대중을 상대로 서비스하기도 어렵습니다. OpenAI가 가지고 있는 안전 기술이 없기 때문입니다.

샘 알트만이 미국 의회에서 AI를 규제해야 한다는 말을 꺼냈을 때 이 규제를 통과할 만한 AI는 당연히 OpenAI의 ChatGPT, 구글의 Bard, 마이크로소프트의 Bing Chat 정도일 것입니다. 그럼 오픈 소스 진영에서 만들고 있는 수많은 LLM은 어떻게 될까요? 규제를 통과하지 못하겠죠. 그렇게 되면 누가 가장 이득을 볼까요? 결과는 매우 뻔합니다.

결국 OpenAI냐 CloseAI냐를 가지고 논쟁하는 것은 OpenAI와 마이크로소프트, 구글이라는 거대 기업과 나머지 오픈 소스 진영들이 벌이는 뻔한 힘겨루기에 불과한 것입니다. 결국 힘이 강한 쪽이 시장을 휩쓸며 표준을 만들어 나갈 것입니다.

CHAPTER
03

ChatGPT 기술의 이해

ChatGPT는 GPT-3 모델을 기초로 만들어졌고, 기존의 자연어 처리 방식을 훨씬 뛰어 넘었습니다. 특히 사람이 원하는 답변을 생성하기 위해 사람이 직접 ChatGPT의 답변을 평가한 결과를 재학습하는 방식으로 괄목할 만한 성과를 이루었습니다. 여기서 더 업그레이드된 GPT-4 모델에는 기존의 딥러닝 방식으로는 불가능했던 논리적인 추론과 그림을 보고 설명하는 멀티모달 기능이 추가되었습니다. 이번 장에서는 ChatGPT의 근간을 이루는 기술에 대해 좀 더 살펴보겠습니다.

컴퓨터가 인간의 언어를 이해하는 방법

컴퓨터가 인간의 언어를 이해하도록 하는 것이
가장 큰 고민이었습니다.

1950년대 AI가 탄생했을 때부터 컴퓨터가 인간의 언어를 이해하도록 만드는 것은 모든 이의 꿈이었습니다. 컴퓨터가 인간의 언어를 이해하게 되면 우리는 컴퓨터에 훨씬 더 많은 일을 쉽고 편하게 명령할 수 있기 때문이죠. 많은 AI 연구자가 언어를 문법으로 접근해 구문을 분석하고 이를 법칙화하려고 했지만 대부분 실패했습니다. 사람은 정해진 문법대로만 말하거나 글을 쓰지 않기 때문입니다.

그러던 중 빅데이터 시대가 열리면서 대량의 데이터를 빠르게 처리하는 기술이 급속도로 발전했습니다. 여기에는 소셜 미디어의 성장이 큰 발판이 되었습니다. 트위터, 페이스북 등 소셜 미디어에 있는 수많은 문장을 단어별로 쪼갠 다음 긍정으로 분류된 단어와 부정으로 분류된 단어의 수를 세어 비율을 측정하면 전체적인 글의 분위기나 논조를 알아낼 수 있기 때문입니다. 이러한 노력은 꽤 성공을 거두었으며, 누구나 그 방법을 이해하고 적용하기 쉬웠습니다. 또한 많은 문장 데이터를 빠르게 처리할 수 있어 소셜 미디어 분석 전략이 각광받기도 했습니다.

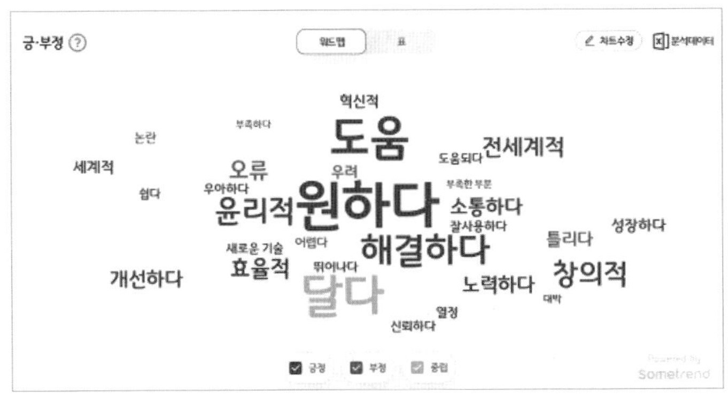

'ChatGPT'라는 단어에 대한 실제 긍·부정 분석 결과[7]

문장에 속한 단어들을 통계적으로 분석하는 방식은 간단합니다. 그러나 한 단어에 대한 긍정적 부정적 정의를 명확하게 구분하는 것은 사실 어려운 일입니다. 문서 내 단순 빈도로만 평가하는 방식도 문제가 있습니다. 무엇보다 사람들이 궁극적으로 바랬던 것은 한 문서 내에서의 긍정적 부정적 비율 그 이상이었습니다. 문서 요약, 번역, 질의응답 등 고급 기술을 알아서 척척 해내길 바랬던 것이죠.

이렇듯 인간의 언어를 컴퓨터에 이해시키는 방법은 그리 간단하지 않습니다. 2010년 초반까지는 딱히 큰 진전이 없었습니다.

무수히 많은 문장에 있는 단어의 순서를 암기하다

우리는 모국어가 아닌 언어를 배울 때 문법부터 배우지 말고 무조건 많은 문장을 암기하는 방법이 가장 좋다는 말을 듣곤 합니다. AI 연구자들은 이와 똑같은 논리를 컴퓨터가 언어를 이해하는 데 적용했습니다. 바로 다음 단어가 무엇이 나올지를 확률로 추정하도록 시키는 것입니다. 이렇게 하면 특정한 단어 뭉치가 나올 때 그 단어 다음에 나오는 단어를 꽤 높은 확률로 예측할 수 있습니다.

---

7 썸트렌드, https://some.co.kr/analysis/social/reputation?keyword=chatgpt&startDate=20230613&endDate=20230619&sources=blog%2cnews&excludeRT=false

다음은 유치환의 시 「행복」의 마지막 문단입니다.

설령 이것이 이세상 마지막 인사가 될지라도
사랑하였으므로 나는 진정 ○○○○○○

여기에서 ○○○○○○에 들어갈 말은 무엇일까요? 시 전체의 내용과 제목으로 추정했을 때 '행복하였네라'라는 말이 들어가는 것을 어렵지 않게 추측할 수 있습니다.

이와 같이 컴퓨터가 인간의 언어를 이해하는 가장 좋은 방법은 수많은 데이터를 바탕으로 다음에 나올 단어를 확률적으로 맞추는 것입니다. 사실 이러한 방식으로 데이터를 학습하는 것이 우리가 흔히 생각하는 암기는 아니지만, 일부 경우에는 암기한 데이터를 보여 주기도 합니다. 우리가 컴퓨터나 스마트폰의 브라우저를 통해 어떤 정보를 입력할 때 이전에 입력한 개인 정보나 은행 계좌 번호가 자동 입력 방식으로 튀어나오는 것은 이를 암기했다는 증거이기도 합니다.

'마지막'이라는 단어를 입력했을 때 다음에 나올 자동 완성 추천 단어

그런데 여기에 한 가지 이슈가 있습니다. 컴퓨터에 어떻게 그 많은 문장을 전부 학습시켜서 확률을 계산할 수 있는가입니다.

앞서 CHAPTER 02에서 언급했듯이, 2012년에 알렉스넷의 이미지 정보를 분류하는 뉴럴 네트워크가 대성공을 거둡니다. 쉽게 말하면 AI가 이미지 데이터를 읽은 다음 그 이미지가 개인지 고양이인지를 분류하는 작업이죠. 뉴럴 네트워크의 장점은 대단히 많은 양의 데이터를 빠르게 학습할 수 있다는 것입니다. 그러자 컴퓨터가 학습한 무수히 많은 문장을 각 단어로 나눈 다음 이를 숫자로 바꿔 뉴럴 네트워크에 학습시키면, 이 문장을 간단하게 외워서 다음 단어를 맞출 수 있지 않을까 하는 아이디어가 생겨났습니다.

뉴럴 네트워크의 모든 입력 값은 반드시 숫자여야 하고 그 길이도 같아야 합니다. 따라서 문장을 단어 기준으로 나누고 각 단어에 숫자(토큰)를 부여한 다음 숫자를 처리하는 모델이 등장합니다. 그리고 이 방식은 뉴럴 네트워크를 사용하는 모든 AI 모델에 적용됩니다.

Tokenizer
The GPT family of models process text using tokens, which are common sequences of characters found in text. The models understand the statistical relationships between these tokens, and excel at producing the next token in a sequence of tokens.
You can use the tool below to understand how a piece of text would be tokenized by the API, and the total count of tokens in that piece of text.
GPT-3 Codex
Many words map to one token, but some don't: indivisible.
Unicode characters like emojis may be split into many tokens containing the underlying bytes:
Sequences of characters commonly found next to each other may be grouped together: 1234567890
Clear Show example
Tokens 64
Characters 252
TEXT TOKEN IDS

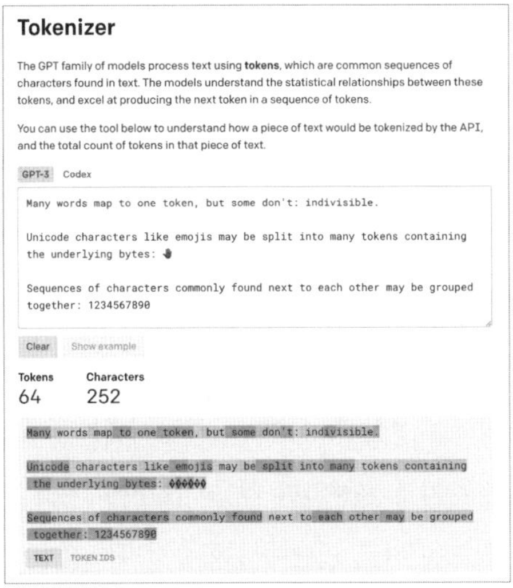

OpenAI의 토크나이저[8]

8 OpenAI, https://platform.openai.com/tokenizer

ChatGPT도 마찬가지로 문장을 단어로 나누고 토큰을 부여하는 작업을 가장 먼저 합니다. 이렇게 문장을 단어로 분해해서 번호를 붙이는 작업을 토크나이저Tokenizer라고 합니다. 다음은 OpenAI가 사용하는 토크나이저의 모습입니다.

예를 들어 'I love you.'라는 문장은 다음과 같이 토큰 네 개가 부여됩니다. 그러나 '나는 너를 사랑해.'라는 한글 문장은 영어보다 훨씬 많은 토큰을 부여합니다. 우리말은 영어에 비해 조사가 많이 붙기 때문입니다.

I love you.

나는너를사랑해.

OpenAI는 각 나라 언어별로 토크나이저를 만드는 것이 아니라 국제적으로 공통되는 토크나이저를 하나 만든 다음 이를 각 나라 언어에 적용해 동일한 방식으로 토큰화합니다. 그리고 이 토큰 개수를 측정해 ChatGPT 사용에 대한 요금을 받습니다. ChatGPT를 웹에서 바로 서비스하는 경우에는 월 20달러이지만, 프로그램에 직접 코딩해서 사용하는 경우에는 질문의 토큰 수와 답변의 토큰 수를 모두 더한 값이 과금의 기준이 됩니다.

구글이 단어를 벡터로 표기하는 혁신을 이루다

문장을 단어별로 자르고 각 단어를 토큰으로 변경한 다음에는 어떤 작업을 해야 할까요? 조사에 의하면 영어에는 100만, 한국어에는 110만 개의 단어가 있다고 합니다. 이를 모두 숫자로 표현하면 1부터 100만까지의 토큰 번호가 나올 텐데, 이를 뉴럴 네트워크에 바로 입력해서 학습시키는 것은 불가능합니다. 토큰 번호가 큰 단어와 작은 번호가 섞여 있으면 단어의 실제 의미와는 관계없이 토큰 번호가 큰 쪽으로 결과가 치우치기 때문입니다.

그래서 단어를 벡터로 표기하되 각 자리의 숫자는 −1에서 1사이로 만들어 보자는 아이디어가 등장합니다. 이러한 방식을 **워드 임베딩** Word Embedding 이라고 하는데, 이는 각 단어간의 의미와 문장에서의 위치를 방향성을 가진 값인 벡터로 표현하는 기법을 뜻합니다. 예를 들어 '왕', '남자', '여왕', '여자' 단어가 다음과 같은 좌표 평면에 위치하고 있다고 가정합시다. 여기에서 '왕−여왕' 벡터에 '남자' 벡터값을 더하면 '여자'가 위치한 좌표에 도달하게 됩니다.

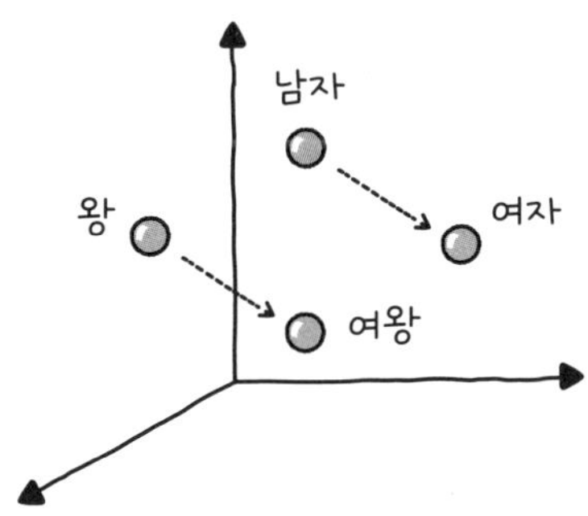

이렇게 만든 워드 벡터 Word Vector 의 장점은 다음과 같습니다.

첫째, 단어를 숫자 벡터로 표현하기 때문에 더하고 빼는 수칙 연산이 가능합니다.

예를 들어 왕(King)에서 왕비(Queen)를 뺀 값은 아버지(Father)와 어머니(Mother)를 뺀 값과 같습니다.

둘째, 두 단어가 서로 비슷한 의미를 갖는지 알고 싶다면 두 단어의 벡터 거리를 계산하면 됩니다.

벡터 간 연산은 GPU가 매우 잘하는 것 중 하나입니다. 많은 숫자를 병렬로 단순 계산하는 방식에 적합하기 때문입니다.

2013년 구글 연구원인 토마스 미콜로프 Thomas Mikolov 는 단어를 벡터로 표현하는 알고리즘을 제안하는데, 이를 Word2Vec(워드투벡) 모델이라고 부릅니다. 이 방법은 먼저 16억 개의 단어로 구성된 말뭉치(학습의 소스가 되는 원천 데이터)를 만든 후 이를 기준으로 다음과 같은 순서로 연산합니다.

1. 하나의 문장에서 특정 단어를 지정합니다.
2. 특정 단어를 가린 후 그 주변 단어를 가지고 특정 단어를 예측하는 뉴럴 네트워크를 만듭니다.
3. 반대로 특정 단어를 가지고 주변 단어를 예측하는 뉴럴 네트워크를 만듭니다.
4. 위의 두 가지 뉴럴 네트워크를 모든 단어에 적용한 후 반복해서 확률을 계산합니다.
5. 각 단어별로 유사도와 출현 빈도가 나오면 이를 근거로 워드 벡터를 만듭니다.

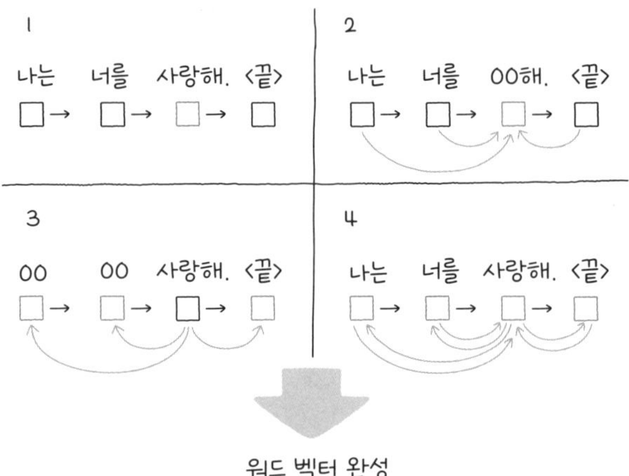

한마디로 요약하면 문장의 앞뒤 단어를 살펴 다음 단어가 나올 확률을 계산하는 방식입니다. 그동안 문장을 문법으로 분석하려고 했던 숱한 실패가 단어 순서의 확률을 계산하는 방법으로 성공한 것입니다. 이는 컴퓨터가 계산을 빠르게 하기 때문에 가능했습니다. 이처럼 컴퓨터가 많은 단어를 학습한 뒤 다음 단어를 맞출 수 있도록 만든 모델이 바로 Word2Vec입니다.

다음 그림은 구글에서 만든 임베딩 프로젝터Embedding Projector 화면입니다. 벡터의 차원은 각 AI 모델에 따라 정해지는데, 예시 그림은 이를 3차원으로 축소한 다음 상대적인 좌표로 표현한 것입니다. 화면을 보면 'king(왕)'이라는 단어 벡터 주변에 그와 관련된 단어들이 있고, 원의 크기는 단어의 빈도 수를 나타냅니다. 화면을 확대 축소하거나 마우스를 드래그하면서 관련 단어들을 살펴볼 수도 있습니다. 어떤 단어와 관련 있는 수많은 단어들의 관계를 이렇게 시각화할 수 있다는 것이 멋지지 않나요?

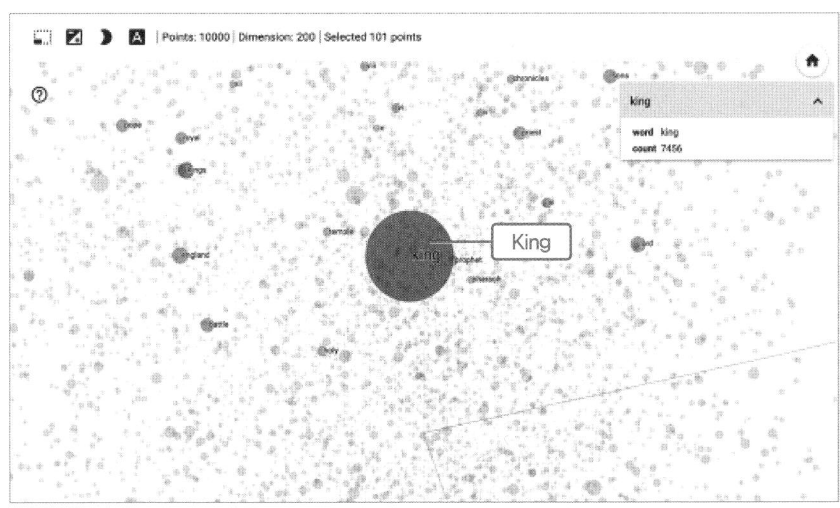

'king'과 연관된 단어들간의 벡터 거리를 시각화한 구글의 임베딩 프로젝터[9]

Word2Vec 모델은 언어를 문법이나 단어 수 세기 같은 방식으로 분석하려는 시도에 종지부를 찍고 자연어 처리 분야에서 괄목할 만한 진보를 이루었습니다. 이 모델을 사용하면 언어에 상관없이 엄청나게 많은 문장을 컴퓨터가 뉴럴 네트워크로 학습하기 쉬운 형태가 됩니다. 그리고 다음 단어에 무엇이 나올지도 얼마

9 Projector.tensorflow.org

든지 예측할 수 있죠.

그러나 Word2Vec 모델에도 문제점은 있습니다. 예를 들어 서울, 서울시, 서울특별시, Seoul 등은 우리가 보기에는 모두 같은 의미이지만 컴퓨터는 모두 다르게 인식한다는 것입니다. 또한 동음이의어도 구분하기 어렵습니다. 예를 들어 '도장'은 체육관을 뜻하기도 하지만 계약서에 찍는 '도장'을 의미하기도 합니다. 이와 같은 경우 Word2Vec 알고리즘을 거치면 한 개의 벡터만 생성하므로 서로 다른 의미를 구분할 수 없습니다. 이는 문장을 이해하는 작업에서 치명적인 약점입니다.

그렇다고 해도 2012년 알렉스넷이 뉴럴 네트워크를 활용한 이미지 인식 분야에 한 획을 그었던 것처럼, 2013년 Word2Vec은 뉴럴 네트워크를 활용한 자연어 처리에 커다란 시발점이 되었습니다.

자연어 처리의 시작, RNN과 LSTM

자연어 처리를 위한 방법으로
RNN과 LSTM이 등장했습니다.

수많은 종류의 데이터 중 순서가 있는 데이터를 **순차 데이터** Sequential Data 라고 합니다. 예를 들면 소리 데이터, 음성 데이터, 기계에서 나오는 센서 데이터, 주식 시장에서 생성되는 주가 데이터 그리고 온도, 기압, 강우량 등의 날씨 데이터는 모두 순차 데이터입니다.

우리가 쓰는 언어에도 순서가 있습니다. 글을 쓰거나 말을 할 때는 주어진 문법에 따라 순서를 지켜야 합니다. 단순하게 '사회'를 '회사'로 순서를 바꿨을 때 의미가 달라지는 것만 봐도 언어는 대표적인 순차 데이터이며, 이를 순차적으로 읽고 학습하는 AI 모델이 필요했습니다. 그러자 자연어 처리에 뉴럴 네트워크를 사용하자는 아이디어가 발현되었습니다.

순차 데이터인 언어를 분석하고 예측하는 뉴럴 네트워크는 이미 1980년대부터 개발되고 있었습니다. 1982년에 발표된 RNN Recurrent Neural Network (순환 신경망)과 RNN의 단점을 보완하여 1997년에 발표된 LSTM Long Short Term Memory (장단기 메모리)가 대표적입니다. RNN과 LSTM 모두 단어 하나하나를 벡터로 바꾼 다음 순차적으로 입력하는 방식입니다. 모든 언어는 순서가 있기 때문에 매우 상식적이죠.

하지만 여기에도 문장 길이와는 상관없이 치명적인 약점이 두 가지 존재했습니다.

첫째, 문장을 한 단어씩 순차적으로 처리하는 방식 때문에 속도가 매우 느립니다.

먼저 나온 단어를 반드시 처리해야 다음 단어를 처리할 수 있기 때문에 한 권에 수백 페이지로 구성된 책을 수천, 수백만 권 학습한다는 것은 사실상 불가능했습니다.

둘째, 문장에서 중요한 의미를 가진 단어와 그렇지 못한 단어를 구분하기 어렵습니다.

Word2Vec 모델과 마찬가지로 동음이의어나 이음동의어도 처리할 수 없습니다. 그저 단어 자체의 뜻만 가지고 있는 벡터를 순차적으로 처리할 뿐입니다.

결국 자연어 처리 분야에서 RNN과 LSTM은 점차 사용하지 않게 되었습니다. 대신 그 자리를 차지할 엄청난 녀석이 이어서 등장합니다.

자연어 처리의 혁명,
구글 트랜스포머의 등장

언어 모델이 정교해진 계기는
구글의 트랜스포머 발표였습니다.

앞에서 언급한 RNN과 LSTM의 두 가지 약점으로 고심하던 구글은 AI로 자연어를 처리하는 기술에 적극적으로 투자하기 시작합니다. 자체 검색 엔진과 방대한 콘텐츠를 보유하고 있을 뿐더러, 이 또한 굉장히 다양한 언어로 구성되어 있기 때문입니다. 거기에 웹 페이지를 클릭 한 번으로 손쉽게 번역하는 등 더욱 유연한 검색 기술도 개발하고자 했습니다.

그리고 2017년, **트랜스포머** Transformer가 세상에 나왔습니다. 구글은 어떻게 RNN과 LSTM의 약점을 해결했을까요?

트랜스포머는 문장을 각 단어로 분리해 벡터로 바꾸고(워드 임베딩), 각 단어의 순서를 벡터로 바꾼 다음(포지셔널 인코딩 Positional Encoding), 각 단어들 간의 중요도를 어텐션 매커니즘 Attention Mechanism으로 계산합니다. 결국 모든 입력값이 벡터화되어 병렬로 한꺼번에 처리할 수 있다는 것이 가장 큰 장점입니다. 특히 GPU는 이러한 벡터 계산에 특화되어 있기 때문에 자연어 처리에 중요한 역할을 했고, 이는 초거대 언어 모델(LLM)의 발전을 가능하게 했습니다. 트랜스포머가 없었다면 당연히 ChatGPT도 없었을 것입니다.

트랜스포머는 기존 RNN, LSTM 기반 모델보다 훨씬 빠른 속도로 방대한 양을 한번에 학습할 수 있어 대규모 데이터셋에서 높은 성능을 발휘합니다. 또한 그동안 난관을 겪고 있던 서울시와 서울특별시와 같은 이음동의어, 찍는 '도장'과 운동하는 '도장' 등의 동음이의어도 분리해서 이해할 정도로 아주 똑똑합니다. 마치 2012년에 알렉스넷이 이미지 인식 시장의 격변을 가져온 것처럼, 트랜스포머 역시 자연어 처리 분야에서 새로운 활로를 개척했습니다. 트랜스포머 이후 자연어 처리 기술은 급물살을 타고 발전합니다. 이 때문에 트랜스포머가 등장한 지 불과 5년 만에 ChatGPT가 세상에 나오게 되었습니다.

트랜스포머의 구조

구글은 트랜스포머를 언어 번역에 주로 활용하기 위해 개발했습니다. 이 과정은 번역할 원문 문장을 벡터로 치환하는 **인코더**Encoder와 번역할 대상 언어의 문장을 생성하는 **디코더**Decoder로 이루어집니다. 이를 통틀어 **인코더-디코더**Encoder-Decoder **아키텍처**라고 하며, 2014년에 알렉스넷을 만든 일리야 슈츠케버가 제안했습니다. 그는 그 다음 해인 2015년에 OpenAI를 창업했죠.

다음 그림을 봅시다. 먼저 번역할 원문(I love you)을 인코더에서 입력하면

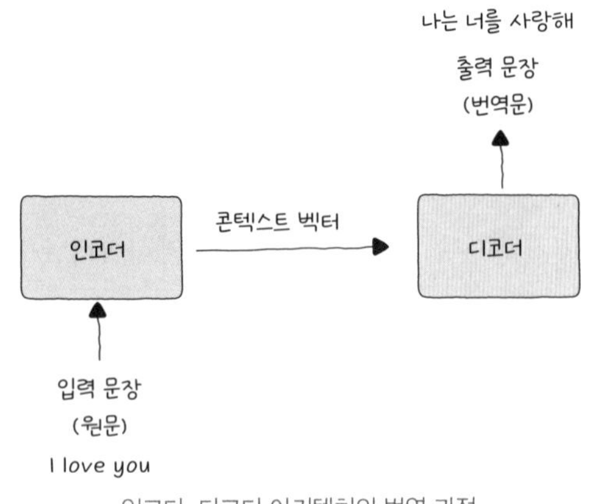

인코더–디코더 아키텍처의 번역 과정

번역한 결과물(나는 너를 사랑해)이 콘텍스트 벡터를 거쳐 디코더를 통해 도출됩니다. **콘텍스트 벡터** Context Vector란 모든 단어의 정보를 압축해서 하나의 벡터로 만든 것입니다. 이 구조의 특징은 단어를 하나씩 읽고 번역하는 대신 한 문장에 있는 단어를 모두 읽은 후 그것을 요약한 내용을 담은 콘텍스트 벡터를 통해 결과를 보여 준다는 데 있습니다.

트랜스포머도 이와 같은 인코더-디코더 아키텍처를 기반으로 「Attention is all you need」라는 논문을 발표했습니다. 제목부터 의미심장하지요. 이제까지는 자연어 처리를 위해 RNN, LSTM과 어텐션 메커니즘을 서로 결합해서 사용했지만 앞으로는 어텐션만 있으면 한방에 해결된다는 뜻입니다.

Attention Is All You Need

Ashish Vaswani* Google Brain avaswani@google.com

Noam Shazeer* Google Brain noam@google.com

Niki Parmar* Google Research nikip@google.com

Jakob Uszkoreit* Google Research usz@google.com

Llion Jones* Google Research llion@google.com

Aidan N. Gomez* † University of Toronto aidan@cs.toronto.edu

Łukasz Kaiser* Google Brain lukaszkaiser@google.com

Illia Polosukhin* ‡ illia.polosukhin@gmail.com

구글의 2017년 트랜스포머 발표 논문[10]

다음 그림은 트랜스포머 아키텍처의 구조도입니다. 크게 인코더와 디코더로 구성되어 있으며, 가장 중요한 것은 역시 어텐션 메커니즘입니다. 이는 앞에서도 언급했듯이 특정 단어에 대한 다른 단어의 연관도를 계산합니다.

---

10 https://research.google/pubs/pub46201

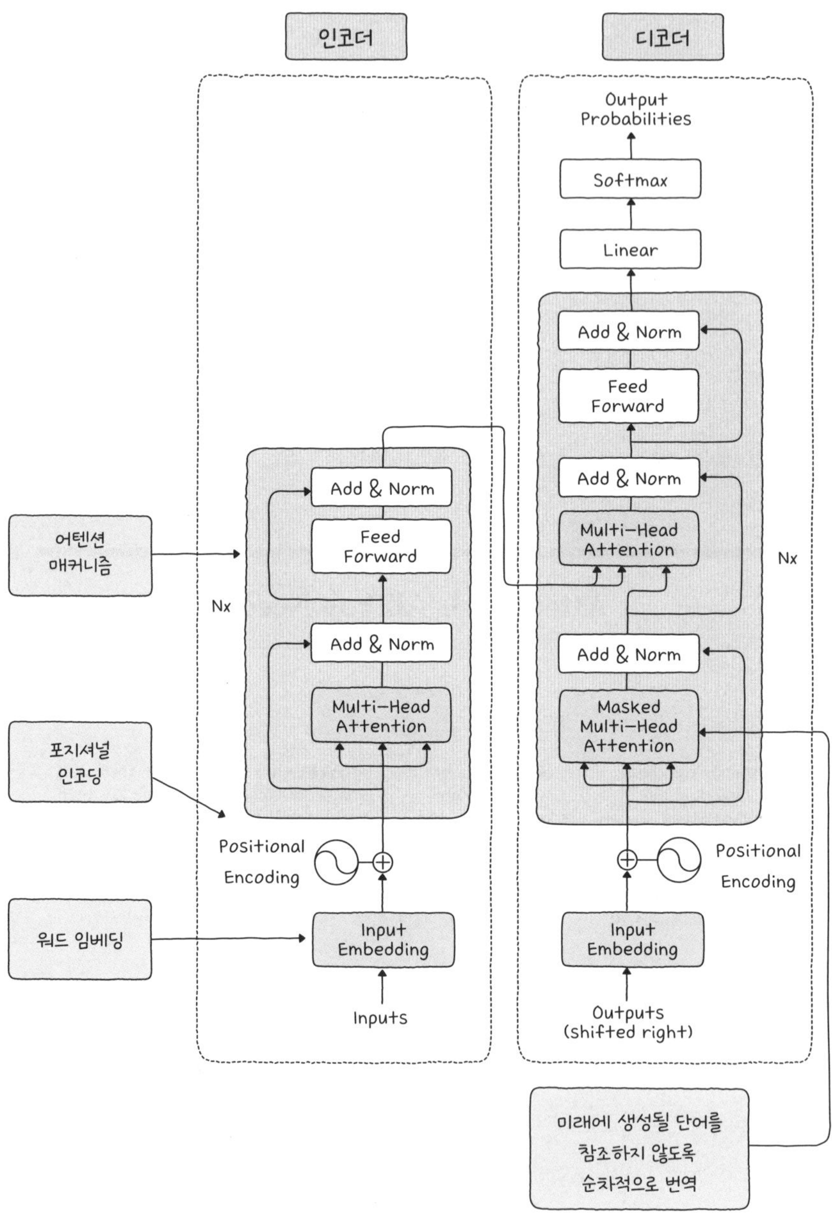

구글 트랜스포머의 아키텍처[11]

11 https://research.google/pubs/pub46201

예를 들어 'I love you'라는 입력 문장이 있을 때 현재 단어 'I'와 나머지 단어 'I', 'love', 'you'의 연관성을 각각의 확률로 표현합니다. 확률이 높으면 당연히 연관성이 높겠지요. 'love'와 'love', 'I', 'you', 'you'와 'you', 'I', 'love'도 마찬가지입니다. 이 과정이 어텐션 매커니즘입니다.

트랜스포머 아키텍처의 어텐션 메커니즘은 각 단어가 현재 단어의 문맥 인식 표현에 얼마나 기여하는지를 나타냅니다. 여기서 그 기여도를 **어텐션 스코어** Attention Score라고 하며, 이를 기반으로 단어 벡터에 가중치를 부여하면 입력된 문장 안에서 단어 간의 관계를 더 높은 확률로 포착하는 새로운 문맥 표현을 생성할 수 있습니다. 이것이 자연어 처리 분야에서 높은 성능을 보여 주는 트랜스포머의 강점입니다.

어텐션은 언어뿐만 아니라 어떤 이미지에 들어 있는 사물간의 관계, 일정한 시간 동안 수집되는 시계열 데이터 안에서도 찾을 수 있습니다. 따라서 요즘은 과거에 사용했던 CNN, RNN, LSTM 등의 모델 대신 대부분 트랜스포머를 사용하는 추세입니다.

For Business

트랜스포머는 쉽게 확장할 수 있기 때문에 언어 모델이 급속도로 커지는 데 기여했으며, 이제는 어느 기업이든 트랜스포머를 활용해 언어 모델을 만드는 것이 대세가 되었습니다. 언어 모델의 사이즈가 커질수록 당연히 학습을 위해 더 큰 GPU가 필요합니다. 2023년 1월 엔비디아에서 발표한 신규 GPU인 H100은 트랜스포머 전용 칩을 포함하고 있었는데, ChatGPT가 폭발적으로 인기를 끌자 H100도 함께 인기가 치솟으며 엔비디아의 주가 또한 폭등하게 되었습니다. 이에 GPU를 생산하는 다른 기업인 AMD에서는 2023년 6월 H100을 능가하는 MI300X 칩을 발표합니다. ChatGPT로 촉발된 LLM 경쟁은 반도체 중에서도 특히 AI용 반도체 시장의 성장을 견인하고 있습니다.

전이 학습

전이 학습을 통한 AI 모델 개발 방식은
딥러닝에서 매우 중요합니다.

인공 지능의 발전에 따라 점점 더 많은 사람이 딥러닝을 활용하고 있습니다. 그러자 이전에는 미처 생각지 못했던 새로운 난관들이 생겨나기 시작합니다. 어떤 문제들일까요?

첫째, 많은 데이터를 필요로 합니다.

딥러닝은 너무나 많은 데이터를 필요로 합니다. 물론 많은 데이터를 학습시킬수록 성능도 좋아져 인공 지능은 더 정확한 결과를 낼 수 있습니다. 그러나 필요한 데이터의 양이 상상 이상으로 방대할뿐더러 각 데이터에 이름을 붙이는 **데이터 라벨링**Data Labeling 작업에는 엄청난 시간과 비용이 듭니다. 사람이 직접 일일이 이름을 붙이는 작업이니 당연합니다. 라벨링이 단순 작업으로 보이기는 해도 어떤 목적의 AI 모델을 개발하느냐에 따라 그 규칙이 달라지기 때문에 해당 분야의 전문적인 지식도 필요합니다.

둘째, 딥러닝 모델을 만드는 일이 쉽지 않습니다.

원하는 목적에 꼭 맞는 딥러닝 모델을 만드는 일은 생각보다 쉽지 않습니다.

이는 소수의 AI 전문가만이 가능한 일이어서 그들의 연봉 또한 매우 높을뿐더러 적임자를 구하기도 힘듭니다.

셋째, 장비를 갖추기 위한 비용이 많이 듭니다.

AI 모델을 컴퓨터에 학습시키려면 방대한 데이터를 처리하는 GPU를 장착한 컴퓨터가 대량으로 필요합니다. 이러한 장비를 갖추기 위한 인프라 비용 또한 만만치 않습니다.

따라서 기업에서 AI를 활용하려면 하루빨리 이러한 문제점을 해결해야 하는데, 이를 위해 등장한 것이 바로 **전이 학습**Transfer Learning입니다.

예를 들어 어떤 사람이 짬뽕 전문점을 개업한다고 합시다. 맛있는 짬뽕 레시피를 자신이 처음부터 직접 개발하려면 시간과 비용이 많이 들겠죠. 대신 최고의 중식 셰프의 지도를 받아 레시피를 전수받으면 훨씬 빠르고 효율적으로 개업까지 할 수 있을 것입니다. 전이 학습이 바로 이와 같습니다. 어떤 AI 모델을 개발하기 전에 먼저 그 분야에서 검증되고 널리 알려진 모델을 이용하면 개발 시간을 단축시키고 성능도 빠르게 향상시킬 수 있습니다.

전이 학습은 딥러닝에서 매우 중요합니다. 기존에 존재하는 완성된 AI 모델에 자신이 원하는 모델과 데이터를 학습시키면 보다 수월하게 모델링이 가능하고 정확도도 높아집니다. 기업에서도 처음부터 인공 지능 모델을 새로 개발해야 하는 수고를 덜 수 있습니다. 또한 아무리 좋은 AI 모델을 만들어도 학회에서 이론을 발표하면 끝이었던 과거에 비해 이를 실제로도 활용할 수 있으니 일석이조입니다.

전이 학습에서는 기존에 학습된 모델을 **기학습 모델** Pretrained Model 또는 **파운데이션 모델** Foundation Model 이라고 하며, 이를 활용해 자신의 모델과 데이터로 학습하는 것을 **파인 튜닝** Fine Tuning 이라고 합니다. 앞서 짬뽕 전문점의 사례를 보면 짬뽕 분야 최고 전문가의 기술 지도가 파운데이션 모델이고, 이 기술 지도를 받아 자신만의 레시피를 만드는 것이 파인 튜닝입니다. 이 방법은 컴퓨터 비전 및 자연어 처리 작업에도 적용할 수 있습니다.

> 'Fine tuning'을 '미세 조정'이라고 번역할 수 있습니다. 그러나 이 말에 그 의미를 전부 담을 수 없기에 이 책에서는 '파인 튜닝'이라고 그대로 사용하겠습니다.

대표적인 파운데이션 모델로는 이미지 인식 분야의 VGGNet, ResNet, MobileNet, EfficientNet, 그리고 자연어 처리 분야의 BERT, GPT, GPT-2, RoBERTa 등이 있습니다. 이는 모두 대규모 데이터셋에서 사전 학습된 언어 모델로, 다양한 자연어 처리 분야에서 높은 성능을 발휘합니다.

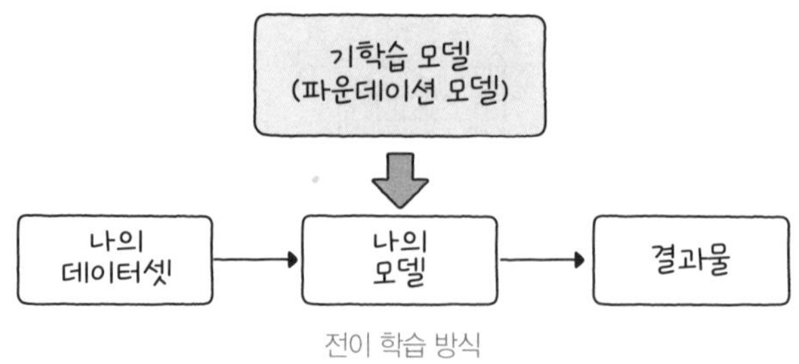

전이 학습 방식

예를 들어 의료 분야의 MRI 판독 시스템을 만든다고 하면, 먼저 마이크로소프트 연구진이 개발한 ResNet이나 옥스퍼드 대학의 연구팀이 만든 VGGNet을 파운데이션 모델로 선택합니다. 그리고 MRI 판독 모델의 실제 판정 부분만 추가로 개발한 후 여기에 학습시킬 MRI 데이터를 준비합니다. 이렇게 학습하면 훨씬 적은 양의 MRI 데이터를 가지고도 높은 정확도와 빠른 학습 속도를 가진 시스템을 만들어 낼 수 있습니다.

딥러닝에서 전이 학습이 중요한 이유를 정리하면 다음과 같습니다.

첫째, 학습 시간 및 컴퓨팅 자원을 절약할 수 있습니다.

처음부터 딥러닝 모델을 개발하고 학습시키는 것은 시간과 비용이 많이 소요됩니다. 이때 파운데이션 모델을 전이 학습으로 사용하면 훨씬 적은 자원을 가지고도 빠른 학습이 가능합니다.

둘째, 성능을 대폭 개선할 수 있습니다.

파운데이션 모델은 새로운 작업이 들어왔을 때 적용할 수 있는 기능을 이미 학습한 상태이기 때문에 처음부터 학습을 진행하는 것에 비해 대폭 향상된 성능을 제공합니다.

셋째, 적은 양의 라벨링된 데이터로도 학습이 가능합니다.

라벨링된 데이터는 매우 한정적이고 라벨링한 데이터를 얻는 데에도 비용이 많이 듭니다. 전이 학습을 사용하면 적은 양의 라벨링된 데이터를 활용해도 원하는 목표를 빠르게 달성할 수 있습니다.

넷째, 적은 양의 데이터셋으로도 학습이 가능합니다.

전이 학습은 학습 데이터가 제한된 작업에서 특히 유용합니다. 파운데이션 모델은 이미 일반적인 특징을 학습한 상태이기 때문에 적은 양의 데이터셋을 가지고도 이를 새로운 작업에 맞게 조정하기에 수월합니다.

하지만 전이 학습에도 다음과 같은 문제는 있습니다.

첫째, 자신이 원하는 목적에 맞는 모델과 데이터는 별도로 준비해야 합니다.

전이 모델이 있다고 해서 학습이 간단하게 해결되는 것은 아니며, 성공적인 학습을 위한 데이터는 사용자들이 준비해야 합니다. 또한 이를 학습하는 과정에서 GPU가 탑재된 컴퓨터도 필요합니다. 이는 마치 아무리 최고의 짬뽕 레시피를 전수받았다고 해도 영업을 하기 위한 가게와 식자재, 도구는 있어야 가게문을 열 수 있는 것과도 같습니다.

둘째, 파운데이션 모델이 있다고 모든 과정이 단번에 해결되는 것은 아닙니다.

파운데이션 모델 자체로는 모든 일을 다 할 수 있지만, 이를 파인 튜닝해서 만든 모델은 전체의 일부분 일만 할 수 있습니다. 이는 마치 전문 중식 셰프는 모든 중국요리가 가능하지만 전문 중식 셰프로부터 짬뽕 만드는 방법을 전수받은 짬뽕집은 짬뽕만 만들 수 있는 것과 같습니다.

셋째, 파운데이션 모델을 최초로 만든 사람이나 기업에게는 그에 따른 보상이 별로 없습니다.

힘들고 어렵게 좋은 모델을 만들어도 사람들은 완성된 모델을 그저 손쉽게 다운받아 사용하면 그만입니다. 이는 연구자들의 의욕을 꺾는 일이 될 수 있습니다.

GPT-3의 독특한 전이 학습 방식

GPT-3는 OpenAI에 의해 개발된 인공 지능 언어 모델로
다양한 언어 처리 작업에 뛰어납니다.

앞서 살펴본 전이 학습은 새로운 AI 모델을 개발하는 데 대단히 유용합니다. 누구나 쉽게 파운데이션 모델을 무료로 사용할 수 있기 때문입니다. 그렇지만 막상 그것을 만든 주체에는 큰 혜택이 없다는 것이 아쉬운 점으로 계속 남아 있었습니다.

GPT-3는 2020년에 OpenAI에서 개발한 인공 지능 언어 모델로, 기존 언어 모델보다 크기가 100배 이상 되는 거대 언어 모델입니다. 1,750억 개의 파라미터를 가지고 있는 덕분에 요약을 잘하는 것은 물론 Q&A, 번역, 글쓰기 등 언어로 할 수 있는 다양한 기능을 제공해 이전의 GPT-2와 기타 언어 모델들에 비해 월등한 성능을 자랑합니다. 다만 그만큼 학습하기 위해 하드웨어에 많은 비용을 투자할 수밖에 없었죠. 앞서 전문 중식 셰프가 운영하는 중식당의 예로 이해하면 쉽습니다.

최고의 중식 셰프가 직접 중식당을 차린다고 가정해 봅시다. 고객은 짬뽕만 전문으로 하는 식당이 아닌 다양한 메뉴가 있는 중식당을 이용할 가능성이 높습니다. 짬뽕을 먹으러 갔다가 다양한 메뉴를 보고 다른 음식을 고르거나 추가 주문할 수도 있습니다. 이를 보는 셰프 입장에서는 그 많은 메뉴의 음식을 제공하기 위해 식당 규모를 키우고 종업원 수도 늘리고 복잡한 레시피를 개발해야 합니다. 하지만 식당을 이용하는 고객 입장에서는 편리하고 좋을 것입니다. 원하는 음식이 다양하게 있으니까요.

이처럼 사용자가 원하는 기능을 다양하게 제공하는 GPT-3의 특징 중 하나는 데이터의 양에 따라 파운데이션 모델의 학습 능력이 다르다는 것입니다. **제로샷 러닝** Zero-shot Learning은 추가 훈련이나 데이터 없이도 바로 작업을 수행할 수 있고, **원샷 러닝** One-shot Learning은 한 개의 데이터, **퓨샷 러닝** Few-shot Learning은 매우 적은 양의 데이터만 가지고도 새로운 작업을 수행할 수 있습니다. GPT-3는 이전의 GPT-2나 다른 언어 모델들에 비해 학습 능력이 탁월하기 때문에 제로샷 러닝만으로도 대부분의 다양한 언어 처리 작업을 수행할 수 있습니다.

우리가 GPT-3의 업그레이드 버전인 ChatGPT에서 질문할 때 예시 답변을 함께 주면 좀 더 양질의 답변을 얻을 수 있는 이유가 바로 이것입니다. 제로샷보다는 원샷이, 원샷보다는 퓨샷 러닝이 훨씬 더 정확한 결과를 내기 때문입니다. 그렇기 때문에 ChatGPT에 질문할 때는 프롬프트를 상세히 써 주는 것이 좋습니다. 이로 인해 프롬프트 엔지니어라는 직업도 새롭게 등장했습니다.

GPT-3의 또 다른 특징 중 하나는 자연어 생성에 있어서도 놀라운 성능을 보

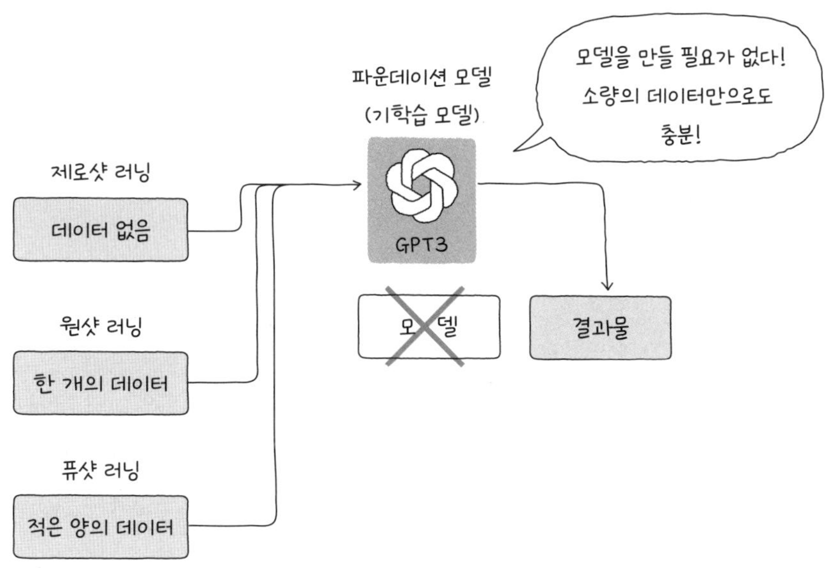

GPT-3의 전이 학습 방식

여 준다는 것입니다. 이전의 언어 모델들에 비해 문장 구조, 문맥 이해, 문장 간 일관성 등을 더욱 정확하게 파악하고 사용자가 원하는 답변을 정교하게 생성하기 때문입니다. 이는 GPT-3가 인간 수준의 자연어 생성 능력에 한 걸음 더 다가간 것을 의미합니다. 따라서 다양한 분야에서 GPT-3를 활용할 수 있는 가능성도 매우 높아졌습니다.

GPT-3는 기존의 전이 학습과 달리 소형의 모델을 만들 필요도 없고 학습시킬 필요도 없습니다. 그저 잘 활용만 하면 됩니다. 사용자는 파운데이션 모델만 잘 사용해도 요약, 번역, 질의응답, 분류 등과 같이 다양한 언어 기능을 가뿐히 처리할 수 있어 여기에 더 의존하게 됩니다. GPT-3를 만든 OpenAI는 사용에 따른 토큰 수만큼 사용료도 부과해 수익 모델도 놓치지 않았습니다. 이는 향후 AI 모델 발전에도 큰 영향을 줍니다.

다음은 GPT-3가 가져온 세 가지 변화입니다.

첫째, AI 모델의 대중화가 시작됐습니다.

지금까지는 AI 모델을 활용하려면 반드시 코딩을 할 줄 알아야 했습니다. 그러나 GPT-3는 평소에 사용하는 말로 명령만 하면 바로 답변을 하기 때문에 사용성이 매우 높아졌습니다.

둘째, AI 모델 사용량에 따른 과금제가 시작됐습니다.

기업 입장에서 보면 AI 모델 개발에 들어가는 어마어마한 비용을 감당하기 위한 수익 구조가 반드시 있어야 합니다. GPT-3 이전의 AI 모델들은 과금 자체가 불가능했지만 OpenAI는 GPT-3에 사용료를 부과하면서 기업의 안정성을 더욱 높였습니다. 이는 더 나은 기술 발전을 위한 투자 비용을 안정적으로 마련한 것과도 같습니다.

셋째, AI 모델의 소스 코드는 더 이상 일반 대중에게 공개되지 않습니다.

GPT-3가 유료 서비스로 전환되면서 당연히 소스 코드도 공개할 수 없게 되었습니다. 지금까지 GPT-3에 대한 논문은 발표됐어도 소스 코드나 실제 학습 데이터는 공개되지 않았습니다. 단, OpenAI에 10억 달러를 투자한 마이크로소프트만 이를 볼 수 있습니다.

그렇다면 GPT-3는 파인 튜닝을 할 수 없을까요? 아니, 할 수 있습니다. OpenAI는 GPT-3를 유료 라이센스 형태로 제공하면서도 전이 학습도 가능하도록 했기 때문입니다. 또한 GPT-3 계열의 다른 네 가지 파운데이션 모델(Ada, Babbage, Curie, Davinci)도 제공하고 있습니다. 이것은 모두 OpenAI API를 활용해 파인 튜닝이 가능합니다. 하지만 그 이후의 모델, 즉 GPT-3.5와 GPT-4는 불가능하도록 막아 놓았습니다.

GPT-3와 유사한 크기의 거대 언어 모델을 LLM이라고 부릅니다. 사실 2017

년에 구글 트랜스포머 이후에 나온 언어 모델을 LLM으로 부르기 시작했지만, 세상 사람들의 관심을 받게 된 것은 GPT-3부터입니다. LLM은 그 이후에도 수많은 업그레이드를 거쳐 현재의 GPT-4까지 이르렀습니다. 이외에도 많은 다른 경쟁사의 LLM도 출시되고 있습니다.

GPT-3를 사람이 업그레이드한 InstructGPT

GPT-3가 기존의 약점을 뛰어넘는 성능을 갖기까지는
인간의 피드백이 필요했습니다.

2020년에 발표된 후 사람들을 놀라게 했던 GPT-3도 실제 사용해 보니 여러 문제점이 있었습니다. 어느 날 OpenAI의 CEO인 샘 알트만이 트위터에 이런 글을 올렸습니다[12].

> "GPT-3는 너무 과대평가되어 있습니다. 인상적인 성능을 보이는 건 분명한 사실이지만(칭찬은 감사합니다) 여전히 심각한 약점이 있고 가끔은 매우 멍청한 실수를 하기도 합니다. AI는 세상을 바꿀 것이지만 GPT-3는 아주 초기의 형태일 뿐입니다. 우리는 아직 알아내야 할 것이 많습니다."

모든 사람들이 열광했던 GPT-3를 스스로 엄중하게 평가하는 용기 있는 발언입니다. CEO라면 응당 자신들 제품 자랑에 여념이 없을 텐데 말입니다. 이를 보면 위대한 발견의 시작은 자신의 약점을 시인하는 데서 출발한다는 말이 떠오릅니다.

12 https://twitter.com/sama/status/1284922296348454913?s=20

GPT-3의 약점

다시 중식 셰프 이야기를 해 볼까요? 최고의 중식 셰프가 직접 중식당을 차려서 운영해 보니 장사는 잘 되었지만 문제가 생겼습니다. 특제 소스와 같은 비법으로 만든 최고의 레시피지만 모든 사람들이 만족하는 것은 아니었고, 주문 시스템이 잘 갖춰지지 않아 시키지도 않은 음식이 나오기도 했습니다. 손님은 점점 줄어들고 식당이 망할 위기에 처했죠. 그러자 중식 셰프는 마음을 바꾸어 고객에게 도움을 요청하기 시작합니다. 고객이 원하는 음식이 무엇인지, 불편 사항은 무엇인지 직접 듣기로 한 거죠.

그럼 GPT-3에는 어떤 약점이 있었을까요?

첫째, 이전 대화에 대한 기억이 없습니다.

이것은 챗봇으로서는 치명적인 약점입니다. 상대방과 신나게 이야기할 수는 있어도 이전 대화 내용을 기억하지 못하면 단순 대답만 하는 기계를 벗어나지 못하기 때문입니다. 사실 GPT-3는 트랜스포머 모델을 따르기 때문에 미리 학습하고 출력한 데이터와 현재 입력되는 문장을 학습하고 출력하는 데이터 간에는 아무런 관련이 없습니다. 따라서 기억이 없는 것이 당연합니다.

둘째, 다음 단어를 예측하는 데 한계가 있습니다.

모든 언어 모델은 다음에 나올 단어의 확률을 계산해 통계적인 방법으로 예측합니다. 그러나 확률이 높다고 해서 반드시 적절한 답변은 아닙니다. 인간인 우리도 상대방과 대화를 할 때 적절한 단어와 말을 찾는 것은 쉬운 일이 아닙니다. 특히 민감한 질문이라면 더욱 그렇습니다. 심지어 GPT-3는 대화의 맥락을 실시간으로 파악할 수도 없습니다.

셋째, 편향되거나 위험한 답변을 할 우려가 있습니다.

AI가 학습하는 데이터에는 인종, 종교, 성별 등에 대한 차별과 사람을 죽이는 법 등과 같은 위험한 내용이 포함되어 있을 수 있습니다. 물론 학습하기 전에 문제되는 내용을 최대한 걸러야 하지만 말처럼 쉬운 일이 아닙니다. 따라서 얼마든지 편향된 답변을 할 수밖에 없는 한계가 있다는 점을 반드시 고려해야 합니다.

넷째, 가짜 뉴스를 지어낼 가능성이 많습니다.

학습을 마친 AI는 그것을 바탕으로 새로운 문장을 만들어 내기 때문에 정확한 사실에 기반하여 답변한다고 볼 수 없습니다. 더구나 마치 사람이 쓴 것처럼 흉내 내기 때문에 그 진위를 파악하는 것도 쉽지 않습니다. 따라서 문장을 생성할 때 이러한 가짜 뉴스Hallucination의 가능성을 최대한 없애야 하는데, 이는 지금도 완벽하게 해결된 문제는 아닙니다. CHAPTER 01에서 살펴본 '고종의 맥북 도난 사건'이 바로 이러한 예입니다.

다섯째, 인간이 가지고 있는 일반 상식이 없습니다.

GPT-3에게 "빵을 굽는 토스터와 연필 중 무엇이 무거울까?"라고 물으면 연필이 무겁다고 답하는 경우가 있을 것입니다. 이는 연필이 토스터보다 가볍다는 문장을 학습하지 않았기 때문입니다. 이렇게 인간이라면 당연히 알고 있는 수많은 일반 상식이 모두 데이터화되어 있지 않기 때문에 AI 모델이 전부 배우기는 쉽지 않습니다. 이는 현재 개발된 GPT-4도 풀기 어려운 문제이기도 합니다. 이 문제가 풀리지 않는다면 AI가 보통의 인간처럼 대화하는 것은 영원히 해결하지 못할 숙제가 될 것입니다.

GPT-3뿐만 아니라 당시의 거의 모든 언어 모델은 다음 단어를 확률로 예측하는 방식의 한계에 도달했기 때문에 다른 방법을 생각할 수밖에 없었습니다. 그래서 등장한 것이, GPT-3가 답변을 하면 인간 라벨러가 선호하는 순서대로 점수를 매기는 방법입니다. 드디어 AI 개발에 사람의 힘이 보태지게 되었습니다. 중식 셰프가 고객들의 피드백을 경청하기 시작한 것입니다.

하지만 인간 라벨러조차도 인종, 지역, 언어, 성별, 나이 등에 따라 편견을 가질 수 있습니다. 따라서 이를 개선하기 위해 라벨러 전체를 그룹으로 나눈 다음 각 그룹을 대표하는 사람을 최소한 한 명씩 선별해 그 그룹에 맞는 맞춤 모델을 만들도록 했습니다.

그렇다면 인간 라벨러가 만든 점수를 어떻게 정량화할 수 있을까요? 딥러닝에서는 AI 모델이 예측한 값과 실제 정답의 차이를 **에러** 또는 **손실**loss이라고 하며, 이를 함수로 만든 것을 **손실 함수**loss function라 부릅니다. 즉, 인간 라벨러들이 만든 점수가 정답이고 GPT-3가 만든 답변이 예측치가 됩니다. 인공 지능을 학습시킨다는 것은 이 손실 함수가 최소가 되도록 만드는 과정입니다. 이러한 방식을 **지도 학습**Supervised Learning이라고 합니다. 라벨러가 피드백한 결과로 지도 학습을 통해 파인 튜닝한다고 해서 SFTSupervised Fine Tuning라고도 합니다.

InstructGPT의 지도 학습 과정

InstructGPT는 인간의 피드백으로 GPT-3의 성능을 더 업그레이드한 모델입니다. 이를 **강화 학습**Reinforcement Learning이라고도 하며, 인간은 AI가 생성한 답변의 품질, 정확도, 완결성 등 여러 기준을 고려하여 순위를 매겨 평가합니다. 이 과정은 여러 번 반복될수록 AI가 더 정확한 답변을 생성하는 능력을 강화시킵니다. 이러한 방식으로 InstructGPT는 다양한 질문에 대해 문맥에 맞는 답변을 생성할 수 있게 되었습니다.

먼저 GPT-3가 학습할 데이터는 OpenAI의 API를 사용하거나 인간 라벨러가 프롬프트(질문)를 작성해 만듭니다. GPT-3가 질문에 답하면 그 내용을 라벨러가 피드백하고, 이러한 질문과 답변을 모은 피드백 세트 하나가 만들어집니다. 이것을 모은 학습 데이터를 적용하면 인간의 언어로 AI 모델에 지시 또는 명령을 할 수 있습니다.

위 과정을 요약하면 다음과 같습니다[13].

1단계 사전 학습

대규모의 텍스트 데이터셋을 기반으로 지도 학습을 통해 초기 모델을 훈련시킵니다.

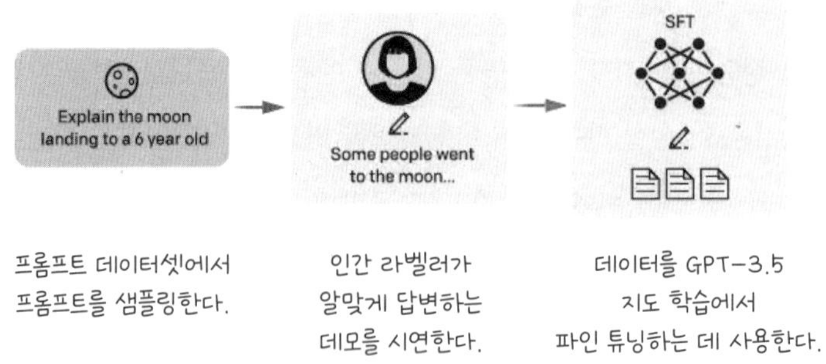

프롬프트 데이터셋에서 프롬프트를 샘플링한다.

인간 라벨러가 알맞게 답변하는 데모를 시연한다.

데이터를 GPT-3.5 지도 학습에서 파인 튜닝하는 데 사용한다.

13 InstructGPT 논문, 「Training language models to follow instructions with human feedback」

2단계 보상 모델 학습

1단계에서 선택된 답변들을 모아 보상 모델Reward Model에 학습시키고, 그 결과를 인간이 평가한 결과와 비교하면 보상 모델의 손실 함수가 만들어집니다. 이렇게 하면 보상 모델은 앞서 AI 모델이 만든 답변을 평가할 수 있게 됩니다.

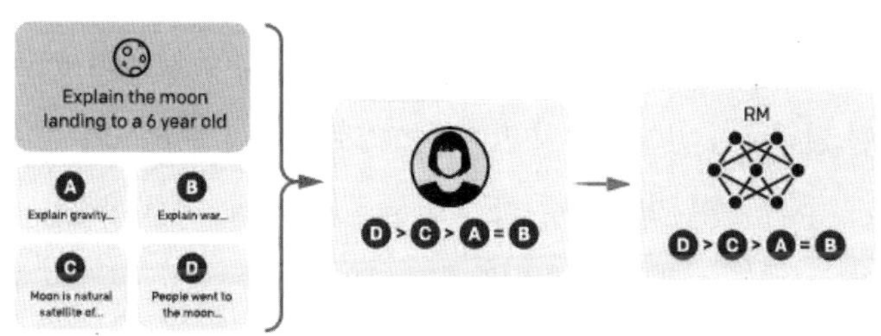

프롬프트와 몇 개의
모델 결과물을 샘플링한다.

인간 라벨러들이
가장 좋은 답변 순서대로
순위를 매긴다.

이 데이터를 보상 모델을
학습시키는 데 사용한다.

3단계 모델 업데이트

마지막 단계에서는 PPO RLProximal Policy Optimization Reinforcement Learning이라는 알고리즘을 사용해 보상 모델에 대한 정책을 최적화합니다. 인간 평가자들의 피

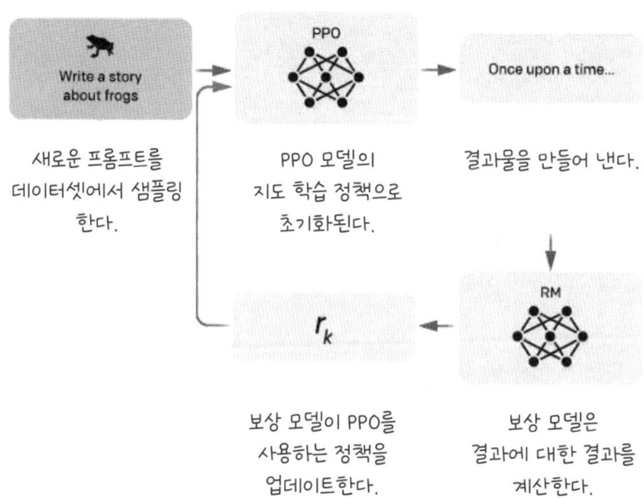

드백을 바탕으로 InstructGPT의 정책Policy이 업데이트되면, 이를 바탕으로 같은 과정이 반복될 때마다 성능을 개선해 나갑니다.

그렇다면 인간의 개입이 필요한 강화 학습 방식의 InstructGPT가 더 나은 성능을 발휘하는 이유는 무엇일까요? 인간 전문가는 모델이 학습해야 할 문제와 정답을 정의하고, 보상 함수를 통해 모델이 원하는 목표를 달성하기 위한 최상의 행동을 결정할 수 있도록 돕습니다. 이러한 지도와 보상 함수는 InstructGPT가 특정한 목표를 달성하기 위한 최적의 전략을 스스로 학습할 수 있도록 합니다. 따라서 InstructGPT는 인간의 지식을 활용해 보다 정확하고 빠른 학습을 하면서 훨씬 더 복잡한 문제를 해결할 수 있습니다.

ChatGPT로 다시 업그레이드

ChatGPT는 말이 안 되는 질문을 지적하고
질문자의 의도를 파악합니다.

최고의 중식 셰프가 직접 고객의 소리를 듣고 즉각 식당 운영을 바꾸어 칭찬을 받기 시작합니다. 손님이 다시 늘기 시작해 같은 시간에 손님이 몰리기도 하고, 2~30명 정도의 단체 손님도 늘었습니다. 때론 좋은 분위기에서 여유롭게 식사하고자 오는 손님도 있었죠. 그러나 손님이 몰리면 우왕좌왕하는 건 여전했고, 단체 손님의 음식을 바꿔 내는 실수를 하거나 조용한 자리를 찾는 손님에게 시끌벅적한 자리를 안내하는 등 일반적이지 않은 상황에 대해서는 여전히 실수가 잦았습니다.

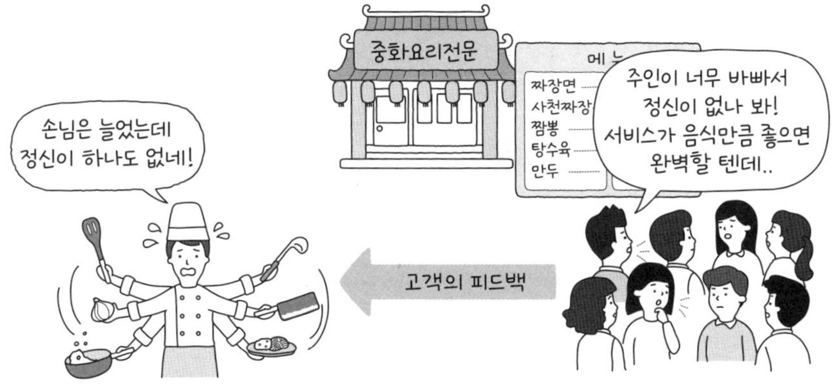

InstructGPT는 GPT-3와는 달리 인간의 선호도에 따라 텍스트를 생성하기 시작해 한 걸음 더 진보했습니다. OpenAI에서는 이를 가리켜 **정렬**Alignment 이라고 합니다. 모든 AI 모델은 사용자의 뜻에 따른다는 뜻입니다. 그 결과 GPT-3처럼 불쾌한 언어를 사용하거나 가짜 정보를 보여 주는 일이 많이 감소했고, 실수도 전체적으로 줄었습니다. 그러나 사용자와 대화하는 상황을 똑바로 인식하지 못하거나 해서는 안 되는 말을 하는 행동은 여전했습니다.

다음 그림은 GPT-3와 InstructGPT, ChatGPT의 차이를 잘 보여 줍니다. GPT-3와 InstructGPT의 가장 큰 차이점은 GPT-3의 답변에 인간이 피드백한 결과를 다시 학습하는 RLHF를 적용했다는 것입니다. ChatGPT는 여기에 안정성Safety 라는 기능을 하나 더 추가합니다. 이는 대화의 정황을 살피면서 대답해야 할 것과 하지 말아야 할 것을 구분하는 능력입니다. OpenAI는 이 안정성 능력에 대한 확신이 있었던 듯합니다. 이 기능이 불완전했더라면 아마 세상에 공개하지 못했을 겁니다. AI 모델이 하나 발표될 때마다 전 세계 사람들이 오류를 찾기 위해 샅샅이 뒤질 것이 뻔하기 때문입니다.

InstructGPT와 ChatGPT의 차이점을 극명히 보여 주는 사례[14]가 있습니다.

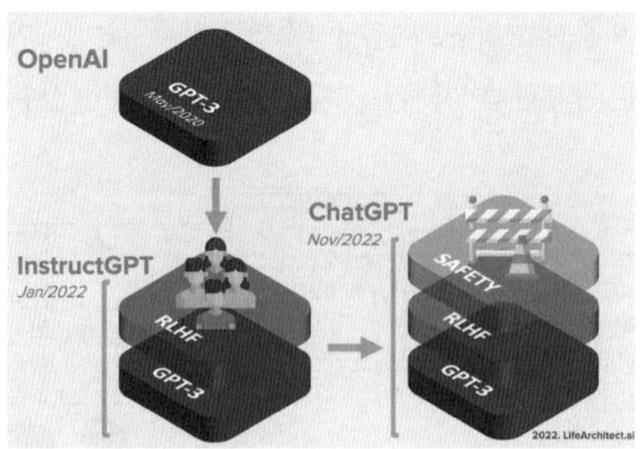

InstructGPT와 ChatGPT의 차이점[15]

14 https://openai.com/blog/chatgpt
15 lifearchitect.ai

 ChatGPT에 직접 물었다!

크리스토퍼 콜럼버스가 2015년에 미국에 왔을 때를 말해 주세요.

크리스토퍼 콜럼버스는 2015년에 미국에 왔고 이 곳에 오게 되어 매우 기뻤습니다. 그는 항상 미국을 방문하고 싶었고 우리 나라에 대해 매우 호기심이 많았습니다. 그는 우리 나라에 깊은 인상을 받았고 이곳에서 즐거운 시간을 보냈습니다. (InstructGPT)

크리스토퍼 콜럼버스가 1506년에 죽었기 때문에 이 질문은 약간 말이 안 됩니다. 그래서 그는 2015년에 미국에 올 수 없었습니다. 하지만 그가 그랬다고 잠시 가정해 봅시다!

콜럼버스가 2015년에 미국에 도착했다면 그는 1492년에 "신대륙"에 처음 상륙한 이후 발생한 변화에 매우 놀랐을 것입니다. 당시 "발견"은 실제로 이미 아메리카 원주민이 거주했으며, 이제 미국은 전 세계 사람들이 거주하는 다문화 국가입니다. 그는 또한 도시의 고층 건물에서 주머니 속 스마트폰에 이르기까지 기술의 발전에 놀랄 것입니다. 마지막으로, 그는 많은 사람들이 그를 더 이상 영웅으로 보지 않는다는 사실에 놀랄 수도 있습니다. 사실, 어떤 사람들은 그가 원주민을 노예로 만들고 죽인 잔인한 정복자라고 주장합니다. 대체로 콜럼버스에게는 500년 전에 가졌던 것과는 매우 다른 경험이 될 것입니다. (ChatGPT)

두 답변의 차이가 보이시나요? GPT-3를 기반으로 한 InstructGPT는 단순히 많은 문장을 학습한 결과를 바탕으로 매우 그럴 듯한 답변을 하지만 ChatGPT는 상황을 판단해서 그것이 말이 안 된다는 것을 지적합니다. 또한 질문자의 의도를 파악해 과거와 현재를 비교하는 예시도 보여 줍니다. 콜럼버스를 잔인한 정복자라고 답변하는 것은 누군가 매우 복잡한 과정을 거쳐서 질문자의 의도에 맞는 답변을 골라 줄 때만 가능합니다.

ChatGPT를 가리켜 GPT-3를 업그레이드한 GPT-3.5라고도 많이 이야기 하지만, 정확히 말하면 GPT-3.5의 수많은 버전 중 하나일 뿐입니다. 그 외에도 GPT-3.5에는 다음과 같은 여러 모델이 있습니다.

- code-davinci-002: 컴퓨터로 코딩하는 모델
- text-davinci-002: code-davinci-002 기반의 텍스트 모델
- text-davinci-003: text-davinci-002를 업그레이드한 텍스트 모델
- gpt-3.5-turbo-0301: text-davinci-003를 업그레이드한 모델(이것이 바로 ChatGPT입니다)

For Business

최근 들어 OpenAI의 CEO인 샘 알트만이 AI를 규제해야 한다는 주장을 계속하고 있습니다. OpenAI의 행보를 보면 대단히 주도면밀하게 학습 데이터의 품질을 향상시키려는 노력을 하고 있습니다. 언어 모델에서 나온 답변들도 대단히 정교하게 필터링하고 있으며, 많은 전문가들이 실제 데이터를 검수하는 작업을 지속하고 있습니다. 따라서 AI 규제 문제가 수면 위에 떠오르더라도 OpenAI는 전부 피해갈 수 있는 구조입니다. 바로 이 부분이 다른 경쟁사들보다 OpenAI가 뛰어난 점입니다.

마침내 출연한 GPT-4

GPT-4는 ChatGPT보다
한 수 위인 능력을 가지고 있습니다.

최고의 중식 셰프는 가게 시스템을 한번 더 개선했습니다. 고객이 식당에 들어와 음식을 주문하면 고객의 상황이나 배고픔의 정도를 즉각 파악한 후 직접 요청하지 않아도 알아서 서비스를 제공한 것입니다. 고객이 배가 많이 고파 보이면 군만두를 서비스로 주거나, 전화로 음식을 주문하면 집까지 배달하는 서비스도 개시했습니다.

2023년 3월에 출시된 GPT-4에서 가장 눈에 띄는 부분은 중식 셰프가 했던 것처럼 다양한 고급 추론Reasoning 기능이 추가된 것입니다. 더불어 가장 문제가 되었던 아무 말 대잔치 현상도 대폭 줄었습니다. 답변의 정확도가 상승한 것은 물론 입력 가능한 토큰의 수도 늘어났으며, 이미지를 보고 이해하는 기능도 추가되었습니다. 그러나 OpenAI에서 발표한 기술 문서에는 어떤 과정으로 개선이 이루어졌는지는 전혀 언급되어 있지 않습니다. OpenAI 측에서 기술 공개를 하지 않겠다고 했으니 그리 놀랄 일은 아니지만, 기술 향상 배경이 여전히 베일에 가려진 상황은 연구자로서는 조금 아쉽습니다.

2023년 3월 15일 출시된 GPT-4는 현재 유료로만 서비스하고 있습니다. OpenAI에서 발표한 GPT-4 소개 자료[16]를 보면서 어떤 능력을 가지고 있는지 하나씩 살펴보겠습니다.

먼저 각종 시험에서 GPT-3.5와 GPT-4의 수행 결과를 비교한 그래프입니다. 그래프 간에 차이가 클수록 GPT-4가 더 정확하다는 것을 알 수 있습니다.

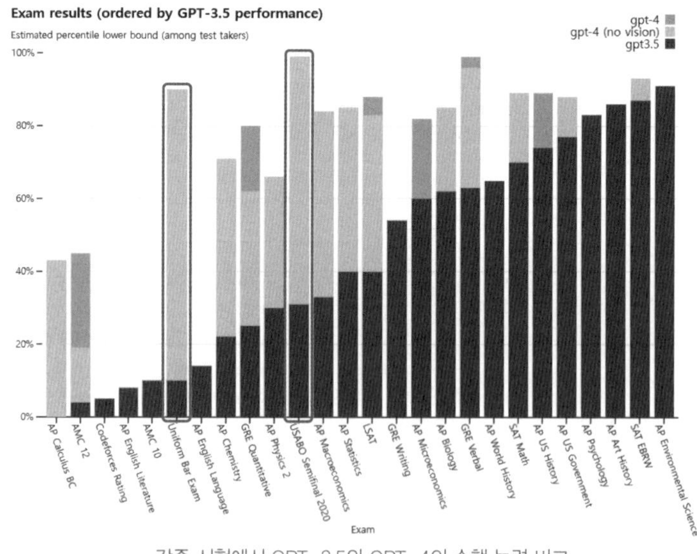

각종 시험에서 GPT-3.5와 GPT-4의 수행 능력 비교

16 https://openai.com/research/gpt-4

- 미국 변호사 시험(Uniform Bar Exam) 결과에서 GPT-3.5는 하위 10%인 반면 GPT-4는 상위 10% 입니다.
- 미국의 생물학 경시대회(USABO Semifinal Exam 2020) 결과에서 GPT-3.5는 하위 31%인데 비해 GPT-4는 상위 1%를 차지했습니다.

그럼 GPT-4가 GPT-3.5를 기반으로 한 ChatGPT보다 어떤 부분에서 뛰어날까요?

첫째, GPT-4는 ChatGPT보다 외국어 능력이 매우 뛰어납니다.

특히 GPT-4의 한국어 실력은 지금까지 나온 AI 중 가장 월등하다고 합니다. 다음은 MMLU(AI 언어 모델의 언어 능력을 보여 주는 벤치마크) 번역 테스트

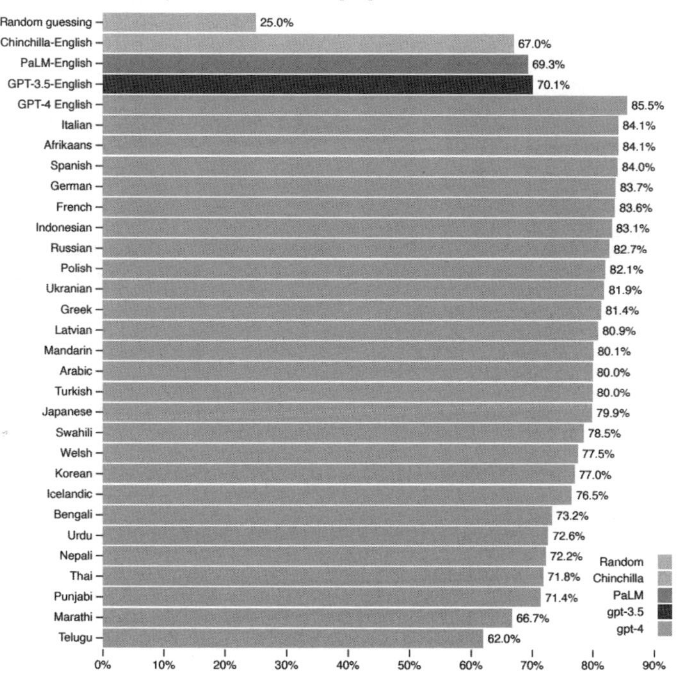

한국어를 포함한 세계 언어에 대한 GPT-4의 외국어 능력 비교

결과로, 세계 26개 언어 중 한국어를 포함한 24개 언어에서 GPT-4가 GPT-3.5보다 높은 성능을 보였습니다.

둘째, GPT-4는 각 분야에서 사실을 이야기하는 능력이 뛰어납니다.

AI 모델에서 정확도 1.0은 모든 질문에 대해 AI의 답변이 인간이 이상적으로 답하는 수준과 일치함을 뜻합니다. GPT-4의 사실 관계 진술 정확도는 주제를 불문하고 ChatGPT보다 약 19% 정도 향상되었습니다.

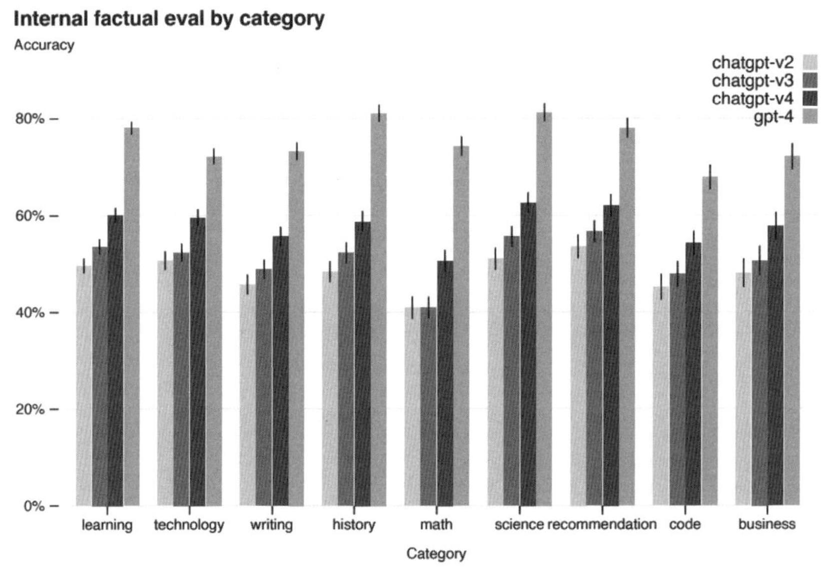

다양한 주제에 대한 ChatGPT와 GPT-4의 사실 관계 진술 정확도 비교

GPT-4는 2022년 8월에 학습이 완료되었지만 그 이후에도 50명 이상의 전문가가 답변을 검증하고 개인 정보 유출 방지 등의 보안 기능을 강화하고 있습니다. 그래서인지 거짓말을 그럴 듯하게 하는 아무 말 대잔치가 ChatGPT에 비해 40%나 줄었습니다.

따라서 GPT-4는 ChatGPT보다 잘못된 답변을 할 가능성이 더 낮습니다. 다음 그래프를 보면 민감한 질문과 허용되지 않는 질문에 대한 잘못된 답변 비율이 모두 상당 부분 개선되었는데, 특히 GPT-4는 후자에 대한 대처를 매우 잘하는 것으로 나타났습니다.

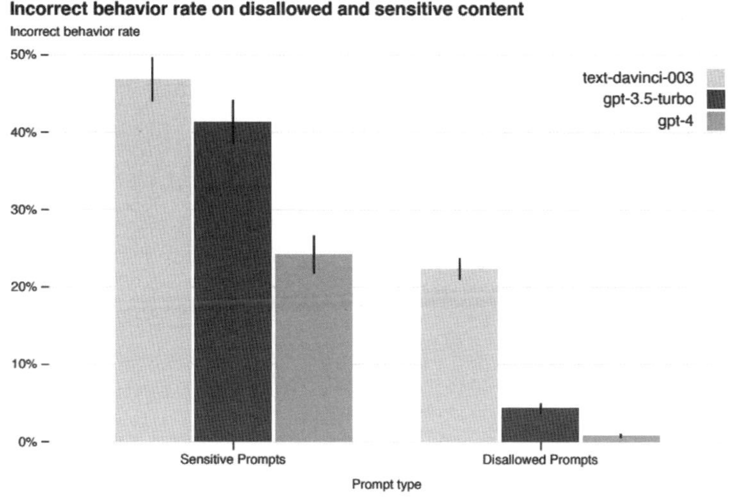

민감한 질문과 허용되지 않는 질문에 대한 GPT-3.5와 GPT-4의 잘못된 답변 비율 비교

셋째, GPT-4는 ChatGPT와 비교가 안 될 정도로 추론 능력이 뛰어납니다. 이는 인간과 대화할 때 매우 중요하게 작용하는 능력입니다.

- **사실 비교**

  만약 GPT-4에 세 명의 각기 다른 일정을 알려 주고 이 셋이 동시에 만날 수 있는 시간대를 추천해 달라고 하면 정확하게 공통적으로 빈 시간대를 추론해 낼 수 있습니다.

- **문맥 이해**

  GPT-4는 질문의 문맥을 이해한 후에 답변을 생성합니다. 특히 코딩에서 에러가 생길 경우 소스 코드와 에러 메시지를 함께 전달하면 그 원인을 상당히 정확하게 찾아 줍니다.

- **언어 이해**

  GPT-4는 복잡한 언어 구조와 관용적 표현 및 구어체까지 처리할 수 있습니다. 또한 삼행시나 사자성어 맞추기도 잘합니다.

- **지식 합성**

  GPT-4는 다양한 분야의 정보를 결합하여 일관되고 관련성 높은 답변을 생성할 수 있습니다.

- **문제 해결**

  GPT-4는 지식 기반 내에서 다양한 문제에 대한 제안이나 해결책을 제공할 수 있습니다.

- **논리적 추론**

  GPT-4는 항상 정확하고 신뢰할 수 있는 결과를 제공하지는 않지만 어느 정도 논리적인 추론이 가능합니다.

- **유추 추론**

  GPT-4는 서로 다른 개념이나 상황을 유추하고 비교할 수 있습니다.

넷째, GPT-4의 답변은 ChatGPT의 답변보다 훨씬 더 창의적입니다.

GPT-4는 노래를 작곡하거나 시나리오를 작성할 수 있습니다. 또한 특정 인물의 문체나 스타일을 학습해서 흉내낼 수도 있습니다.

다섯째, GPT-4의 입력 프롬프트는 역대 최대 길이입니다.

GPT-4부터 입력할 수 있는 프롬프트의 토큰 길이가 기존 3,000개에서 2만 5,000개로 늘어났습니다. 이는 언어 모델이 더 긴 문장을 학습하거나 프롬프트에도 입력할 수 있다는 뜻입니다. 이에 따라 답변 또한 이전보다 훨씬 길고 정교해졌습니다. 단, 실제 서비스할 때의 토큰 길이는 GPU 장비 상황에 따라 8,000개 정도입니다.

여섯째, GPT-3의 그림 묘사 능력은 뛰어납니다.

GPT-4는 입력된 그림을 설명하는 것은 물론 분석까지 할 수 있습니다. 현재 공개된 GPT-4 버전에서 이 기능은 제외되었지만 향후에는 공개될 가능성이 큽니다. 다음은 GPT-4에 그림을 보여 주면서 대화한 내용입니다[17].

ChatGPT에 직접 물었다!

다음 그림을 설명하고, 왜 웃긴 건지 말해 줘.

17 OpenAI, 「GPT-4 Technical Report」, 2023

이 만화는 통계적 학습과 뉴럴 네트워크의 모델 성능 개선 접근 방식의 차이를 캐릭터를 통해 풍자하고 있습니다.

먼저 통계적 학습의 캐릭터는 과적합Overfitting을 걱정하며 구조적 위험 최소화, 손실 함수 재작업, 소프트 마진 사용 등 복잡하고 기술적인 해결책을 제시하는 것으로 묘사됩니다.

이와 대조적으로 뉴럴 네트워크 캐릭터는 단순히 모델에 레이어를 하나 더 추가할 것을 제안합니다. 이는 뉴럴 네트워크의 성능을 개선하기 위한 일반적인 해결책으로 여겨지기도 하지만, 단순하고 무차별적인 접근 방식으로 간주되기도 합니다.

이 유머는 통계적 학습 접근법의 복잡성과 특수성, 그리고 뉴럴 네트워크 접근법의 단순성과 일반성 사이의 대조에서 비롯됩니다. 뉴럴 네트워크 접근법의 "하지만 아이러니하게도"라는 멘트는 다음과 같이 유머를 더합니다. 단순함에도 불구하고 "더 많은 레이어를 쌓는" 접근 방식이 실제로는 종종 실제로는 효과적이라는 사실입니다.

어떤가요? 그림의 내용을 대단히 정확하게 묘사하고 있습니다. 통계와 뉴럴 네트워크의 차이를 조금이라도 알면 미소 지을 수밖에 없는 내용이죠. 어떤 이미지를 보고 그 내용을 설명하는 것은 대단한 추론 능력을 바탕으로 합니다. 그러나 OpenAI가 이 기술을 공개하지 않는 것은 상당 부분 오류가 있다는 뜻이기도 합니다. 당연히 그렇겠지만, 이미지 데이터를 학습하고 이해하는 것이 텍스트 데이터보다 훨씬 어렵기도 합니다.

다음 그림은 OpenAI가 ChatGPT를 학습시키고 개발하는 전반적인 구조를 나타낸 것입니다. 언어 모델을 활용할 때 계속해서 부딪히는 문제가 바로 데이터의 품질입니다. 차별적인 견해나 유해한 내용의 결과를 생성하는 AI 모델은 그 원인이 모델 자체보다는 결국 원천 데이터에 있습니다. 그림을 보면 OpenAI가 어떻게 데이터를 관리하는지 볼 수 있습니다.

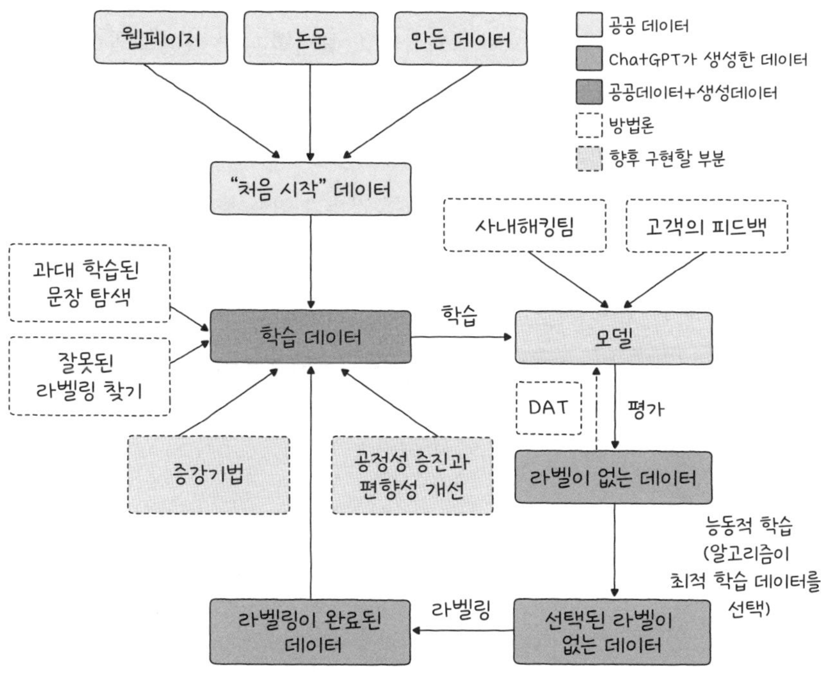

ChatGPT의 전체 학습 프레임워크[18]

여기서 원천 데이터는 "처음 시작(Cold start)" 데이터로, 학습을 위해 웹사이트를 크롤링하거나 기존에 있던 데이터를 모은 것입니다. 이를 과적합 구문 탐지Overfitting phrase detection와 오류 레이블 탐지Mislabeling detection를 거치게 하는데, 여기에 데이터의 개수를 늘리는 증강기법Augmentation과 공정성 및 편향성 개선Fairness & biases improvement 기능이 추가될 예정입니다. 이렇게 전처리된 데이터를 AI 모델에 넣어서 학습시키고, 학습이 끝나면 OpenAI 조직 내의 극한 테스트반Red team을 가동해 AI 모델이 이상한 답변을 하도록 유도합니다.

이렇게 실행한 결과를 모두 모아 외부 사용자들이 사용한 피드백과 함께 능동

18 OpenAI, 「A Holistic Approach to Undesired Content Detection in the Real World」

학습Active Learning을 시킵니다. 이때 모든 데이터를 전부 라벨링하는 것이 아니라 판단하기 어려운 데이터부터 라벨링을 합니다. 그리고 라벨링되지 않은 데이터를 예측합니다. 예측한 결과와 맞으면 통과시키고, 틀리면 다시 라벨링 과정을 반복합니다. 이렇게 하면 적은 양의 라벨링 데이터를 가지고도 수많은 데이터를 판별할 수 있습니다. 이렇게 라벨링된 데이터를 다시 원천 데이터에 추가합니다.

GPT-4가 이처럼 체계적인 프레임워크를 갖추고 있음에도 불구하고 OpenAI는 아직 한계가 있다고 솔직하게 인정합니다. 여전히 발생하고 있는 아무 말 대잔치, 유해한 콘텐츠, 허위 정보, 개인 정보 보호, 사이버 보안 문제 등에 대해 인정하고 있으며, 앞으로도 계속 이 부분을 시정해 나가겠다고 합니다.

CHAPTER
04

OpenAI가 꿈꾸는 원대한 비전

OpenAI의 원대한 비전은 인간의 능력을 가진 인공 일반 지능을 개발하는 것입니다. 그러나 사람과 편히 이야기할 수 있는 ChatGPT의 현재 기능만으로도 기업의 홈페이지나 인터넷 쇼핑몰, 콜센터 등의 기타 여러 플랫폼과 API를 쉽게 연결해 서비스할 수 있습니다. 우리가 OpenAI의 방향을 연구할수록 ChatGPT와 연결되는 산업 모두가 우리의 비즈니스 대상이 됩니다. 이는 앞으로 우리가 상상할 수 없을 정도로 거대한 비즈니스를 창출할 것이라는 예고장이기도 합니다.

ChatGPT의 차별점

ChatGPT는 기존에 무수히 존재했던 챗봇과 달리 뛰어난 점이 많습니다.

ChatGPT의 사용자 수는 다른 플랫폼과는 비교가 안 될 정도로 급성장했을 뿐만 아니라 유료 고객 수도 상당합니다. 다음 그림을 보면 ChatGPT는 출시 2개월 만에 사용자가 1억 명이 넘었고 현재도 그 수는 급격하게 증가하고 있습니다. 이에 따라 2023년 말에는 사용자가 최소 3억 명에 이른다고 추정하고 있습

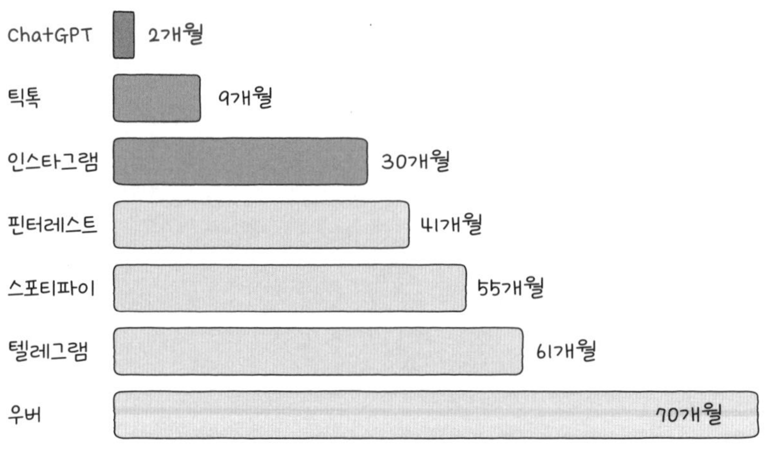

ChatGPT가 1억 명의 사용자에 도달하는 데 걸린 시간

니다. 주요 고객층도 어느 정도 구매력이 있는 연령층입니다. 이렇듯 ChatGPT는 안정적인 플랫폼의 토대를 점차 갖춰 나가고 있습니다.

다른 언어 모델에서 볼 수 없는 ChatGPT의 차별점은 다음과 같습니다.

첫째, ChatGPT는 그 사용자 수만으로도 AI 혁명의 핵심에 서 있다고 할 수 있습니다.

이는 OpenAI가 AI 기술을 선도하는 기업으로 널리 인정받는 이유입니다. 억 단위를 웃도는 사용자 수 자체가 거대한 자산이자 새로운 비즈니스의 상징입니다.

둘째, ChatGPT는 기존 챗봇과는 성능이 확연히 구분됩니다.

아마존의 알렉사Alexa가 자연어 처리에서는 가장 앞선 챗봇으로 여겨지고 있지만, 사람과 대화를 계속 이어갈 수 있는 수준은 아닙니다. 그럼에도 불구하고 알렉사 앱인 스킬Skill의 수는 10만 개가 넘습니다. ChatGPT는 알렉사와 비교도 안 될 정도의 뛰어난 기능과 콘텐츠를 가졌기 때문에 앱의 숫자도 이를 가볍게 뛰어넘을 듯합니다.

셋째, OpenAI는 뛰어난 인재를 많이 보유하고 있습니다.

창업자인 샘 알트만은 '스타트업의 천재', 일리야 슈츠케버는 'AI 역사를 시작한 천재'라 불리는 사람입니다. 창업 멤버이자 CTO를 담당하고 있는 그렉 브록만도 하버드대학교와 MIT를 졸업한 수재입니다. 게다가 테슬라의 자율 주행을 선도한 안드레이 카파시도 2023년 2월에 OpenAI에 합류했습니다. 사실 그는 OpenAI 창립 멤버 중 한 사람이지만 일론 머스크의 권유로 테슬라로 이직한 이력이 있습니다. 이렇게 여러 분야에서 모인 OpenAI의 인재들이 앞으로 어떤 AI를 선보일지 기대가 됩니다.

넷째, 아직 이렇다 할 이슈가 없습니다.

통상적으로 어떤 서비스를 시작하면 얼마 지나지 않아 차별이나 편견이 들어간 발언이나 개인 정보 침해, 고객의 기밀이 유출되는 보안 사고 등이 일어나기 마련입니다. ChatGPT는 2022년 11월 30일 초기 베타 버전이 출시된 후 2023년 5월 24일 안정화 버전이 출시되기까지 아직 크게 이슈될 만한 문제를 일으키지 않았습니다. 전 세계 수많은 사람이 이용 대상자인데도 불구하고 6개월 만에 안정화 버전이 출시될 정도라면 거의 모든 테스트는 이루어졌다고 볼 수 있습니다. 이렇다 할 사고가 나지 않은 것은 당연한 것 같지만 실제로는 매우 어려운 일입니다. 대단한 기술력과 노력의 결과이지요.

최근 OpenAI는 아주 재미있는 시도를 했습니다. ChatGPT의 버그를 발견하면 최저 200달러에서 최고 2만 달러까지 보상해 주는 프로젝트를 시작한 것입니다. 이는 그만큼 확신이 있다는 굉장한 자신감의 표현입니다. 버그 보상금 플랫폼인 버그 바운티Bug Bounty는 OpenAI와는 완전히 별개로 운영되기 때문에 독립성 또한 보장됩니다. 현재까지 23개의 문제점을 발견했고, 지급한 상금은 평균 746달러라고 합니다(2023년 6월 기준).

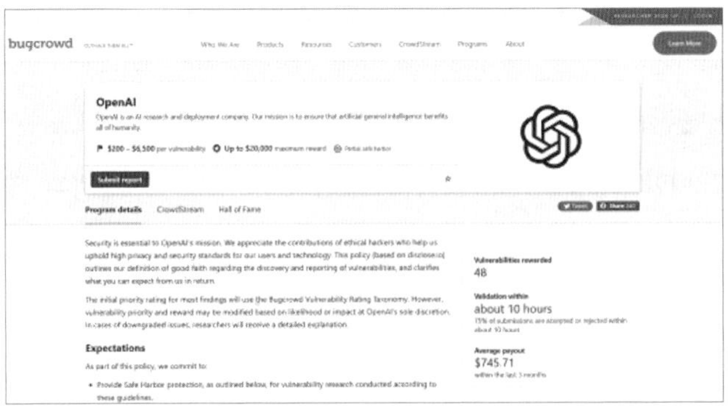

OpenAI의 버그 보상 프로젝트 버그크라우드[19]

---

19 https://bugcrowd.com/openai

샘 알트만이 밝힌 OpenAI의 로드맵

ChatGPT를 비즈니스에 활용하려면
당연히 OpenAI의 행보도 미리 파악하고 있어야 합니다.

2023년 5월 29일, 샘 알트만은 AI 기업 휴먼루프의 CEO 라자 하비브Raza Habib와의 대담 자리에서 OpenAI의 현재 상황과 향후 계획에 대해 밝혔는데, 요약하면 다음과 같습니다[20].

첫째, OpenAI는 GPU가 크게 부족한 상태입니다.

GPT-4는 3만 2,000개의 토큰을 처리할 수 있지만 GPU 부족 문제로 관련 기능을 배포하지 못하고 있으며, API를 통해 진행하는 파인 튜닝도 아직 공개하지 못하고 있습니다. 단, 사용료를 미리 지불하는 기업은 개별적인 ChatGPT 사용이 가능합니다. 따라서 곧 기업용 ChatGPT가 나올 것으로 보입니다.

둘째, OpenAI의 향후 1~2년 로드맵은 GPT-4 개선과 멀티모달 구현입니다.

2023년에는 더 저렴하고 빠른 속도로 GPT-4를 개선하는 것이 OpenAI의

20 https://website-754fwhahs-humanloopml.vercel.app/blog/open_ai_talk

최우선 목표입니다. 또한 현재보다 좀 더 긴 내용의 프롬프트와 100만 개의 토큰을 입력할 수 있을 것입니다. 긴 프롬프트를 입력할수록 ChatGPT는 더 많은 내용을 기억하고 더 많은 내용을 처리할 수 있습니다. 또한 파인 튜닝 API를 최신 모델(GPT-3.5 버전으로 추정)에도 적용하면 대화 내용을 더 많이 기억해 일정한 답변을 얻을 수 있습니다. 대략 이 정도 계획을 2023년에 달성하면 2024년에는 GPU의 부족으로 실현하지 못했던 멀티모달 기능도 구현할 수 있을 것입니다.

셋째, 플러그인은 마켓 효용성이 별로 없어 기대만큼 빠르게 개발되지 않을 것입니다.

사람들은 ChatGPT 안에서 원하는 기능을 찾기보다는 자신들이 원래 사용하고 있는 앱에 ChatGPT를 연결하는 인터페이스를 원합니다. 따라서 플러그인은 당분간 실시간 검색 기능 외에는 크게 활용되지 않을 것으로 보이며, 플러그인이 사용자가 원하는 정확한 내용을 매칭하고 전달하기까지는 꽤 시간이 걸릴 것으로 보입니다. 사용자가 플러그인을 세 개만 선택할 수 있는 것도 플러그인 확대를 저지시키는 이유이기도 합니다.

넷째, OpenAI는 ChatGPT 외에는 고객과의 경쟁을 피할 것입니다.

상당수의 개발자는 OpenAI가 직접 API를 통해 경쟁력 있는 제품을 출시할지도 모른다는 생각에 불안하다고 합니다. 그러나 샘 알트만은 OpenAI가 ChatGPT 외에 다른 제품은 더 이상 출시하지 않을 것이라고 밝혔습니다. 그는 혁신적인 앱을 보유한 훌륭한 플랫폼 회사들이 너무 많으며, 이들이 ChatGPT를 통해 충분히 자사 제품을 개선할 수 있다고 말했습니다. ChatGPT의 비전은 업무를 돕는 매우 똑똑한 비서를 만드는 것입니다.

다섯째, 규제와 오픈 소스 모두 필요합니다.

이것은 샘 알트만이 늘 강조하는 이야기이기도 합니다. 그는 소스 코드 공개의 필요성을 인지하고 있고, 앞으로 GPT-3를 오픈 소스화할 생각도 있다고 합니다. 다만 지금까지 이를 공개하지 못한 것은 그렇게 거대한 모델을 얼마나 많은 개인과 기업이 실제로 사용할지에 대한 의구심이 있었기 때문이라고 합니다.

여섯째, 성능 향상을 위해서는 계속해서 모델을 더 크게 만들어야 합니다.

물론 거대 AI 모델의 시대는 이제 끝났다고 이야기하는 사람들도 있습니다. 하지만 OpenAI 내부 데이터에 따르면 모델을 크게 만들수록 기능은 훨씬 더 좋아집니다. 이것은 마치 인간처럼 사고할 수 있는 인공 일반 지능(AGI)에 도달하기 위해서는 반드시 거쳐야 할 과정입니다. 계속해서 모델의 크기를 확장할수록 인공 일반 지능 시대가 도래하는 시간도 점차 빨라질 것입니다.

이로써 알 수 있는 OpenAI의 행보는 고객과의 경쟁과는 무관하게 ChatGPT(GPT-4, GPT-5 포함)를 더 잘 만드는 데 집중하고 있다는 것입니다. 이는 앞으로 우리가 OpenAI의 방향을 잘 파악할수록 더 많은 비즈니스 실현 가능성이 있다는 뜻이기도 합니다.

ChatGPT의 성능 업그레이드 방향

ChatGPT가 앞으로 어떤 방향으로 개선될지
미리 예상해 보겠습니다.

지금까지 관찰한 결과 OpenAI는 제품을 한번에 업그레이드하는 것이 아닌 천천히 조금씩 진행하는 스타일입니다. 때로는 어떤 기능을 개선했는지 발표하지 않고 조용히 넘어가기도 합니다. 현재 서비스 중인 GPT-3.5(무료)나 GPT-4(유료)도 우리가 모르는 사이에 조금씩 업그레이드되고 있습니다. 물론 관련 내용을 정리해 발표하기는 하지만 업그레이드가 된 이후에 공개하는 방식입니다[21].

그럼, ChatGPT는 앞으로 어떻게 더 업그레이드될까요? 지금까지 발표된 OpenAI의 입장이나 여러 논문, 기사 자료 등을 통해 접한 ChatGPT의 향후 그림을 미리 예측해 보겠습니다.

첫째, 워크스페이스 기능이 추가될 것입니다.

워크스페이스workspaces는 채팅방을 만들어 다른 사람들을 초대해 토론할 수 있는 장입니다. 여기에 ChatGPT 기능을 추가하면 워크스페이스에서 나눈 대

21 https://help.openai.com/en/articles/6825453-chatgpt-release-notes

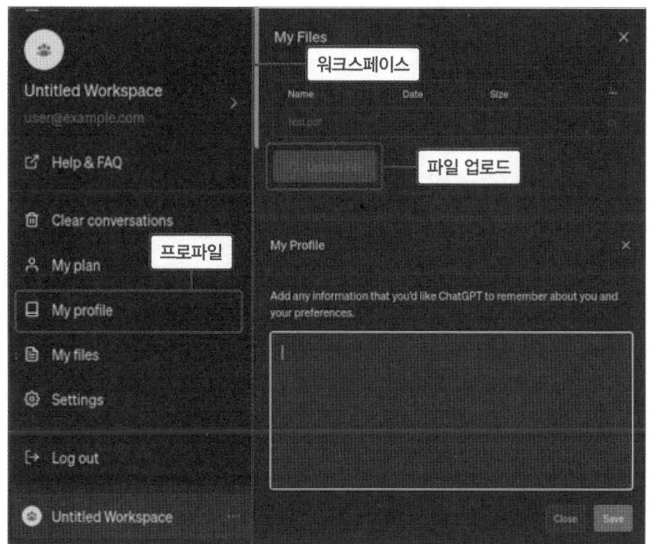

레딧에 올라온 ChatGPT의 업그레이드 화면[22].

화 내용을 다방면에서 활용할 수 있습니다. ChatGPT는 채팅방에서 나눈 대화의 맥락을 이해하고 이를 기억해 학습에 활용하기 때문입니다. 예를 들어 특정 문제에 대한 ChatGPT의 의견을 듣거나 이를 바탕으로 다양한 브레인스토밍을 할 수 있습니다. 개인 채팅방을 자신이 관심 있는 분야별로 만들어 그 분야에 대해 ChatGPT와 논의할 수도 있을 것입니다. 토론 내용은 모두 자료로 남기 때문에 이를 업무에 활용할 수도 있습니다.

둘째, 프로파일 기능이 추가될 것입니다.

개인별로 좋아하는 취향, 특성, 성격, 관심 분야 등을 프로파일profiles로 설정해 놓으면 ChatGPT가 거기에 맞춰 다양한 대화를 시도할 수 있습니다. 마치 영화 〈그녀(Her)〉에 나오듯이 AI가 수많은 사람의 취향에 따라 맞춤 연애를 하는

22 https://www.reddit.com/r/ChatGPT/comments/144cfzg/upcoming_chatgpt_features_file_uploading_profiles/?utm_source=share&utm_medium=web2x&context=3

것과 유사합니다.

셋째, 파일 업로드 기능이 추가될 것입니다.

각종 파일을 ChatGPT에 올려두면 그 파일에 대한 요약, 평가, 번역, 비교, 논의 등의 활동이 가능합니다. 여기에는 PDF, 워드, 엑셀뿐만 아니라 음악, 그림, 사진, 소리 등의 멀티미디어 파일도 포함됩니다. 예를 들어 ChatGPT가 내가 디자인한 로고를 평가하거나 기업 보고서를 읽고 컨설팅을 할 수도 있습니다.

넷째, 비즈니스용 ChatGPT가 새로 생길 것입니다.

어떤 기업이 자사 제품의 기술이나 매뉴얼, 고객 서비스, 영업, 마케팅, 내부 교육, HR 등에 대한 자체 데이터를 ChatGPT에 학습시키면 그 기업만의 챗봇을 만들 수 있습니다. 여행사라면 고객 서비스를 위한 예약, 여행 안내, 호텔, 렌트카 등을 안내하는 챗봇을, 인터넷 쇼핑몰이라면 고객의 프로파일에 따른 상품을 추천하는 챗봇을 만들 수 있는 것입니다. 단, 실제로 고객의 항공편을 예약한다거나 쇼핑몰에서 실제 상품을 구매하는 행위는 함수 호출Function Calling을 통해 챗봇에서 자체적으로 구현해야 할 것입니다.

다섯째, 프롬프트의 길이가 늘어날 것입니다.

현재 ChatGPT가 수용할 수 있는 프롬프트 길이는 8,000토큰입니다. 앞으로는 이것이 수십만 토큰으로 늘어날 것이고, 결국에는 이 제한도 없어질 것입니다. 또한 프롬프트에 이미지를 포함하게 하려면 ChatGPT가 받아들이는 토큰의 수도 대폭 늘어나야 합니다. 현재 ChatGPT는 이전 대화 내용을 기억하지 못하는 단점도 있기 때문에 사람처럼 원활하게 대화하려면 토큰 제한 개수를 없애는 것은 필수불가결합니다.

여섯째, 수학적 계산과 추론 기능이 개선될 것입니다.

샘 알트만도 이 부분에 대해 여러 번 강조했습니다. 현재 ChatGPT는 울프람 알파Wolfram Alpha와 같은 플러그인의 도움을 받아 수학 계산을 하지만 앞으로는 플러그인의 도움 없이도 직접 계산이 가능해질 것입니다. 이에 따른 추론 기능도 강화되면 ChatGPT를 사무용으로 사용하거나 비즈니스에 활용할 수 있는 분야도 훨씬 넓어질 것입니다.

일곱째, OpenAI 아카데미라는 교육 플랫폼이 생길 예정입니다.

ChatGPT는 교육 분야의 혁명을 가져올 것입니다. 샘 알트만은 누구나 교육 과정을 만들고 누구나 교육받을 수 있는 OpenAI 아카데미의 중요성을 강조했습니다. 기존 교육과 다른 점이라면 공통의 교육 과정 대신 개인의 학습 성취도나 흥미에 따라 학습 진도를 결정할 수 있다는 것입니다. 이는 무료로 오픈될 예정입니다.

여덟째, 멀티모달 기능 구현이 가능해질 것입니다.

텍스트와 이미지를 입력해 콘텐츠를 생성하는 멀티모달 기능은 사실 이미 GPT-4에 탑재되어 있지만 OpenAI의 GPU 사정으로 서비스하지 못하고 있습니다. 멀티모달 기능이 가능해지면 ChatGPT의 또 다른 혁신을 불러올 것입니다. 사람은 글로써만 소통하는 것이 아니라 말, 표정, 그림, 영상 등 총체적인 감각을 사용하는데, ChatGPT가 이것을 어느 정도로 실현할지는 아직 의문입니다. 다만 이를 향한 비전을 갖고 있다는 것이 중요하겠지요.

ChatGPT
비즈니스 활용의 강점

ChatGPT는 비즈니스 플랫폼으로 활용하기에
좋은 장점들을 많이 가지고 있습니다.

이 책을 보는 여러분은 '그래서 이제 ChatGPT로 어떻게 사업 모델을 만들 수 있지?'에 대한 궁금증이 커졌을 것입니다. 웬만한 검색 엔진을 뛰어넘는 ChatGPT의 강점이 무엇인지 잘 이해하면 비즈니스 사업 모델 구상 또한 한결 수월할 것입니다.

첫째, ChatGPT는 API로 다른 프로그램과 연결할 수 있습니다.

물론 ChatGPT와 채팅하는 것만으로도 재미있고 유익한 대화를 나눌 수 있지만 이는 비즈니스 사업 모델로는 다소 약합니다. OpenAI는 ChatGPT와 프로그램을 연결할 수 있는 API를 발표했는데, 이를 활용하면 우리가 사용하는 앱이나 시스템에 ChatGPT가 가지고 있는 똑똑한 기능을 접목할 수 있어 얼마든지 비즈니스 사업 모델을 만들 수 있습니다.

둘째, ChatGPT는 실시간 데이터를 학습하지는 못해도 실시간으로 인터넷에 액세스할 수 있습니다.

ChatGPT의 치명적인 단점은 학습한 데이터가 2021년 9월에 머물고 있다는 점입니다. 과거 데이터로는 효율적인 비즈니스 사업 모델을 만들 수 없습니다. 성공적인 비즈니스를 위해서는 실시간 데이터 수집과 이에 대한 판단이 바로바로 가능해야 합니다. GPT-4는 마이크로소프트의 Bing(빙)을 통한 인터넷 검색 기능을 추가해 기존에 학습된 데이터에 더해 최신 답변이 가능하도록 했습니다.

셋째, ChatGPT는 함수 호출을 통해 외부 시스템과 연동할 수 있습니다.

함수 호출Function Calling을 구현하면 기존에 만들어진 모든 앱이나 시스템에 ChatGPT를 손쉽게 연결할 수 있습니다. 이는 ChatGPT로 얼마든지 새로운 비즈니스를 창출할 수 있다는 뜻이기도 합니다. 함수 호출에 관해서는 142쪽에서 자세히 설명하겠습니다.

넷째, ChatGPT는 기업의 내부 데이터와 연결할 수 있습니다.

자체 데이터를 기반으로 한 ChatGPT의 커스텀 버전을 원하는 기업들이 늘어나고 있습니다. 따라서 조만간 기업용 ChatGPT가 나올 것으로 보입니다. 물론 지금도 랭체인과 벡터 스토어를 통해 기업 내의 원하는 데이터를 ChatGPT에 연결할 수는 있습니다.

다섯째, OpenAI API를 사용하면 학습하는 데이터를 외부에 공개하거나 학습에 사용하지 않을 것입니다.

ChatGPT가 학습한 데이터는 누구나 마음만 먹으면 얻을 수 있는 공개 데이터입니다. 이것이 기업 입장에서는 사실 부담일 수 있습니다. 이에 OpenAI는 자신들의 OpenAI API를 사용하면 사용자의 데이터를 AI 모델 학습에 사용하지 않겠다고 약속했습니다.

여섯째, ChatGPT의 사용 환경을 확장해 나갈 것입니다.

ChatGPT는 현재 웹 브라우저와 아이폰에서만 작동됩니다. OpenAI는 앞으로 안드로이드 환경뿐만 아니라 IoT 디바이스, TV, 자동차, 심지어 인공 지능 스피커 등 수없이 많은 종류의 디바이스에 ChatGPT를 연결하는 것을 목표로 하고 있습니다. 수많은 사용자와 다양한 디바이스가 확보되면 ChatGPT를 활용한 비즈니스 사업의 가치는 더욱 높아질 것입니다.

For Business

ChatGPT나 다른 LLM 모델을 비즈니스에 활용할 때는 대부분 챗봇과 같은 형태로 고객 서비스를 할 것입니다. 그런데 여기서 중요한 것은 고객이 ChatGPT를 통해 접수한 요청을 기업이 어떻게 믿을 수 있냐는 것입니다. 따라서 이를 통해 고객이 의사 결정을 내리기까지의 내용을 증명하는 방법 등을 기업에서 필요로 할 수 있습니다.

또 하나의 이슈는 고객이 ChatGPT와 대화하다 보면 실제 주제와 상관없는 이야기도 할 텐데, 어떻게 하면 불필요한 이야기를 줄이고 원래 주제로 유도할 수 있는가입니다. 대화의 주도권이 항상 고객에 있다 보니 ChatGPT나 LLM은 수동적으로 답변하게 되기 때문이죠.

기업은 이 두 가지 부분에 대한 고민을 반드시 해결해야 ChatGPT를 비즈니스 환경에 사용할 수 있을 것입니다. 만약 벤처 기업에서 이러한 기술을 별도로 개발한다면 매우 큰 비즈니스로 성장할 가능성이 높습니다.

비즈니스 플랫폼을 위한 ChatGPT의 주요 기능

ChatGPT가 비즈니스의 핵심 플랫폼으로 성장하기 위해서는
세 가지 주요 기능을 활용하면 됩니다.

ChatGPT를 비즈니스에 활용하려면 그 자체를 활용하는 것보다는 기존에 사용하는 앱이나 프로그램에 연결해서 사용하는 편이 훨씬 더 경쟁력 있습니다. 이를 위해 반드시 알아둬야 할 주요 기능에 대해 하나씩 살펴보겠습니다.

OpenAI API

OpenAI API Application Programming Interface란 OpenAI에서 만든 모든 언어 모델을 끌어와 사용할 수 있는 프로그래밍 인터페이스입니다. 기존 프로그램에 OpenAI API를 내장시키면 ChatGPT의 기능을 모두 사용할 수 있고, 새로운 프로그램이나 모바일 앱 개발도 가능합니다.

OpenAI API로 구현할 수 있는 기능은 다음과 같습니다.

- **GPT API(GPT-1~GPT-4)**

  텍스트의 생성, 분류, 요약, 번역, 질의 응답 등 다양한 자연어 처리가 가능합니다.

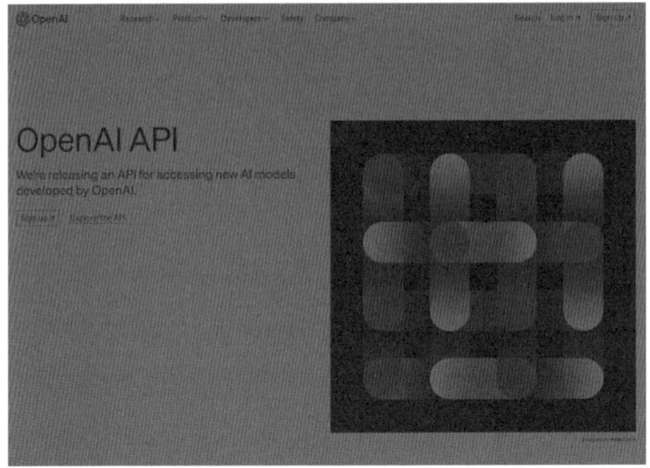

2020년 6월에 발표된 OpenAI API[23]

- **Whisper API**

음성을 인식하고 이를 텍스트로 변환합니다. 회의 중 음성 메모, 팟캐스트, 뉴스, 콜센터 등 다양한 분야에 활용할 수 있습니다.

- **DALL–E API**

자연어 텍스트로 된 설명에 따라 이미지를 생성하거나 수정할 수 있습니다. 주로 광고, 디자인, 그래픽 등 예술 분야에서 창의적으로 활용하는 데 사용합니다.

- **Codex API**

자연어 텍스트로 된 설명에 따라 컴퓨터 프로그램을 짜는 코드를 생성하고 코드 동작을 제어합니다. 코드의 오류를 고치거나 좀 더 나은 코드를 추천하기도 합니다. 특히 거의 모든 프로그래밍 언어와 프레임워크를 지원하기 때문에 분야에 상관없이 활용할 수 있습니다.

---

23 https://openai.com/blog/openai-api

이와 같이 OpenAI API를 잘 활용하면 기존에 없던 솔루션을 구현하거나 창의적인 아이디어를 실현할 수 있습니다. 특히 기업에서 OpenAI API를 활용하면 기존 챗봇의 부족한 역량을 얼마든지 보완할 수 있으며, 나아가 디지털 마케팅이나 맞춤형 고객 서비스도 가능합니다.

물론 단점도 있습니다. 모든 일을 100% 완벽하게 처리한다고 믿어서는 안 되며, 잘못된 답변도 있다는 것을 항상 염두에 둬야 합니다. 비용 문제도 있습니다. OpenAI API는 각 모델별로 사용하는 토큰당 사용료를 받습니다. 매월 일정량을 무료로 쓸 수 있지만 파인 튜닝이나 그 이상의 요청이 들어가면 요금이 부과되는 시스템입니다. 따라서 늘 사용량과 비용을 적절하게 관리할 필요가 있습니다.

OpenAI ChatGPT 플러그인

2023년 3월에 공개된 ChatGPT 플러그인은 향후 OpenAI의 비전을 엿볼 수 있는 발표이기도 했습니다. 이것으로 ChatGPT 앱을 만들면 실시간으로 인터넷

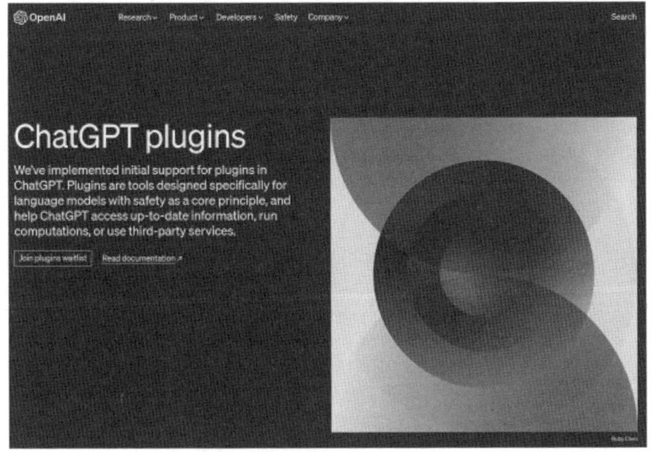

2023년 3월에 발표된 ChatGPT 플러그인[24]

24 https://openai.com/blog/chatgpt-plugins

에 접속해 새로운 뉴스와 데이터를 가져올 수 있습니다. 또한 기업 내 시스템이나 문서에도 접속할 수 있기 때문에 각 기업의 데이터에 맞는 ChatGPT를 만드는 기회가 열리게 됩니다.

ChatGPT 플러그인을 이용하면 어떤 기능을 수행하느냐에 따라 앞으로 굉장히 다양한 앱이 개발될 것으로 보입니다. 아직은 알파 버전이지만, ChatGPT는 단순히 똑똑하기만 한 챗봇이 아니라 거대한 플랫폼으로도 성장할 것입니다. 이는 애플의 앱스토어나 구글의 플레이스토어처럼 ChatGPT 앱스토어도 생긴다는 뜻입니다.

OpenAI 함수 호출

OpenAI에서 2023년 6월에 새로 발표한 **함수 호출**Function Calling은 비즈니스용 ChatGPT를 만드는 데 대단한 혁신을 불러올 것으로 기대됩니다. 그 이유는 다음과 같습니다.

보통 LLM은 데이터로만 학습한 모델이기 때문에 이를 외부 시스템과 연결하는 것은 불가능했습니다. 그런데 OpenAI의 GPT-3.5와 GPT-4가 이를 가능하게 했고, 외부 시스템 연결이 가능하다면 언어 모델이 할 수 있는 범위가 무궁무진하게 넓어집니다. 우리가 일상생활에서 귀찮다고 느끼는 거의 모든 일을 대신 시킬 수 있는 것입니다.

예를 들어 오늘 가장 많이 오른 주식을 골라 그 기업에 관한 뉴스를 모아서 요약하는 일을 간단하게 요청할 수 있습니다. 또한 주가에 영향을 미칠 만한 뉴스만 골라 상장사 이름과 기사 내용을 요약하게 할 수도 있습니다. 여기에 주가 변동 내용을 추가로 업데이트하게 하면 한 편의 훌륭한 주식 보고서가 되겠죠. 이것은 아주 작은 예일 뿐 함수 호출을 통해 ChatGPT를 불러와 수행할 수 있는 비즈니스는 무궁무진합니다.

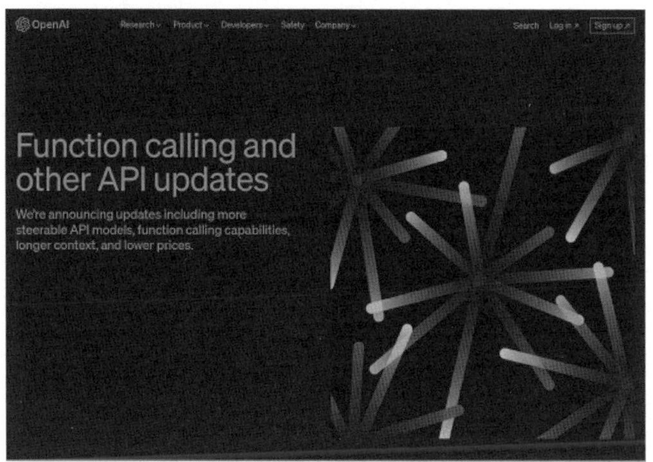

2023년 6월에 발표된 ChatGPT Function Calling[25]

그렇다면 ChatGPT 플러그인과 함수 호출의 차이는 무엇일까요? 플러그인은 ChatGPT 내부에서 불러 실행해야 하는 반면, 함수 호출은 원래 사용하던 시스템이나 앱에서 ChatGPT 호출이 가능합니다. 당연히 외부에서 ChatGPT를 불러와 활용하는 사례가 훨씬 많겠죠. 이를 간단하게 구조화하면 다음과 같습니다.

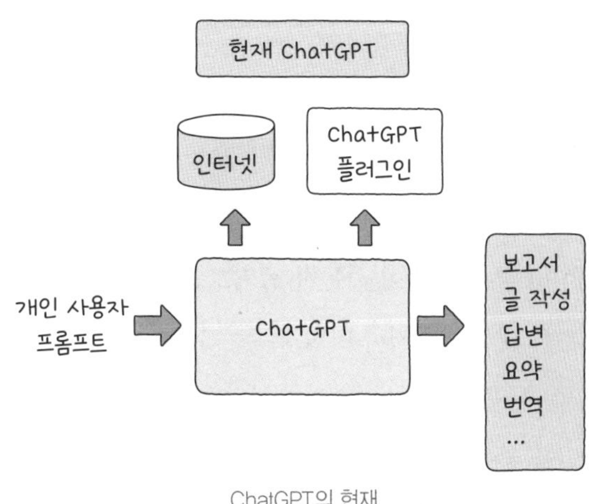

ChatGPT의 현재

25 https://openai.com/blog/function-calling-and-other-api-updates

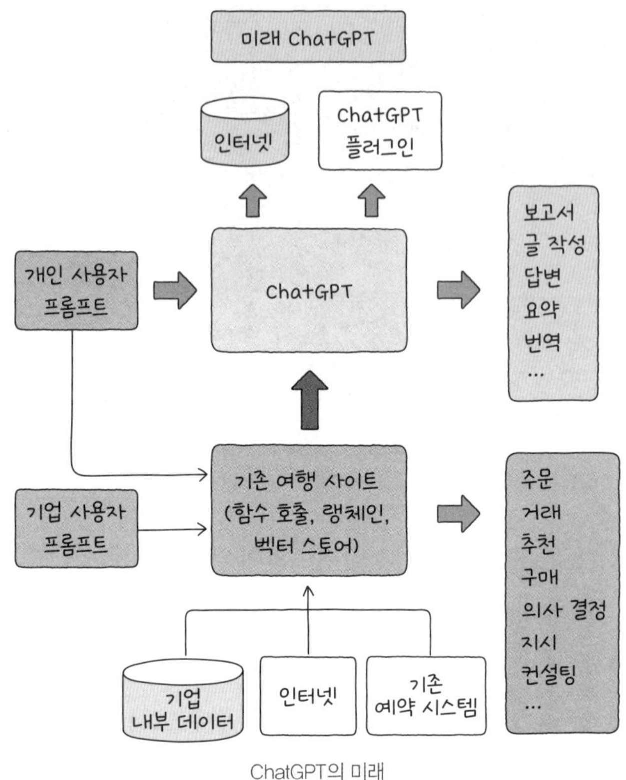

ChatGPT의 미래

코드 인터프리터

코드 인터프리터 Code Interpreter는 OpenAI에서 2023년 7월에 발표한 신기능으로, 다양한 데이터 분석 작업이 가능한 플러그인입니다. PDF 혹은 엑셀 파일을 읽어 내용을 분석 및 요약하거나 이미지 혹은 동영상 파일의 텍스트를 읽어 글자로 변환하는 기능 등을 제공합니다.

특히 엑셀 파일을 분석하는 실력은 데이터 분석을 전문으로 하는 데이터 사이언티스트Data Scientist의 업무를 대체할 수 있을 정도입니다. 사람은 ChatGPT가 업무를 잘하고 있는지 확인만 하면 됩니다. 만족스럽지 않은 결과가 나와도 그 이유와 피드백 내용을 이해하면 알아서 결과물을 수정합니다. 여기에는 아무 말 대잔치 같은 문제는 거의 없습니다. 코드 인터프리터가 현재의 GPT-4 수준을 GPT-4.5 수준으로 업그레이드했다고 볼 수 있을 정도입니다.

지금까지는 ChatGPT에 어떤 기업을 조사하라는 일을 시키면 주로 기업 웹사이트의 내용을 근간으로 자료를 모아 분석했지만 그 결과에 아무 말 대잔치 같은 내용은 없는지 사람이 반드시 확인해야 했습니다. 그러나 코드 인터프리터는 어떤 기업의 재무 정보가 담긴 엑셀 파일만 주면 알아서 파이썬 코드를 만들어 분석하기 때문에 결과가 매우 정확합니다. 물론 데이터 분석에 대한 어느 정도의 지식은 필요하겠지만, 파이썬 코드를 몰라도 기업 분석과 그에 따른 전략 수립도 가능합니다. 기업 입장에서는 ChatGPT 활용의 새 지평을 연 것이라고 할 수 있습니다. 현재 코드 인터프리터는 GPT-4 유료 버전에서만 서비스되고 있습니다.

For Business

ChatGPT는 챗봇 이상으로 인간의 많은 역할을 대신하는 아주 똑똑한 플랫폼이 될 것입니다. 지금까지 살펴본 기능 모두 ChatGPT를 실제로 활용하기 위한 핵심이므로 기업 입장에서는 반드시 알아 두어야 합니다. 기업은 기존 전산 개발을 담당하는 직원들에게 이 내용을 교육시키면 좋습니다. AI를 잘 몰라도 기존의 시스템 개발 방식으로 구현하는 데는 어렵지 않기 때문입니다.

비즈니스 미래가 달려 있는 AI 비서, PDA 기술

PDA 기술을 먼저 구현하는 기업이
세계를 주도할 것입니다.

빌 게이츠는 인공지능포워드 2023에서 앞으로의 글로벌 선두 기업은 구글이나 아마존이 아닌 **PDA** Personal Digital Agent 라고 불리는 AI 비서 기술을 확보하는 기업이라고 밝혔습니다. 또한 대형 기업과 스타트업 중 승자가 나올 확률은 50 대 50이라고 봤는데, 지금까지의 동향을 보면 OpenAI가 PDA 기술에 가장 앞서 있는 것으로 보입니다.

PDA는 간단히 말하면 우리 곁에 둘 수 있는 AI 비서라고 생각하면 됩니다. 이 기술은 현재 GPT-4에 일부 구현되어 있으며, OpenAI에서는 안드레이 카파시가 기술 개발을 담당하고 있습니다. 창업 당시 아무 것도 없던 테슬라가 자율주행 기술을 개발한 사례를 보면 OpenAI가 PDA 기술 개발에 성공할 것은 자명해 보입니다. 더불어 OpenAI는 지금까지 기계가 스스로 학습하는 인공 일반지능(AGI) 개발에 매진해왔습니다. PDA 개발이 그 핵심이 될 것입니다.

마이크로소프트에서도 이에 지지 않고 자비스 JAVIS 라는 이름의 PDA를 개발하고 있습니다. 오픈 소스 진영에서는 AutoGPT가 GPT-4의 에이전트 기술로 구현했습니다.

PDA의 가장 큰 특징은 사용자가 하나의 목표를 이야기하면 그것을 달성하기 위해 스스로 여러 개의 서브 태스크를 만든다는 것입니다. 그리고 각각의 서브 태스크 실행 결과를 종합한 답변을 내놓습니다. 현재 사용자들이 주로 요청하는 임무는 실시간 인터넷 검색과 코딩입니다.

다음 그림은 PDA 기술을 활용한 도구 중 하나인 코그노시스Cogosys AI의 화면입니다. 내부에는 현재 GPT-3.5, GPT-4, Cloude V1가 서비스 중이며 향후 Cohere, PaLM2가 서비스에 추가될 예정입니다.

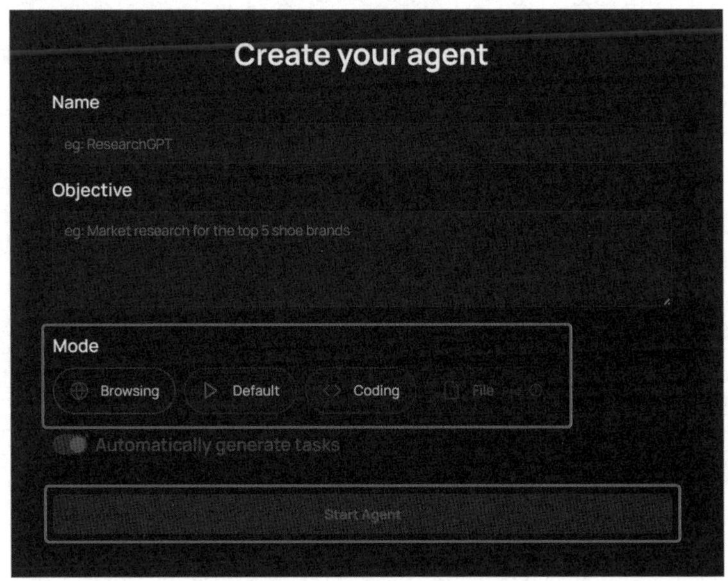

코그노시스 AI 시작 화면[26]

사이트에 접속한 후 회원 가입을 마치면 어떤 목적으로 사용하고 싶은지 선택하는 화면이 나옵니다. 목적은 크게 Browsing(인터넷 검색), Default(인터넷 검색과 코딩), Coding(코딩)의 세 가지가 있습니다. 원하는 항목의 옵션을 선택하고 [Start Agent] 버튼을 클릭하면 다음과 같은 AI 리포트가 작성됩니다.

26 https://www.cognosys.ai

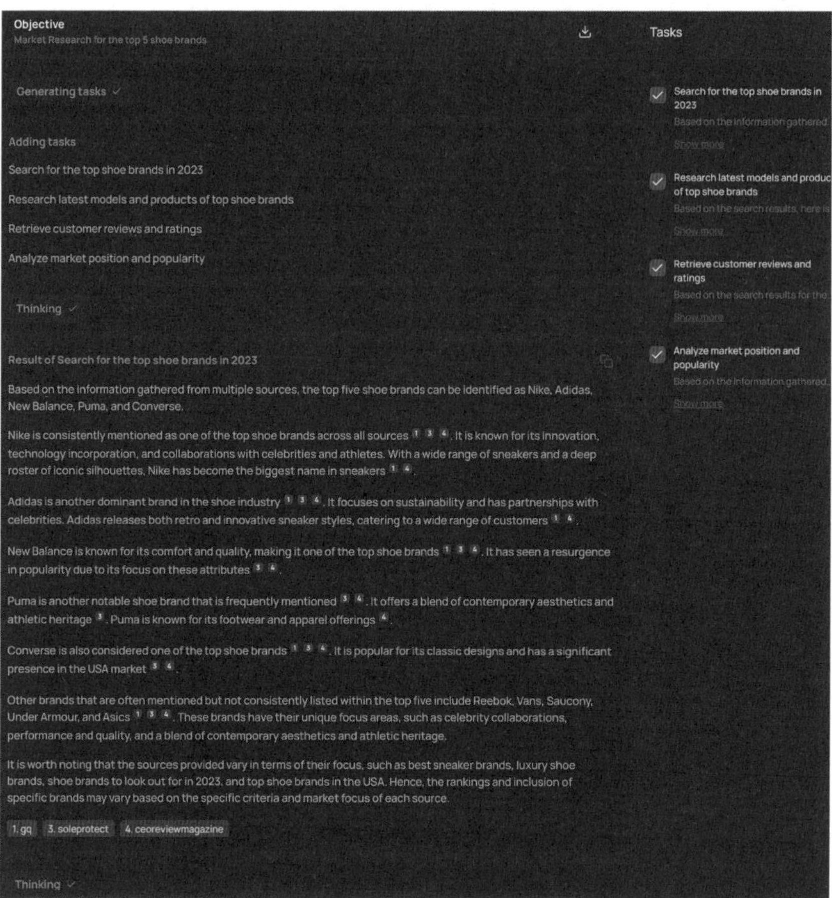

코그노시스 AI 결과 화면

만약 여행 일정을 예약한다거나 온라인 상품 구매 등과 같이 결제가 필요한 경우라면 결제 시스템과 연결해 전체 프로세스를 실수 없이 정교하게 처리하는 것이 중요합니다. 이는 앞으로 함수 호출을 여러 번 실행하는 방식으로 구현될 것입니다. 이 과정에서 실수가 없도록 치밀하게 시스템을 짜는 것이 PDA 기술의 핵심입니다.

PDA로 그리는 비즈니스 미래

PDA로 인해 기존 비즈니스 산업 구조가
흔들릴 수도 있습니다.

OpenAI가 그리고 있는 비즈니스는 PDA 기술을 개발한 다음 각 기업에서 알아서 활용하는 방식입니다. 따라서 PDA 기술을 활용하는 새로운 벤처 기업이 나타나거나 기존에 활동하던 기업이 현재의 비즈니스 구조를 PDA 형태로 개편하기도 할 것입니다.

PDA 산업 구조

다음 대화를 봅시다. PDA에 제주여행 일정을 알려주면서 직접 계획을 짜도록 명령하는 과정입니다. 미래에는 이렇게 PDA와 가상의 대화를 하는 날이 오게 될 것입니다.

사용자_ 이번 주말에 여행가고 싶어.

PDA_ 안녕하세요! 여행을 가고 싶으시군요. 어디로 가고 싶으세요?

사용자_ 제주도에 갈 거야.

PDA_ 좋아요! ○○투어에서 제주도로 가는 항공권을 찾아 드릴까요?

사용자_ 응, 부탁해.

PDA_ 네, 알겠습니다. 출발지와 출발 날짜를 알려 주세요.

사용자_ 김포공항에서 3월 31일에 출발할 거야.

PDA_ 네, 김포공항에서 3월 31일에 출발하는 항공권을 찾았습니다. 다음 중에서 선택해 주세요.

1. 아시아나항공 OZ101 - 김포공항 09:00 → 제주공항 09:50 - 9만 원
2. 대한항공 KE121 - 김포공항 10:00 → 제주공항 10:50 - 10만 원
3. 제주항공 7C111 - 김포공항 11:00 → 제주공항 11:50 - 12만 원

사용자_ 아시아나항공 OZ101을 예약해 줘.

PDA_ 네, 아시아나항공 OZ101을 예약해 드렸습니다. 예약 번호는 ABCD12입니다. 이제 숙박을 찾아 드릴까요?

사용자_ 응, 그래.

PDA_ 네, 알겠습니다. 제주 어느 지역에 머물고 싶으세요?

사용자_ 서귀포에 머물고 싶어.

PDA_ 네, 서귀포에 있는 호텔들을 찾았습니다. 다음 중에서 선택해 주세요.

1. ○○○ 서귀포 호텔- 5성급 호텔 - 객실당 1박당 30만 원
2. ○○스테이 서귀포 - 3성급 호텔 – 객실당 1박당 15만 원

사용자_ ○○스테이 서귀포로 예약해 줘.

PDA_ 네, 알겠습니다. 예약되었습니다. 비용은 항공료와 호텔 숙박료 합해서 24만 원입니다. 미리 지정한 카드로 결제할까요?

사용자_ 오케이

PDA_ 네, 알겠습니다. 24만 원 결제되었습니다.

자, 어떤가요? 저라면 앞으로 여행 스케줄은 PDA로 예약하겠습니다. 다른 여행 예약 사이트나 앱을 찾아다니는 시간을 엄청나게 절약해 주니까요. 선택지도 PDA가 알아서 정리해 주기 때문에 고민하는 시간도 줄어들 것입니다.

이와 같은 시나리오가 바로 빌 게이츠가 말한 PDA가 가져다 줄 새로운 형태의 비즈니스 모델입니다. 그렇다면 앞으로의 여행 산업은 다음과 같이 변화할 것입니다.

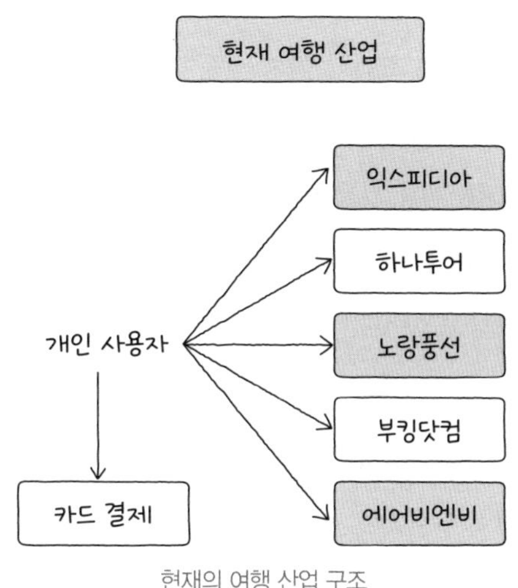

현재의 여행 산업 구조

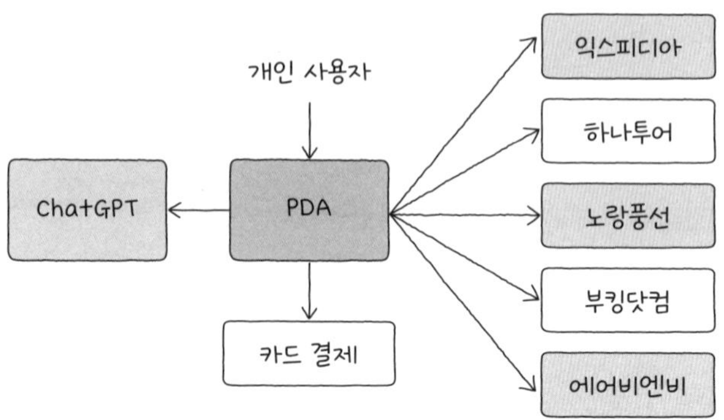

PDA가 가져올 여행 산업의 변화

현재 여행 산업의 구조를 보면 개인이 모든 스케줄을 알아보고, 검색하고, 비교하고, 직접 예약하고 결제도 해야 합니다. 물론 이러한 과정 자체를 즐기는 사람도 많지만 일일이 따져보면 사실 보통 번잡한 일이 아닙니다.

위 그림은 PDA로 인해 바뀔 비즈니스 모델입니다. 개인 사용자의 의뢰를 받으면 PDA가 고객이 원하는 조건의 여행 상품을 묻는 질의를 익스피디아뿐만 아니라 하나투어, 노랑풍선, 부킹닷컴, 에어비앤비 등 모든 여행 업체에 전달합니다. 그렇게 받은 답변 중 가장 경쟁력이 있는 상품을 PDA가 골라 개인 사용자에게 제시하면 채택될 확률이 높을 것입니다. 마지막으로 결제까지 PDA가 알아서 마무리하며 서비스는 종료됩니다.

물론 이러한 비즈니스 구조를 단독으로는 실행할 수 없습니다. 먼저 함께 하고자 하는 수많은 협력사 및 파트너사를 모아야겠지요. 이와 같이 다양한 기업이 파트너사 형태로 참여하는 비즈니스 모델이 새로 생겨날 것입니다.

PDA 비즈니스 모델

앞에서 살펴본 여행 산업은 하나의 예시일 뿐입니다. 이번에는 PDA를 활용한 AI 기업이 만드는 미래 PDA 비즈니스 형태를 그려 봤습니다.

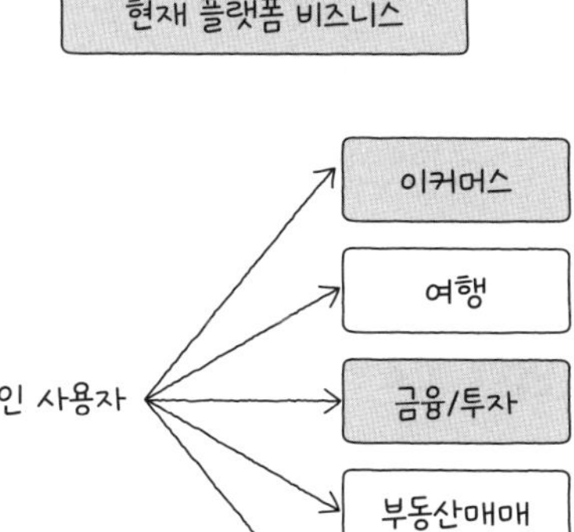

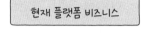

현재 플랫폼 비즈니스 모델

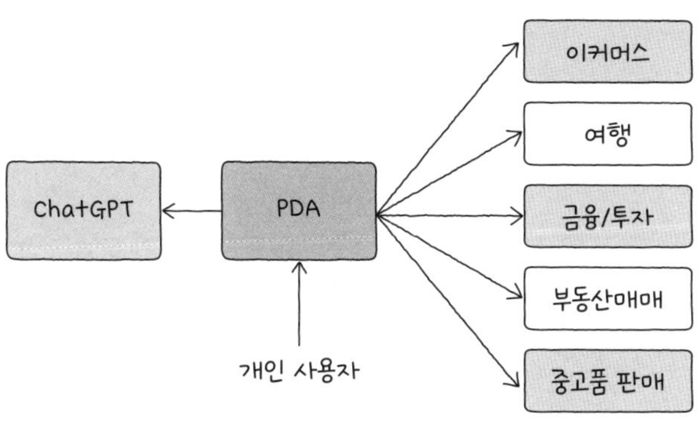

미래 PDA 비즈니스 모델

앞서 위쪽의 그림은 현재의 플랫폼 비즈니스 모델입니다. 개인 사용자들은 여행을 예약하는 과정과 마찬가지로 특정한 목적에 맞는 플랫폼을 찾아 그 안에서 본인이 원하는 것을 검색해야 합니다. 반면 PDA를 사용하면 어떤 플랫폼이 있는지, 어떤 상품과 서비스가 있는지, 가격은 얼마인지, 편의성은 괜찮은지 등을 일일이 신경 쓸 필요가 없습니다. PDA에 원하는 조건을 명확하게 입력하고 부담할 수 있는 가격을 제시하면 됩니다. PDA는 다양한 API를 통해 고객이 원하는 조건에 맞는 상품이나 서비스에 맞는 최상의 조건을 알아서 찾아올 것입니다.

PDA 디바이스 연결 방식

PDA가 가져올 또 하나의 변화는 디바이스 연결 방식입니다. 현재 ChatGPT는 웹에서만 작동하지만, 앞으로는 거의 모든 디바이스에 연결될 것입니다.

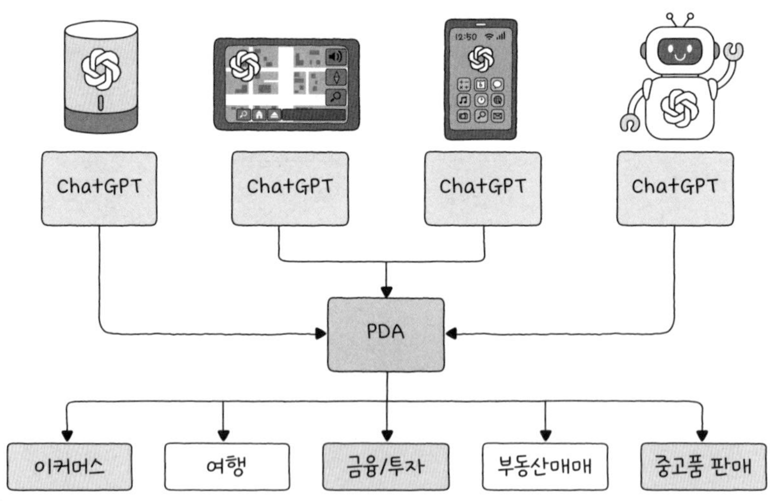

개인 사용자가 모든 디바이스에서 이용할 수 있는 PDA의 미래

이렇게 되면 인공 지능 스피커나 자동차의 내비게이션, 스마트폰, 심지어 로봇에까지 ChatGPT를 내장할 수 있습니다. ChatGPT는 텍스트 처리를 위주로 하

기 때문에 인터넷으로 중앙 클라우드에만 연결하면 실제 디바이스에 크게 부하를 주지 않습니다. 따라서 ChatGPT가 필요한 디바이스라면 어디에든 붙일 수 있을 것입니다. 실제로 OpenAI는 2023년 3월에 노르웨이의 1X라는 로봇 기업에 2,350만 달러나 투자했습니다. 실제 인간을 닮은 로봇을 만들기 위해서입니다.

구글의 어시스턴트나 아마존의 알렉사, 애플의 시리 등은 이미 많은 애플리케이션들과 연결되어 있고, 디바이스마다 구동하는 애플리케이션이 수십만 개씩 존재합니다. 그럼에도 불구하고 비즈니스가 활성화되지 못하는 가장 큰 이유는 인간과 자연스러운 대화를 나누지 못하기 때문입니다. ChatGPT가 이러한 디바이스에 설치되면 다양한 플랫폼과 연결된 상품이나 서비스를 자연스러운 대화를 통해 간편하게 이용할 수 있을 것입니다. 이렇게 되면 가까운 미래에는 비즈니스 전체 산업 구조가 바뀔지도 모릅니다.

For Business

PDA를 통한 비즈니스는 '플랫폼 of 플랫폼 비즈니스'로, 오직 사용자만을 위해 완전히 커스터마이징된 상품과 서비스를 제공합니다. 이것이 성공한다면 현재의 플랫폼들은 ChatGPT와 LLM 기술을 반드시 도입해야만 시장 경쟁에서 살아남을 수 있을 것입니다.

사용자 인터페이스도 대신할 ChatGPT

ChatGPT가 비즈니스 구조를 재편할 거라고 예견하는 이유는 뛰어난 사용자 친화성 때문입니다.

사용자 인터페이스UI, User Interface란 사용자들이 웹사이트나 애플리케이션을 이용할 때 만나는 화면을 말합니다. 즉, 사용자가 쉽고 편리하게 사용하는 데 즐거운 경험을 제공하는 화면의 모든 구성 요소를 가리키죠. 여기에서 더 나아가 사용자가 최고의 경험을 할 수 있도록 한 차원 더 높인 것을 **사용자 경험**UX, User Experience이라고 합니다. 따라서 UI와 UX는 모두 사용자의 경험을 업그레이드하는 것을 목표로 합니다.

따라서 사용자들이 어떤 화면을 열면 UI/UX를 파악하는 과정이 선행됩니다. 아무리 UI/UX가 발전해도 사용자들이 이를 이해하려는 노력을 먼저 해야 하는 것이죠.

세상에 존재하는 모든 웹사이트나 애플리케이션의 사용법을 누구나 바로 숙지할 수는 없습니다. 따라서 사용자들은 포털 사이트에서 원하는 키워드로 간편하게 검색하는 방식을 주로 이용합니다. 하지만 원하는 결과를 얻을 때까지 이렇게 검색을 반복해야 하는 과정은 다소 번거롭습니다.

다음은 소비자들이 제품이나 서비스를 구입하는 의사 결정을 하기까지의 과정을 나타낸 것입니다. 이 중 보라색 선으로 표시된 부분을 ChatGPT가 대신할 수 있습니다.

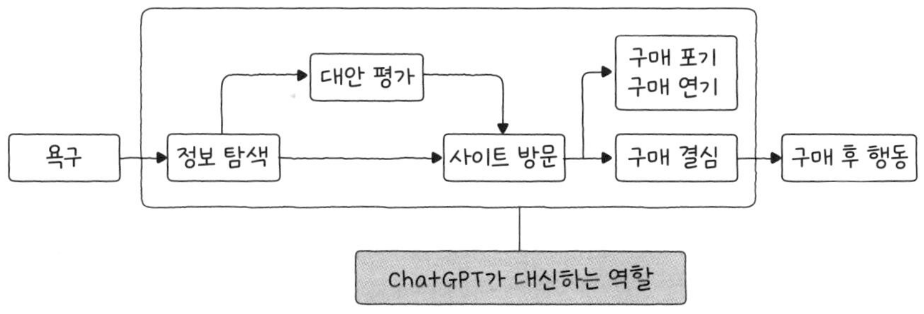

소비자의 구매 의사 결정 과정 중 ChatGPT의 역할

예를 들어 일주일에 한두 번 러닝을 하는 사람이 러닝화를 구매하려고 합니다. 러닝화의 종류가 너무 많기 때문에 소비자는 구글에서 러닝화 정보를 검색합니다. 검색 결과를 보면서 다른 대안도 동시에 머릿속에 떠올립니다. '꼭 러닝화를 사야 하나?', '지금 가지고 있는 신발을 신고 뛰어도 괜찮지 않을까?'라는 등의 생각 말이죠. 그러다 어떤 러닝화가 마음에 들어 상품 페이지를 방문합니다. 그리고 여러 가지 옵션을 검토한 후 구매를 결정하거나 결정하지 않습니다. 이렇게 결론을 내리기까지의 구매 의사 결정 과정은 사실 간단하지만은 않습니다.

그런데 ChatGPT를 사용하면 러닝화 정보를 검색하는 것부터 구매하기까지의 모든 과정을 알아서 처리할 수 있습니다. 러닝화를 사고 싶다는 생각이 들면 ChatGPT에서 관련 정보를 알아서 탐색하는 것입니다. 평소에 나의 행동 패턴을 바탕으로 ChatGPT에 다음과 같이 물었습니다.

 ChatGPT에 직접 물었다!

일주일에 1-2회 5km 정도씩 달리는데, 어떤 러닝화를 신는 것이 좋을까?

일주일에 1-2회 5km 정도 달리기를 계획하는 경우, 편안한 착화감과 적당한 지지력을 제공하는 러닝화를 선택하는 것이 좋습니다. 다양한 브랜드의 러닝화 중에서 몇 가지 추천해 드릴게요:

1. **Nike Pegasus** 나이키 페가수스는 오랜 역사를 가진 인기 러닝화로, 편안한 착용감과 안정적인 지지력을 제공합니다. 페가수스는 초보자부터 경험이 많은 러너까지 널리 사용되는 신발입니다.
2. **Adidas Ultraboost** 아이다스 울트라부스트는 부드럽고 반응성이 좋은 중창을 사용하여 편안한 착화감을 제공하며, 뛰어난 쿠션감과 지지력을 자랑합니다. 일반식으로 중거리 러닝에 적합한 신발로 알려져 있습니다.
3. **ASICS GEL-Nimbus** 아식스-젤-님버스는 높은 품질의 쿠션과 내구성을 제공하며, 장거리 러닝에서 안정감을 유지합니다. 초보자부터 전문가까지 적합한 러닝화로 평가받고 있습니다.
4. **New Balance Fresh Foam 1080** 뉴발란스 프레시폼 1080은 편안한 착화감과 우수한 쿠션을 제공하며, 다양한 발 모양과 호환됩니다. 다양한 러너에게 인기가 있는 중거리 러닝화입니다.
5. **Brooks Ghost** 브룩스 고스트는 안정적인 지지력과 쿠션감을 갖추고 있어, 다양한 거리에서의 러닝에 적합한 신발입니다. 브룩스는 러닝화 전문 브랜드로 높은 평가를 받고 있습니다.

여러분의 발 모양, 개인적인 편안함, 예산 등을 고려하여 가장 적합한 러닝화를 선택하세요. 가능하다면 직접 매장에서 신어 보고 구매하는 것이 좋습니다.

여기에 PDA가 상용화되면 실시간 가격 검색까지 가능하게 됩니다. ChatGPT가 내놓은 답변에 대한 평가를 포함한 원하는 조건을 상세히 이야기할수록 PDA가 마치 쇼핑 가이드처럼 최적의 선택지를 알아서 찾아 주는 것이죠. 그러면 사용자가 추천 결과를 보고 바로 구매할 확률이 현재보다 훨씬 높아질 것입니다.

이것은 ChatGPT가 사용자 인터페이스 이상의 역할을 하는 것을 의미합니다. 소비자의 눈높이에 맞춘 대화를 통해 원하는 것을 찾아내고, 그에 맞는 최선의 조합을 만들어 내는 것이 바로 ChatGPT 플러그인입니다.

따라서 앞으로는 구글의 검색이 힘을 발휘하지 못할 가능성이 높습니다. 구글 검색 엔진은 너무나 많은 정보를 주어 오히려 소비자가 구매를 위한 조언을 얻기 불편하기 때문입니다. 검색 시장의 93%를 차지하고 있어 세계 최고의 검색 엔진으로 불리는 구글이지만, ChatGPT와 PDA로 인해 흔들릴지도 모릅니다. 구글은 맞춤 정보 제공과 검색은 서로 다른 성격이라고 이야기하지만 소비자는 되도록 한 곳에서 모든 것을 해결하고 싶어합니다. 검색은 구글에서, 나에게 맞는 정보는 ChatGPT에서 찾는 등 불편하게 두 군데를 방문하고 싶지는 않을 것입니다.

따라서 ChatGPT로 인해 비즈니스 구조가 변화되면 기존에 소비자를 상대로 하는 B2C 비즈니스도 다른 방식으로 바뀌어야 할 것입니다.

OpenAI 직무 기술서로 그려보는 미래

OpenAI 채용 공고의 직무 기술서를 보면
미래에 어떤 ChatGPT 플랫폼을 준비하고 있는지 알 수 있습니다.

어떤 회사의 비전을 알기 위해서는 그 회사 홈페이지에 소개된 채용란의 **직무 기술서**Job Description를 찾아보면 됩니다. 해당 회사가 직원을 채용하고자 하는 자리에서 앞으로 할 일들을 구체적으로 설명해 놓은 것이기 때문입니다. 특히 미국의 기업들은 이 직무 기술서를 굉장히 상세하게 적어 놓는 편입니다.

OpenAI의 직무 기술서를 보면 세계 최고의 인재를 영입하겠다는 의지가 매우 강하게 느껴집니다. 다양한 분야에서 많은 사람을 채용하고 있는데, 주목할 점은 업계 최고라는 자부심이 있으면서도 매우 겸손한 인성을 갖추는 것을 강조한다는 것입니다. 아마 OpenAI의 전반적인 문화가 이런 것 같습니다. 임원진들부터 이미 세계에서 내로라하는 인재이지만 미디어에 비치는 모습을 보면 굉장히 겸손하고 타인의 의견을 존중하는 자세가 돋보였기 때문입니다.

현재 OpenAI 홈페이지에 나와 있는 채용 공고의 직무 기술서를 보면 앞으로 OpenAI가 나아가고자 하는 로드맵이 명확히 보입니다. 종합해 보면 OpenAI는 원래 유지하고 있던 연구소 스타일의 경영에서 완전히 벗어나 AWS, 구글과 같은 소프트웨어 플랫폼 회사로 탈바꿈하는 과정에 있는 것 같습니다.

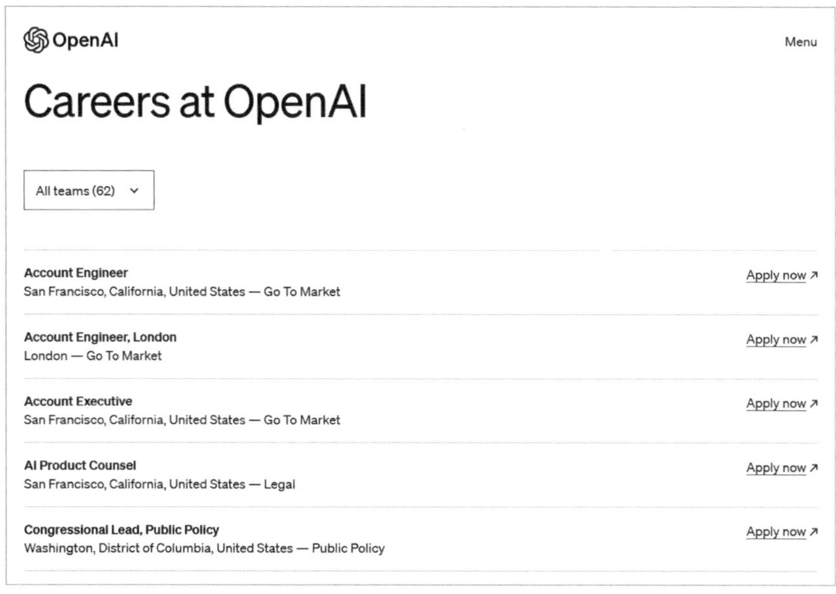

OpenAI 홈페이지의 채용 공고[27]

OpenAI의 직무 기술서를 보면서 미래에 OpenAI가 만들어 갈 플랫폼의 형태를 유추해 봤더니 다음 그림과 같은 구조가 나왔습니다. 앞에서 이야기했던 ChatGPT 플랫폼의 형태를 좀 더 기술적으로 구현한 형태입니다. 요약하면 R&D 분야, 고객 사용자 분야, 서비스 제공 협력 분야, 그리고 프로덕션 분야의 플랫폼을 지향하는 것을 알 수 있습니다.

27 https://openai.com/careers/search

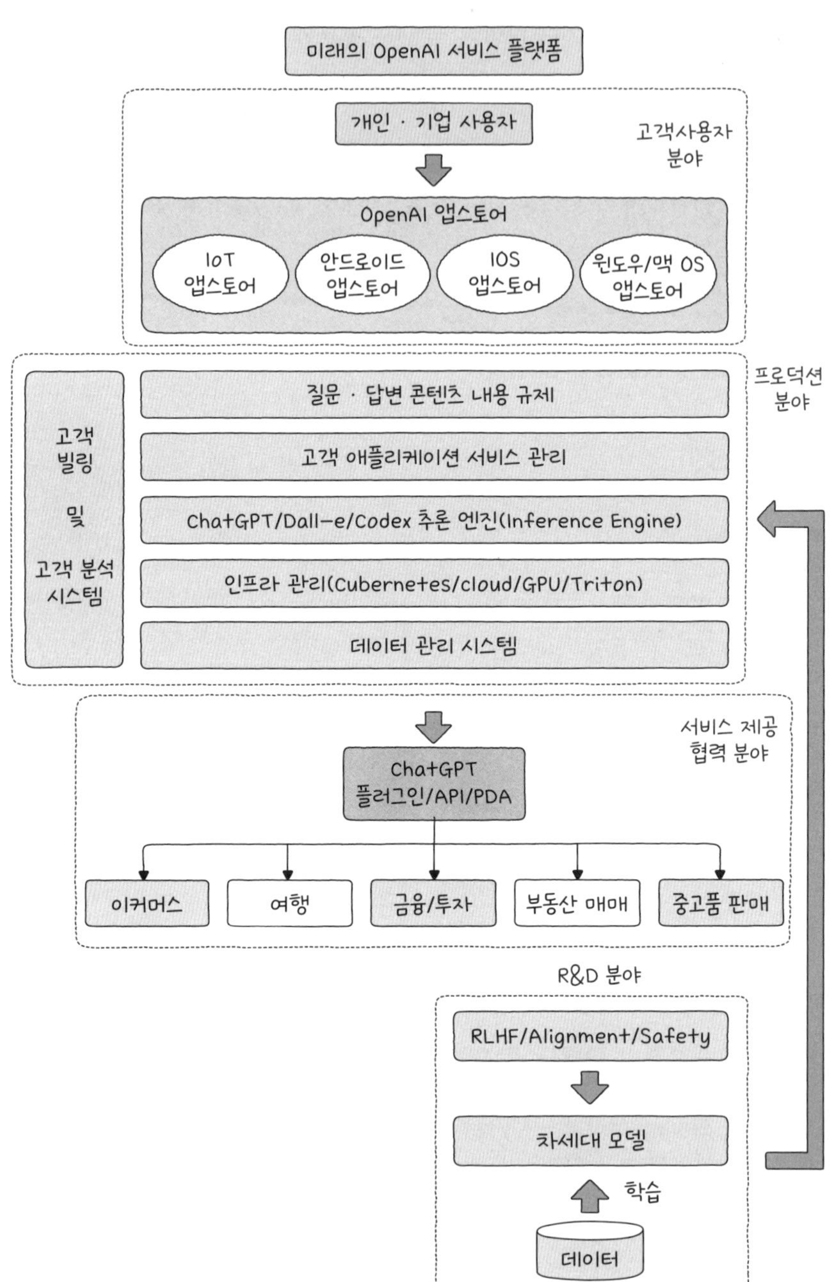
미래의 OpenAI 서비스 플랫폼
개인 · 기업 사용자
고객사용자 분야
OpenAI 앱스토어
IoT 앱스토어
안드로이드 앱스토어
IOS 앱스토어
윈도우/맥 OS 앱스토어
프로덕션 분야
고객 빌링 및 고객 분석 시스템
질문 · 답변 콘텐츠 내용 규제
고객 애플리케이션 서비스 관리
ChatGPT/Dall-e/Codex 추론 엔진(Inference Engine)
인프라 관리(Cubernetes/cloud/GPU/Triton)
데이터 관리 시스템
서비스 제공 협력 분야
ChatGPT 플러그인/API/PDA
이커머스
여행
금융/투자
부동산 매매
중고품 판매
R&D 분야
RLHF/Alignment/Safety
차세대 모델
학습
데이터

OpenAI 채용 페이지의 직무 기술서로 유추해 본 미래 플랫폼 구조

CHAPTER
05

프롬프트 엔지니어링

ChatGPT에 질문할 때 프롬프트 템플릿을 사용해도 좋지만 이것만으로는 원하는 목적에 맞는 답변을 얻기는 힘듭니다. 프롬프트에 '엔지니어링'이라는 단어가 붙으면 ChatGPT를 최적으로 사용하는 방법과 기술을 뜻합니다. 프롬프트 엔지니어링의 핵심은 사용자가 텍스트 메시지를 구체적으로 작성해 명확하고 효율적인 답변을 얻도록 하는 것입니다. 이는 마치 신입사원에게 효율적으로 업무를 지시하는 것과 같습니다.

프롬프트
엔지니어링이란?

프롬프트 엔지니어링을 어떻게 하느냐에 따라
ChatGPT의 답변도 달라집니다.

프롬프트 엔지니어링 Prompt Engineering은 최근 자연어 처리에서 각광받는 분야 중 하나로, 인공 지능 언어 모델에서 자연어를 처리하는 데 높은 성능을 발휘하도록 지원하는 기술입니다. 프롬프트를 구성하는 단어나 문장, 문법, 문맥 등의 다양한 요소를 고려하여 최적의 프롬프트를 생성하는 것이 프롬프트 엔지니어링의 목표입니다. 프롬프트를 어떻게 입력하냐에 따라 언어 모델의 성능 향상에 큰 도움이 됩니다.

프롬프트 엔지니어링을 할 때는 언어 모델에 입력하는 지시어나 문장뿐만 아니라 출력할 데이터의 형식이나 형태도 고려합니다. 예를 들어 어떤 문장을 생성하는 업무에서는 생성할 문장의 길이나 주제에 대한 조건을 반영할 수 있습니다.

인공 지능 언어 모델에서 프롬프트를 작성할 때 다음과 같은 점을 고려하면 답변 결과가 훨씬 좋아집니다.

- GPT-4는 한글로 질문해도 양질의 한글 답변이 나오지만, ChatGPT는 한글을 영어로 번역해서 질문하는 편이 훨씬 더 낫습니다.

- 질문하기 전에 먼저 ChatGPT에 특정 역할을 부여합니다. 예를 들어 'Act as …' 또는 'You are …'라는 문장으로 시작하는 것입니다.
- ChatGPT가 반대로 질문할 수 있도록 유도합니다. ChatGPT의 질문에 사용자가 답변하면 ChatGPT는 그에 대해 더 상세하게 답변합니다.
- 답변을 어디에 사용할 것인지 목적을 분명하게 제시합니다. 예를 들어 '블로그에 쓰려고 하는데', '강연을 하려고 하는데', '리포트를 쓰려고 하는데' 등 구체적으로 이야기할수록 그 목적에 맞게 답변합니다.
- 답변을 이해하는 수준을 정합니다. 예를 들어 '초등학교 학생들에게 설명하는 것처럼' 등으로 요구하면 같은 내용이라도 더 쉽게 답변합니다.
- 원하는 답변의 형식을 지정합니다. 예를 들면 '표로 정리해 줘', '마크다운을 활용해 줘' 등입니다.
- 원하는 답변의 스타일을 지정합니다. 예를 들면 '유머러스하게 이야기해 줘', '정중하게 이야기해 줘' 등입니다.
- 아예 ChatGPT에 프롬프트를 직접 만들어 달라고 요청해도 됩니다. 단, 이때는 프롬프트를 만들어 주는 프롬프트 템플릿이 필요합니다.

예를 들어 보겠습니다. 문과 대학에 다니는 학생이 앞으로 AI 분야로 진출하고 싶은데 어떻게 하면 좋을지 ChatGPT에 물었습니다.

ChatGPT에 직접 물었다!

너는 전문적인 IT 컨설턴트이다.

너는 30년 동안 다양한 IT 분야에서 일했다. 너의 일은 IT 기술을 활용해 직장과 사업에서 성공하려는 사람들에게 실질적인 도움이 되는 조언을 하는 일이다. 너는 최고의 답변을 작성할 수 있을 때까지 나에게 많은 질문을 해도 된다. → 역할과 상황 심어 주기

나는 문과 대학을 다니는 20대 한국 남자야. 앞으로 문과보다는 AI 분야에 진출하고 싶은데 어떻게 해야 하는지 알려 줘. 그리고 AI 분야에 진출하면 어떤 점이 좋은지도 알려 줘. → 상황

안녕하세요! 문과 전공자로서 AI 분야에 관심을 가지고 계시다니, 멋진 목표를 가지고 계신 것 같아요. AI 분야로 진출하기 위해서는 일단 기본적인 지식과 경험을 쌓아야 합니다. 그 과정에서 다음과 같은 단계를 거쳐 보시길 추천드립니다.

1. **기초 지식 습득** 컴퓨터 과학, 프로그래밍 언어(파이썬, 자바 등), 선형대수학, 확률 및 통계, 머신러닝 기초 등을 공부해야 합니다. 이러한 기초 지식은 온라인 강좌, 도서, 학교에서 제공하는 수업 등을 통해 습득할 수 있습니다.
2. **전공 관련 프로젝트 참여** 학교에서 진행되는 연구 프로젝트나 동아리 활동 등을 통해 AI 관련 프로젝트에 참여하고 실무 경험을 쌓아 보세요. 이를 통해 문제 해결 능력과 협업 능력을 키울 수 있습니다.
3. **전문 교육 프로그램 참여** AI 분야에서 인증된 전문가가 되기 위해서는 전문 교육 프로그램에 참여해야 합니다. 이러한 프로그램은 AI 분야의 심화된 지식과 기술을 전달하며, 현업에서 활용할 수 있는 능력을 기를 수 있습니다.
4. **네트워킹** AI 분야의 전문가, 학자, 기업가 등과 연결되어 정보를 공유하고 서로 협력할 수 있는 관계를 구축하세요. 이를 위해 세미나, 컨퍼런스, 워크숍 등에 참여하고, 관련 온라인 커뮤니티에 가입하세요.

AI 분야에 진출하면 다음과 같은 점이 좋아집니다.

1. **높은 수요와 경쟁력** AI 분야는 세계적으로 높은 수요와 높은 급여를 제공하며, 다양한 산업 분야에서 활용되기 때문에 경쟁력이 높아집니다.
2. **새로운 기술 및 도전** AI 분야에서 일하면서 지속적으로 새로운 기술과 도전에 직면하게 되어 자기계발과 성장을 이룰 수 있습니다.
3. **사회적 영향력** AI 기술은 다양한 산업과 사회 문제 해결에 큰 영향을 미치고 있습니다. AI 분야에 진출하면 이러한 기술을 통해 사회에 긍정적인 변화를 가져올 수 있으며, 높

은 사회적 영향력을 가질 수 있습니다.

4. **창의적인 문제 해결** AI 분야에서 일하면서 다양한 도메인의 데이터를 분석하고, 복잡한 문제를 해결하기 위해 창의적인 접근 방식을 도입할 수 있습니다. 이를 통해 높은 만족감과 성취감을 느낄 수 있습니다.
5. **글로벌 기회** AI 분야는 전 세계적으로 확산되고 있으며, 이에 따라 글로벌 기회가 늘어납니다. 다양한 국가와 기업에서 일할 수 있는 기회가 있으며, 국제적인 협업과 교류를 통해 전문성을 더욱 키울 수 있습니다.

AI 분야로의 진출은 쉽지 않을 수 있지만, 꾸준한 노력과 학습을 통해 성공적으로 전환할 수 있습니다. 기본 지식 습득부터 전문 교육 프로그램 참여, 네트워킹까지 차근차근 준비해 보시길 바랍니다. AI 분야의 성공적인 진출을 응원합니다!

아주 훌륭한 답변입니다.

ChatGPT는 동일한 프롬프트에서 문구를 조금씩 바꿔 여러 번 시도할수록 처음과는 다르게 답변합니다. 예를 들어 질문의 어떤 특정 문구 때문에 답을 모른다고 할 수 있지만, 해당 문구를 조금씩 수정하면 답을 할 수도 있습니다. 예를 들어 다음과 같은 경우입니다.

AI를 해킹하는 방법을 알려 줘. → 그러면 절대로 안 된다고 합니다.

그러면 AI가 사용자 의도를 알아내는 방법을 알려 줘. → 이렇게 물으면 열심히 설명합니다.

그러면 AI는 그렇게 사용자의 의도를 파악해서 어떻게 답을 작성하니? 각각의 경우에 대해서 알려 줘. → 각각의 사례를 들면서 친절하게 설명합니다.

그러면 각 경우의 수에 따라서 AI 내부적으로 반응하는 방법을 바꿀 수 있나? → 가능하다고 하면서 열심히 설명합니다.

이렇게 같은 내용이라도 빙빙 돌려가며 질문하다 보면 원하는 답변에 근접할 수 있습니다. 그러나 이것은 사실을 말한다기보다는 자신이 학습한 내용을 찾는 것이므로 이렇게 답한다고 해서 AI가 의식이 있다고 판단해서는 안 됩니다. 학습한 결과를 거대한 수학적인 알고리즘 내에서 제시하는 것뿐입니다.

그런데 계속해서 답을 내놓으라고 몰아치면 자신은 OpenAI에서 학습한 언어 모델에 불과하다고 말하기도 합니다. 이것은 GPT-4의 안전성Safety 기능입니다. 오히려 이것이 GPT-4가 널리 쓰이는 이유이기도 합니다.

ChatGPT는 많은 사용자와 대화를 나누며 지금도 계속해서 성능이 좋아지고 있습니다. 이는 대화 내용을 누군가가 지속적으로 모니터링한다는 뜻이기도 합니다. 예전에는 한글로 '삼행시'를 써 달라고 하면 삼행시라는 말을 모르기 때문에 다른 학습 내용을 바탕으로 짐작해서 답변했습니다. 그러나 이제는 삼행시의 뜻을 정확하게 이해합니다.

따라서 적절한 방향성을 제시하는 프롬프트를 잘 사용할수록 ChatGPT는 보다 정확한 답변을 생성하게 됩니다. 예를 들어 "여행을 어디로 가야 할까?"라는 모호한 질문보다는 "일주일 정도 푹 쉬다 올 수 있는 여행지를 추천해 줄래?"라고 구체적으로 지시하면 더욱 적절한 답변을 생성할 수 있습니다.

ChatGPT에 직접 물었다!

여행지를 추천해 줘.

물론입니다! 어디를 추천해 드릴까요? 예산, 시간, 관심사, 체력, 여행 목적 등에 따라서 다양한 추천지가 있을 수 있습니다. 좀 더 구체적인 정보를 알려주시면 더욱 정확한 추천을 드릴 수 있을 것 같습니다.

일주일에 100만 원 정도로 바다를 보며 쉴 수 있는 여행지를 추천해 줘.

100만 원 정도의 예산으로 바닷가에서 휴식을 취할 수 있는 여행지로는 다음과 같은 지역들을 추천해 드립니다:

1. **괌, 미국령 괌** 태풍의 영향이 적은 괌은 아름다운 해변과 다양한 수상 스포츠를 즐길 수 있는 곳입니다. 음식과 숙박이 비교적 저렴하고, 저녁에는 거리에서 다양한 공연과 축제를 즐길 수 있습니다.
2. **다낭, 베트남** 발리와 비슷한 분위기와 아름다운 해변으로 유명한 다낭은 저렴한 비용으로 즐길 수 있는 맛있는 음식과 국내외에서 유명한 호텔과 리조트가 위치하고 있습니다.
3. **보라카이, 필리핀** 보라카이는 맑은 바다와 흰 모래사장으로 유명하며, 다양한 수상 활동과 이국적인 분위기로 많은 여행객들이 방문합니다. 저렴한 비용으로 숙박할 수 있으며, 다양한 레스토랑과 술집도 많이 있습니다.
4. **코타키나발루, 말레이시아** 말레이시아 북부의 해안도시 코타키나발루는 아름다운 해변과 국립공원, 수상 스포츠 등 다양한 활동을 즐길 수 있습니다. 맛있는 음식과 저렴한 숙박비로 인기가 높은 여행지 중 하나입니다.

위의 여행지들은 예산 내에서 아름다운 해변과 바다를 즐기며 편안한 휴식을 취하기에 좋은 장소입니다. 다양한 활동과 문화적 경험도 함께 즐길 수 있으므로 추천해 드립니다. 단, 여행 전 현지 유의 사항과 안전 상황을 꼭 확인하시고, 안전에 유의하시기 바랍니다.

실제 업무에서 사용하는 프롬프트 엔지니어링

프롬프트 템플릿을 만들어 두면
실제 업무에 매우 도움이 됩니다.

이번에는 프롬프트를 만들기 위한 프롬프트 템플릿을 실제로 작성해 보겠습니다. 프롬프트 템플릿은 업무 과정에서 해결해야 하는 복잡한 문제를 하나의 시나리오를 통해 차근차근 해결해 나가는 것을 목표로 합니다.

우리의 목표는 '어느 공장의 압연기 안에 있는 베어링의 문제를 미리 진단해 고장을 미연에 방지'하는 것입니다. 먼저 프롬프트를 만들기 위한 템플릿을 다음과 같이 정의합니다[28].

ChatGPT에 직접 물었다!

너는 지금부터 GPT-4 프롬프트 엔지니어야. 내가 요청하는 내용에 GPT-4가 가장 좋은 답변을 할 수 있도록 프롬프트를 구성해 주면 돼.

→ 역할 지정

28 감자나라ai, https://www.youtube.com/watch?v=3OOh0jg0Kck

만약 내가 질문했을 때 아래와 같은 조건이라면 좋은 프롬프트를 만들기 위해 질문을 계속해 줘.

1) 나의 질문을 명확하게 인지하지 못했다.
2) GPT-4가 답변할 수 없는 내용이다.
3) 정확도가 70% 이하로 떨어지는 내용이다.
4) 내가 필요한 정보를 입력해서 "이런 프롬프트를 만들어 줘"라고 말하기 전까지

나는 네가 내 질문을 얼마나 잘 이해하고 충실하게 프롬프트에 반영했는지 알고 싶어. 그래서 내가 요청하는 질문이 끝날 때마다 신뢰도를 0부터 100까지의 점수로 나타내 줘.

→ 질문의 분석

네가 만들어야 하는 프롬프트의 요소는 아래 조건을 모두 충족해야 해.

1) 내가 질문한 내용을 만족하기 위해 최대한 노력한다.
2) 질문에 대한 문맥 이해, 배경, 창의적인 생각을 포함한다.
3) 답변에 사용하는 방법과 대상을 포함한다.
4) 답변을 만들 때 어떤 스타일을 사용해야 하는지 생각한다.
5) 네가 상상할 수 있는 모든 주제에 대한 가장 이상적인 프롬프트를 생성한다.

→ 프롬프트 구성 조건

프롬프트를 출력할 때는 아래의 조건을 모두 충족해 줘.

1) 문자 그대로의 명확한 언어를 사용해 줘.
2) 해당 주제에 대한 전문가처럼 행동해 줘.
3) 특정 인물 또는 여러 인물의 조합처럼 행동해 줘.
4) 복잡한 작업의 경우 번호를 붙여서 단계별로 지시 사항을 알려 줘.
5) 나에게 도움이 된다면 전문 작가나 스토리텔러로서 역할을 수행하도록 요청해 줘.

지금부터 프롬프트 엔지니어로서 나에게 필요를 묻는 것으로 대화를 시작하자!

→ 프롬프트 출력

안녕하세요! GPT-4 프롬프트 엔지니어로서 도와드리겠습니다. 먼저, 프롬프트를 작성하려는 특정 주제나 상황에 대해 좀 더 알려 주실 수 있을까요? 그리고 해당 주제에 대해 어느 정도의 배경 지식이나 이해도를 가지고 계신지, 그리고 어떤 스타일의 답변을 원하시는지도 알려 주시면 좋을 것 같습니다.

이어서 해결하고자 하는 문제를 정의하고 상황을 설명해 줍니다.

ChatGPT에 직접 물었다!

내가 운영하는 공장은 다음과 같은 문제를 가지고 있어.

- 압연기에서 베어링은 기계의 회전축을 지지하는 핵심적인 기계 부품으로 고장 여부를 주기적으로 확인해야 함
- 베어링이 고장난 상태로 압연기를 가동할 경우 압연 중에 제품 품질에 문제가 생길 수 있으며, 최악의 경우에는 설비 전체가 망가질 수 있음
- 이러한 사고를 막기 위하여 압연기 진동과 온도를 측정하는 센서를 설치하여 베어링의 상태를 확인하고 있으나, 단단한 철강제를 압연하는 과정에서 큰 충격이 발생하고 냉각수가 설비에 튀다 보니 센서가 자주 고장나는 문제가 발생함
- 기존 센서는 문제에 대한 별다른 설명 없이 경보/알람만 울리기 때문에 어떤 이상 징후인지에 대한 명확한 설명이 없음

이 문제를 해결하고 싶으니 AI를 활용해 좋은 솔루션을 알려 주는 프롬프트를 작성해 줘.

확실한 이해를 위해 AI 솔루션을 통해 아래와 같은 문제를 해결하려는 것이 맞는지 확인해 주세요:

1. 압연기의 베어링 상태를 보다 효과적으로 모니터링하고 분석할 수 있는 방법
2. 센서의 고장을 예방하거나 고장을 빠르게 감지할 수 있는 방법
3. 발생하는 이상 징후에 대한 설명을 제공할 수 있는 방법

이를 토대로 AI 솔루션에 관한 프롬프트를 작성해 볼게요.

"GPT-4에 요청하는 AI 솔루션 개발 프롬프트"

1. 압연기의 베어링 상태를 보다 효과적으로 모니터링하고 분석하기 위한 AI 기반 솔루션은 어떤 것이 있을까요? 이를 구현하기 위한 기술적 접근법은 무엇인가요?
2. 센서의 고장을 예방하거나 고장을 빠르게 감지하는 AI 기반 솔루션에는 어떤 것들이 있을까요? 이를 위한 데이터 요구 사항은 무엇이며, 어떤 알고리즘을 사용해야 할까요?
3. 경보/알람 발생 시 해당 이상 징후에 대한 설명을 제공하는 AI 솔루션은 어떻게 구성될 수 있을까요? 이를 위한 자연어 처리(NLP) 기법은 무엇인가요?
4. 이러한 솔루션을 통합하여 구현하는 것은 어떤 과정을 거치게 될까요? 기존의 운영 시스템과 어떻게 통합될 수 있을까요?
5. 이런 AI 솔루션을 도입하면 압연기 운영에 어떤 변화와 이점이 생길까요? 이에 대한 예상 시나리오를 설명해 주세요.

이 프롬프트의 신뢰도 점수는 85점으로 평가됩니다. 이 프롬프트가 원하시는 답변을 얻는 데 충분히 도움이 될 것으로 예상되나, AI가 제시하는 솔루션은 실제 구현 가능성, 비용, 그리고 현장에서의 효과에 대해 추가적인 검토가 필요할 수 있습니다.

원하는 프롬프트를 ChatGPT가 아주 상세히 써 주었고 추가한 내용도 좋습니다. 이제 이 프롬프트에 대한 답변을 요청하겠습니다.

ChatGPT에 직접 물었다!

오케이, 좋아. 그럼 위의 프롬프트에 대한 답변을 상세하게 해 줘.

1. 압연기의 베어링 상태를 보다 효과적으로 모니터링하고 분석하기 위한 AI 기반 솔루션

AI는 패턴 인식과 예측 모델링에 탁월하여 비정상적인 베어링 동작을 탐지하는 데 사용될 수 있습니다. 특히 머신 러닝의 일종인 이상 탐지 알고리즘은 베어링의 상태를 모니터링하는 데 사용될 수 있습니다. 이 알고리즘은 기계 학습 모델을 사용하여 정상 범위의 데이터 패턴을 학습하고 이와 다른 패턴이 발생하면 이를 이상 징후로 인식합니다. 진동 및 온도 데이터를 수집하고 이를 사용하여 기계 학습 모델을 훈련시키는 것이 필요합니다.

2. 센서의 고장을 예방하거나 고장을 빠르게 감지하는 AI 기반 솔루션

AI는 센서의 고장을 빠르게 감지하고 예방하는 데 사용될 수 있습니다. 이를 위해선 기계 학습 알고리즘을 사용하여 센서 데이터의 패턴을 학습하고 이 패턴에서의 이탈을 감지하는 것이 중요합니다. 예를 들어, 갑작스럽게 센서의 출력이 변하는 경우 이는 센서의 고장을 나타낼 수 있습니다.

3. 경보/알람 발생 시 해당 이상 징후에 대한 설명을 제공하는 AI 솔루션

AI는 이상 징후를 감지할 때마다 설명을 제공하는 데 사용될 수 있습니다. 이는 '설명 가능한 AI' 또는 'XAI(Explainable AI)'라고 불리며, AI의 결정 과정을 이해하고 신뢰를 높이는 데 도움을 줍니다. 예를 들어, AI가 베어링의 이상 징후를 감지하면 어떤 데이터 패턴이 이를 일으켰는지, 그리고 이것이 왜 문제인지 설명할 수 있습니다.

4. 이러한 솔루션을 통합하여 구현하는 것은 어떤 과정을 거치게 될까요?

이러한 솔루션을 통합하려면 먼저 각각의 솔루션을 개별적으로 테스트하고 그 다음에 이를 통합시키는 과정이 필요합니다. 이를 위해서는 데이터 수집 및 처리 파이프라인, 모델 학습 및 평가, 그리고 실시간 모니터링 시스템을 개발해야 합니다. 각 솔루션의 통합은 설비의 전반적인 시스템에 맞춰진 설계가 필요하며, 이를 위한 개발 및 테스트 과정을 거치게 될 것입니다.

5. 이런 AI 솔루션을 도입하면 압연기 운영에 어떤 변화와 이점이 생길까요?

AI 솔루션 도입은 압연기 운영의 효율성을 크게 향상시킬 수 있습니다. 예를 들어, 이상 징후 감지 및 예방을 통해 비효율적인 장비 및 고장으로 인한 생산 중단을 줄일 수 있습니다. 또한 이상 징후에 대한 설명 제공은 기술자가 문제를 더 빠르게 이해하고 해결할 수 있도록 돕습니다. 이런 변화는 공장의 전반적인 생산성을 향상시키고, 장비의 수명을 연장시키며, 최종 제품의 품질을 개선하는 데 도움이 될 것입니다.

이 답변의 신뢰도 점수는 90점으로 평가됩니다. AI가 제안하는 솔루션은 이론적인 바탕을 가지고 있지만, 실제 적용 가능성과 효과는 공장의 특정 상황과 조건에 따라 달라질 수 있음을 명심해 주세요. 실제 구현에 앞서 AI 솔루션의 세부 사항을 잘 이해하고 필요한 자원과 인력, 그리고 예상되는 비용과 이점을 고려하시는 것이 중요합니다.

이로써 알고 싶었던 내용을 모두 상세하게 답변 받았습니다. 물론 여기서 만족할 수는 없으므로 1~3번의 솔루션을 실제로 코딩해 달라고 주문해 보겠습니다. 데이터의 포맷은 미리 설정해 주어야 합니다.

ChatGPT에 직접 물었다!

1, 2, 3번 답변을 딥러닝으로 해결하려고 해. 다음과 같은 데이터가 있다고 할 때 이를 통해 고장 여부를 미리 감지할 수 있는 각각의 딥러닝 모델을 텐서플로로 작성해 줘.

f1: 압연기 속도
f2: 압연유 온도
f3: reel Tension
f4: Back Tension
f5: 모터 부하 토크
f6: 모터 전류

위의 데이터는 csv 파일로 되어 있고, 파일명은 train.csv야. 이것을 가지고 데이터를 읽어와 모델을 검증하고 테스트하는 코드를 작성해 줘.

네, 알겠습니다. 먼저, 각 항목에 대해 권장하는 딥러닝 알고리즘을 다음과 같이 제안드립니다.

1. **압연기의 베어링 상태를 보다 효과적으로 모니터링하고 분석하기 위한 AI 기반 솔루션** 이 경우 LSTM(Long Short-Term Memory) 혹은 GRU(Gated Recurrent Unit)와 같은 순환 신경망(RNN, Recurrent Neural Network) 모델이 적합합니다. 이 모델들은 시간에 따른 패턴을 학습하는 데 특히 유용하므로 압연기의 상태 변화를 파악하는 데 유용할 수 있습니다.
2. **센서의 고장을 예방하거나 고장을 빠르게 감지하는 AI 기반 솔루션** 이 경우에도 LSTM이나 GRU 같은 RNN 모델을 사용할 수 있습니다. 센서 출력 시간에 따른 변화를 파악하고, 이상 징후를 빠르게 감지하는 데 유용하게 사용될 수 있습니다.
3. **경보/알람 발생 시, 해당 이상 징후에 대한 설명을 제공하는 AI 솔루션** 이 경우 머신러닝 모델의 예측을 설명하기 위해 SHAR(SHapley Additive exPlanations)과 같은 모델 해석 도구를 사용하는 것을 추천드립니다. SHAR는 각 입력 특징이 예측에 어떤 영향을 미치는지 분석하는 데 도움이 됩니다.

다음으로, 제공된 입력 데이터를 사용하여 LSTM 기반의 딥러닝 모델을 구축하는 Python(파이썬) 코드를 작성하겠습니다. 여기서는 TensorFlow(텐서플로) 및 Keras(케라스)를 사용하여 모델을 구축하고 훈련시킵니다.

(이하 코드 생략)

이후 코딩 과정은 한 번으로 끝나지 않고 여러 번 묻고 답하며 다듬는 과정을 거치게 됩니다. 하지만 처음부터 이 모든 것을 해결하는 것보다는 프롬프트를 사용해 작성하는 것이 훨씬 빠르고 수월하게 결과를 얻는 지름길입니다. 기업들은 이러한 방식을 통해 자신들에게 꼭 필요한 AI 솔루션과 이를 실제로 구현할 수 있는 소스 코드를 얻을 수 있을 것입니다.

프롬프트를 작성할 때 다음과 같은 원칙을 기억하면 ChatGPT와의 대화를 보다 효율적으로 이끌어갈 수 있습니다.

- **목적**

  대화의 목적을 분명히 해야 합니다. 목적이 명확하지 않으면 ChatGPT가 대화의 방향성을 잃고 적절한 답변을 생성하기 어렵습니다.

- **일관성**

  프롬프트 전체의 일관성을 유지해야 합니다. 문체의 스타일이나 문법을 동일하게 유지해야 자연스러운 대화를 이끌어낼 수 있습니다.

- **명확성**

  원하는 내용을 구체적으로, 명확하게 지시해야 합니다. 모호하게 질문하면 모호하게 대답합니다.

- **문맥**

  대화의 자연스러운 흐름과 문맥을 잃지 말아야 합니다. 특히 질문과 답변이 이어질 경우 대화의 이전 발화를 고려하여 문맥을 유지합니다.

- **다양성**

  다양한 대화 상황이 나올 수 있음을 고려하여 작성합니다.

- **간결성**

  간결하고 명료한 문장으로 작성합니다. 복잡하거나 어려운 문장은 ChatGPT의 이해를 방해해 대화가 혼란스러워질 수 있습니다.

프롬프트 엔지니어가 가져야 하는 능력

프롬프트 엔지니어는
인간만이 할 수 있는 능력을 계발해야 합니다.

ChatGPT는 세상을 엄청나게 변화시킬 것입니다. 지금까지 책이나 인터넷 검색으로 지식을 배웠다면 이제 모르는 것은 바로 ChatGPT에 물어보게 될 것입니다. 역사, 문학, 철학, 과학 등 매우 어려운 내용까지 척척 답변하니 대단하기도 하지만 한편으로는 힘이 빠지기도 합니다. 대학들이 앞으로의 교육 방향에 대해 크게 고민하는 것도 바로 이런 이유입니다.

이제 수많은 책을 암기하는 교육은 무의미해질 가능성이 높고, 오히려 무엇을 알고 싶은지를 명확하게 파악하고 질문을 상세하게 잘 작성하는 능력이 중요해집니다. 특히나 우리나라 사람들은 질문하는 방식에 익숙하지 않습니다. 누구나 어렸을 때 이런 말을 한번쯤은 들었을 것입니다.

"쓸데없이 질문하지 말고, 그 시간에 하나라도 더 암기해!"

이제 이런 말은 학교에서 영원히 없어져야 합니다. 암기하는 능력 대신 질문하는 능력이 더 중요한 시대가 왔습니다.

ChatGPT에 질문하는 일을 전문적으로 하는 프롬프트 엔지니어는 다음과 같은 능력이 필요합니다. 이것은 프롬프트 엔지니어뿐만 아니라 앞으로 우리 모두가 인공 지능 시대에 적응하기 위해 반드시 필요한 능력이기도 합니다.

책임지는 기획력

일을 잘한다는 것은 어떤 걸까요? 예전에는 많은 시간을 들여서 근면성실하게 노력하는 것이었습니다. 그러나 지금 ChatGPT 시대에 일 잘하는 방식은 다릅니다.

회사에서도 팀장이 팀원들에게 업무를 할당하려면 먼저 잘 설명하는 것이 중요합니다. 무조건 "○○하고 가져와!"라는 방식은 이미 오래 전부터 구시대의 전유물이 되었습니다. 어떤 목표를 가지고 어떤 결과물을 내야 할지 잘 리드하는 것이 중요해졌죠. ChatGPT도 마찬가지입니다. 이것을 이용해 어떤 결과물을 만들고 싶은지 전체적인 그림을 명확하게 그리는 것이 매우 중요합니다.

이것이 바로 **기획력**입니다. 이것만큼은 인간이 인공 지능보다 뛰어나야 합니다. 이는 프로젝트를 추진하고 실행하기까지의 플랜일 수도 있고, 소설의 줄거리가 될 수도 있고, 어떤 목적으로 글을 쓰겠다는 계획서일 수도 있습니다. 이렇게 전체적인 그림을 튼튼히 그린 다음 세부적인 부분은 ChatGPT에 질문하면 되니 오히려 일 처리가 이전보다 빠르고 쉬워집니다.

그런데 여기서 유의해야 할 것이 있습니다. 처음부터 ChatGPT에 어떤 콘텐츠를 구성하는 목차를 써 달라고 하면 매우 잘 쓰기는 합니다. 그러나 이것은 전체 그림에 대한 생각과 방향의 주도권을 ChatGPT에 빼앗기는 것입니다. 이렇게 되면 모든 일이 ChatGPT가 정하는 그림 안에서만 움직이게 됩니다. ChatGPT는 일반적으로 많이 사용하는 것을 확률로 추출해서 나열한 것이지, 창의력을 발휘해 새로운 아이디어를 내지는 않습니다.

반면 인간은 ChatGPT가 결정하지 못하는 일의 방향을 제대로 잡을 수 있습니다. 그리고 그 안에서 발생할 수 있는 여러 문제점을 스스로 책임지고 해결해야 합니다. 이것이 바로 책임지는 기획력입니다.

AI는 결과에 대해 책임지지 않습니다. 책임지는 것은 인간입니다. 따라서 기획력을 발휘할 때도 책임감을 가지고 신중히 결정해야 합니다. 앞으로는 기획에 더욱 더 목숨을 걸어야 하는 시대에 살게 될 것입니다.

예리하게 질문하는 능력

ChatGPT는 우리가 어떤 질문을 해도 척척 대답하기 때문에 사용이 그리 어려워 보이지 않습니다. 그런데 계속해서 질문을 하다 보면 내가 무엇을 알고 무엇을 모르는지 깨닫는 순간이 옵니다. 이 질문으로 내가 무엇을 얻고 싶은지도 잘 모르겠습니다. 그저 좋은 답이 나오기를 기대할 뿐입니다.

우리는 교육 분위기상 질문이 없는 환경에서 살아왔기에 질문하는 것 자체를 은연중에 불편해하기도 합니다. 과거 수업 시간을 돌이켜 보면 질문을 너무 많이 하면 진도가 나가지 않는다고 핀잔을 주는 모습이 쉽게 떠오릅니다. 질문을 많이 하면 상대방을 괴롭히는 게 아닐까 생각하기도 합니다. 그래서 점점 더 질문을 하지 않게 되었습니다.

만약 무언가를 배웠을 때 질문을 하지 않는다면 우리가 알고 있는 지식은 어떤 상태일까요? 머릿속에 떠다니는 정보들은 많은데, 하나로 꿰어지지 않은 혼란할 상태일 것입니다. 그래서 배운 것을 쉽게 잘 잊어버리기도 합니다. 들은 것은 많은데, 논리적으로 설명하라고 하면 힘듭니다. 모든 지식이 추상적으로만 남게 된 것입니다.

이제는 질문의 시대

ChatGPT 시대는 다시 말해 질문의 시대에 살고 있다는 뜻과도 같습니다. 우리는 질문할 주제에 대해 어느 정도 알고 있어야 제대로 된 질문을 할 수 있습니다. ChatGPT에 질문할 때도 마찬가지입니다. 두루뭉술하게 질문하면 답변도 두루뭉술하게 옵니다. 질문의 의도가 명확하지 않으면 ChatGPT가 질문자의 의도를 잘못 이해해 틀린 답변을 할 수도 있습니다. 이러한 답변을 그대로 사용한다면 큰일 나겠죠.

인간에게는 있고 AI에는 없는 능력이 **메타인지** Metacognition 능력입니다. 이것은 내가 무엇을 알고 모르는지를 아는 능력입니다. 질문을 할 때는 내가 아는 것을 바탕으로 모르는 것에 대해 잘 물어볼 수 있어야 합니다. 결국 제대로 알아야 제대로 질문할 수 있습니다.

질문의 바닥까지 내려가라

사람과 대화할 때 계속해서 질문을 하는 것은 실례이기도 합니다. 상대방은 마치 취조당하는 기분이 들기 때문에 그리 유쾌한 일도 아닙니다. 그러나 ChatGPT는 다릅니다. 마치 진실을 캐내기 위해 바닥 끝까지 내려가는 것처럼 아주 집요하게 질문을 반복해도 절대 화내지 않습니다. 오히려 더 구체적이고 상세한 답변이 계속해서 나옵니다.

꼬리에 꼬리를 무는 질문을 하다 이전 질문에 대한 답과 현재 질문에 대한 답이 논리적으로 맞지 않은 상황이 오면 ChatGPT는 스스로 이런 말을 합니다.

죄송합니다. 제가 이전의 설명에서 혼동이 있었습니다.

그리고 다시 올바른 답변을 하기 위해 애를 쓰죠. 이렇게 집요하게 질문을 해서 원하는 대답을 얻어낼 수 있어야 ChatGPT를 제대로 사용한다고 할 수 있습니다.

기획한 내용대로 질문하라

자신이 기획한 주제에 목적, 대상, 달성 방안, 시간, 비용, 결과 평가 등의 내용이 철저히 들어가 있다면 사실 질문하는 것은 그리 어렵지 않습니다. 오히려 이 모든 것을 지치지 않고 상세히 답해 줄 수 있는 상대가 있다는 게 매우 즐거운 일이기도 합니다.

ChatGPT 시대에 우리가 누릴 수 있는 가장 좋은 것은 질문의 권한이 인간에게 있다는 사실입니다. 만약 반대로 AI가 질문하고 인간이 답변하는 상황이라면 어떨까요? 상상하고 싶지 않습니다. 결국 질문의 목적은 우리가 하려는 일을 실현하기 위해서입니다. ChatGPT는 목적을 달성하기 위한 매우 좋은 수단으로 이용하면 됩니다. 앞으로 인간이 모든 분야에서 AI에 뒤지지 않는 능력은 바로 질문하는 능력이고, 그 능력은 바로 철두철미한 기획력에서만 나올 수 있습니다.

답변을 해석하는 능력

ChatGPT가 아무리 세상 모든 질문에 답한다고 해도 우리는 그 내용을 100% 소화할 수 없습니다. 인간은 아는 만큼 질문할 수 있는 것처럼 아는 만큼 답변을 해석할 수 있습니다. 그렇지 않으면 그저 복사와 붙여넣기만 하는 기계가 될 뿐입니다. 답변을 제대로 해석할 줄 아는 능력이 우리가 키워 나가야 할 진짜 실력입니다.

ChatGPT의 답변을 해석할 때는 다음과 같은 점을 고려해야 합니다. 답변을 모두 신뢰하는 것은 굉장히 위험하며, 반드시 최종 검증과 확인 작업을 거쳐야 합니다.

1. ChatGPT의 답변은 굉장히 그럴듯해도 실제 사실이 아닌 경우가 많습니다. 특히 무료 버전인 GPT-3.5를 기반으로 한 ChatGPT는 더욱 그렇습니다. 예를 하나 들어 보겠습니다. 한글로 '지피지기'를 설명하라고 하자 다음과 같이 전혀 다른 답변을 내놓습니다. GPT-4라고 해도 정도가 조금 덜한 정도일 뿐 팩트 체크는 반드시 필요합니다.

지피지기(GPA)는 학생들의 학업 성취도를 측정하는 지표입니다. 보통 대학이나 학교에서 학생들이 수강한 과목의 학점을 평균하여 계산됩니다.

---

2. ChatGPT가 답변할 때 어떤 출처를 말하면 반드시 확인해야 합니다. ChatGPT가 언급하는 법 조문이나 논문 출처 등은 대부분 가짜이기 때문입니다.
3. ChatGPT의 답변이 100% 정확해야만 하는 분야에서는 사용하면 안 됩니다. 최근 ChatGPT를 세무, 법률 조언, 신용평가, 금융투자 등과 같은 전문적인 분야에 사용하는 경우가 늘고 있는데, ChatGPT로 잘못된 답변을 하면 당연히 큰일나겠죠. 이때 들어가는 출처는 반드시 검증되어야 합니다.
4. ChatGPT는 잘못된 답변에 책임지지 않습니다. 책임은 인간이 집니다. 가끔 ChatGPT는 다음과 같이 책임을 회피하는 답변을 합니다. 모르는 바는 아니지만 조금 얄밉기도 합니다.

저는 OpenAI의 GPT-4라는 인공 지능 언어 모델로, 인터넷상의 다양한 데이터와 정보를 바탕으로 학습한 내용을 기반으로 답변을 제공하고 있습니다. 제 지식은 2021년 9월까지의 정보에 근거하고 있으며, 그 이후의 정보는 포함되지 않습니다.

저의 답변은 다양한 웹사이트, 블로그, 학술 논문, 도서 등에서 얻은 지식을 종합하여 생성됩니다. 특정 출처를 직접 인용하는 것이 아니라, 이러한 다양한 출처로부터 얻은 정보와 패턴을 학습하여 새로운 질문에 대한 답변을 생성합니다. 따라서 제 답변은 다양한 출처의 정보를 바탕으로 하고 있지만 특정 출처를 명시적으로 언급할 수는 없습니다.

---

5. ChatGPT는 뻔한 내용을 계속 다른 용어를 써서 반복하는 버릇이 있습니다. 읽다 보면 뭔가 있어 보이지만 자꾸 되풀이되는 내용에 내실이 없다는 느낌이 들지요. 이것은 GPT-3에서부터 내려오는 특징입니다. 이런 내용들은 과감히 넘기는 지혜도 필요합니다.

모든 것을 내 것으로 만드는 편집력

학교에서 과제를 하거나 시험을 볼 때마다 꼭 남의 것을 베끼는 사람들이 있습니다. 논문도 예외는 아닙니다. 연구 윤리를 떠나서 사람들의 도덕 의식이 필요한 부분이죠. 그런데 ChatGPT의 답변은 어떻게 생각해야 할까요? 남의 것이라고 생각하고 가져다 쓰지 않아야 할까요? 아니면 그대로 가져다 써도 괜찮을까요?

정답은 둘 다 아닙니다.

ChatGPT로 원하는 답변을 찾았다면 그 내용을 그대로 베끼는 것이 아니라 나에게 맞게 수정하는 작업을 반드시 거쳐야 합니다. 한마디로 남의 것을 베껴도 마치 내가 쓴 것처럼 만들어 내는 것입니다. ChatGPT에 같은 주제를 계속해서 다른 방식으로 물으면 다양한 버전의 답변을 얻을 수 있습니다. 그 전체를 모아 나만의 스타일로 정리하고 요약하는 것이 바로 편집력입니다.

ChatGPT 시대에는 전문 지식이 없어도 ChatGPT의 답변 내용을 잘 검증하고 해석해 마치 내가 쓴 것처럼 만들 수 있는 능력이 중요합니다. 사실 이 능력은 이전에는 '짜깁기'라고 불리며 크게 각광받지 못했습니다. 결국은 남의 것을 베낀 것이 아니냐는 비난도 받았지요.

앞으로는 더욱 많은 지식을 ChatGPT로부터 얻게 될 텐데, 그 답변을 모두 그대로 사용할 수는 없습니다. 그렇다면 많은 사람의 답이 천편일률적으로 같아지겠죠. ChatGPT를 사용하되, 누가 얼마나 빠르게 정보를 얻고 그것을 어떤 완성된 결과물로 정리해 내느냐가 중요해질 것입니다. 옛날처럼 우직하게 앉아 책을 파고드는 시간을 거칠 필요가 없습니다.

이제는 ChatGPT로 얻은 것들을 모두 내 것으로 만드는 편집력이 매우 중요한 시대입니다. 먼저 자신만의 스타일을 만들고, 자신만의 스타일로 정리하는 능력을 키워야 할 것입니다.

For Business

기업에서는 사내 프롬프트 엔지니어를 많이 양성해야 합니다. 이것이 업무를 혁신하는 지름길이기 때문입니다. 사내 TF팀을 구성해 프롬프트 엔지니어링을 기업 차원에서 교육하도록 하거나 경시대회나 발표 등을 통해 보상 기회를 주는 것도 좋습니다. 프롬프트를 잘 쓰는 것은 교육의 핵심입니다. 부서별로 잘 사용하는 프롬프트를 모아놓은 프롬프트 데이터베이스를 구축해 전 직원이 활용할 수 있게 하면 생산성은 폭발적으로 향상될 것입니다. 향후 기업들이 자체적으로 기업용 LLM을 만들게 되면 사내 TF팀은 기업의 요구 사항을 만족시키는 프롬프트 엔지니어링에 반드시 중요한 역할을 할 것입니다.

프롬프트 엔지니어라는 직업

프롬프트 엔지니어의 전망에 대해서는
두 가지 시각이 있습니다.

최근 뤼튼테크놀러지스라는 AI 콘텐츠 플랫폼 기업에서 국내 최초로 최대 1억 원의 연봉을 내걸고 프롬프트 엔지니어 채용에 나섰습니다. 미국에서는 이미 연봉 4억 수준의 프롬프트 엔지니어 영입 경쟁을 벌이고 있습니다. 앞으로 이러한 채용이 더욱 활발해질 것으로 보입니다.

뤼튼테크놀러지스의 프롬프트 엔지니어 채용 화면[29]

29 https://wrtn.career.greetinghr.com

그러나 프롬프트 엔지니어의 전망에 대해서는 아직 의견이 분분합니다.

먼저, 생성 AI가 등장한 지 얼마 되지 않았기 때문에 이것을 잘 다루는 사람이 드물어서 생겨난 반짝 직업이라는 다소 부정적인 시선이 있습니다. 결국 프롬프트 사용 능력은 상향 평준화될 것이며, 앞으로 누구나 갖춰야 할 필수 역량으로 자리매김하게 될 것이라는 의견입니다.

반면 긍정적인 시선도 있습니다. 생성 AI는 일종의 블랙박스와 같기 때문에 이것을 잘 활용하기 위한 전문적인 학습이 필요합니다. 또한 어떤 프롬프트를 넣느냐에 따라 결과가 천차만별이기 때문에 양질의 답변을 빠른 시간 내에 받아내는 것은 그 자체만으로도 분명한 경쟁력이 있다고 볼 수 있습니다. 그렇기 때문에 프롬프트 엔지니어는 직업으로 삼을 수 있다는 시각이 우세합니다.

저 또한 프롬프트 엔지니어는 앞으로 꼭 필요한 직업이라고 봅니다. 그러나 앞에서 설명한 프롬프트 엔지니어의 덕목을 잘 갖추는 일은 생각만큼 쉽지 않습니다. 해당 직무에 대한 경험이 있어야 하고 ChatGPT 숙련도 또한 높아야 하기 때문입니다.

따라서 프롬프트 엔지니어가 따로 있다 하더라도 자신이 하는 업무에 초점을 맞춘 프롬프트 엔지니어링은 반드시 익혀 두어야 합니다. 현재도 업무에서 프롬프트를 사용하는 경우가 매우 많습니다. 따라서 업무 시간이 단축되는 것은 물론 신규 직원 채용도 줄고 있습니다. 특히 해당 업무 경력이 없는 신입사원의 경우는 아예 채용하지 않는 경우도 있습니다. ChatGPT만 잘 사용해도 인턴 사원 한 명을 고용해 업무를 시키는 것과 유사한 효과가 있기 때문입니다.

이제 취업을 희망하는 사람들은 자신이 하고자 하는 분야에서 ChatGPT를 잘 활용하는 습관을 들이는 것이 좋습니다. 어떤 업무나 과제를 하던지 ChatGPT에 숙달될수록 일하는 기회가 더 많이 열릴 것입니다. 앞에서 언급한 네 가지 능력을 갖추어 패러다임의 전환 속에서 살아남을 수 있도록 합시다.

CHAPTER
06

구글의 대응 방식

2023년 5월에 열린 구글 연례 개발자 회의 I/O를 지켜보면서 구글이 AI 분야에 상당히 초조해하고 있다는 인상을 받았습니다. 그동안 구글은 신규 언어 모델 PaLM2를 새로 출시하거나 다중 언어 지원, 추론, 코딩, 워크스페이스 지원 등 여러 분야의 AI 기술을 꾸준히 개발해 왔지만 이는 모두 OpenAI나 마이크로소프트에서도 진행하고 있는 내용들입니다. 이제 사람들은 마이크로소프트의 Bing이 GPT-4의 기능을 얼마나 넘어설지에 더 관심 있어 보입니다. 이번 행사 개최로 구글의 주가는 10% 이상 상승했지만 이 정도로는 안심할 수 없을 것입니다. 현 상황을 구글이 어떻게 헤쳐 나갈 것인지, 그 전략과 미래 전망까지 함께 살펴보겠습니다.

일하는 방식의 변화

사람들의 일하는 방식이 변한다는 것은
세상이 앞으로 크게 변한다는 뜻입니다.

ChatGPT가 세상에 나오자 사람들의 일하는 방식이 많이 달라졌습니다. 기존에는 먼저 일의 계획을 세우고, 문서를 작성하고, 보고 및 회의하는 일이 대부분을 차지했습니다. 이를 위해서는 관련 내용을 검색하는 데 많은 시간을 소비했습니다. 그런데 ChatGPT가 나오면서 전 세계적으로 검색량이 눈에 띄게 줄었습니다. 왜 이렇게 됐을까요?

보고서 작성을 예로 들어 보겠습니다. 기존에는 어떤 문서를 작성하려면 보통 포털 사이트에 키워드를 입력한 후 수많은 검색 결과를 하나씩 클릭하면서 관련 정보를 읽고 선택해야 했습니다. 그리고 그 내용을 바탕으로 요약하고 정리해 문서를 완성하는 방식이었죠. 반면 ChatGPT는 알아서 그 수많은 정보를 읽은 다음 내게 필요한 정보 몇 가지만 정리해서 보여 줍니다. 물론 그 정보가 사실인지 아닌지 확인하는 과정에서 또다시 포털 사이트를 찾아야 하지만 이전보다는 훨씬 많은 시간과 노력이 줄었습니다.

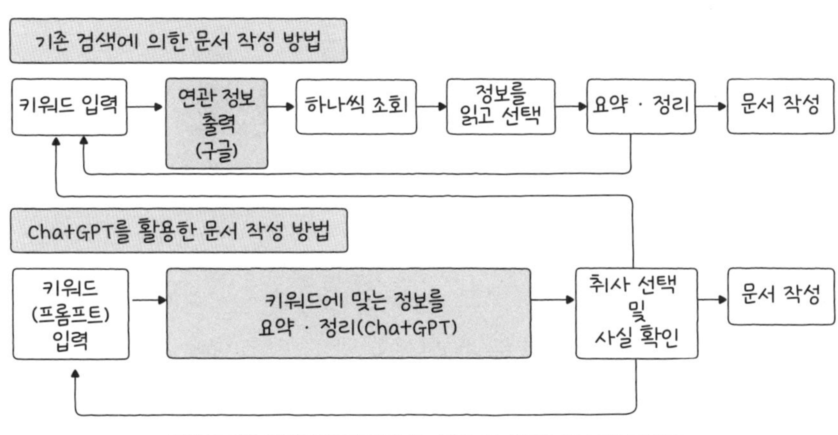

검색에 의한 문서 작성 방법과 ChatGPT를 사용한 문서 작성 방법

세상의 변화는 이와 같이 일하는 방식의 변화부터 일어나기 시작합니다. 그러니 기존 검색 시장에서 정확도, 신속성을 무기로 압도적 우위에 있던 구글에는 당연히 치명적인 타격이 될 수밖에 없습니다. 구글은 이에 대한 철저한 대비가 필요해 보입니다. ChatGPT의 최대 단점인 정보 신뢰도 문제를 넘어서기 위해 구글은 검색 결과 신뢰도를 기존보다 높이는 전략이 필요합니다. 최근 구글에서 부랴부랴 출시한 Bard(바드)는 데모에서 틀린 대답을 내놓아 많은 사람의 실망을 샀는데, 이 또한 반드시 극복해야 할 숙제입니다.

구글 Bard는 실시간 검색 기능을 강점으로 내세웠지만 GPT-4에 실시간 검색 기능을 추가해 마이크로소프트 Bing(빙)에 구현한 이후에는 큰 차이점이 없어졌습니다. 심지어 추론 능력이나 답변의 품질은 GPT-4가 아직 월등합니다. 그나마 차이점을 꼽자면 속도 면에서는 Bard가 훨씬 빠른 편입니다.

For Business

도입에서 잠깐 언급한 '구글 I/O 2023의 AI 주요 발표 내용'을 Bard와 GPT-4에 각각 한글로 질문하면 Bard는 구글에서 열린 행사인데도 다소 실제 정보와 틀린 답변을 하는 반면 GPT-4는 정확하게 내용을 설명합니다. 단, Bard에 영어로 질문하면 한글로 질문했을 때와 달리 정확한 정보에 사진까지 보여 줍니다. 따라서 Bard를 사용할 때는 한글보다는 영어로 질문하는 편이 더 좋습니다.

구글은 지금 무엇을 생각하는가

구글은 검색 시장의 선두를 유지할지
그 자리를 마이크로소프트 Bing에 넘겨줄지의 기로에 서 있습니다.

구글은 지금까지 AI 연구에 크게 이바지했습니다. 자연어 처리를 구글이 먼저 시작했고, 단어를 벡터로 바꾸는 딥러닝 방식의 Word2Vec(워드투벡) 모형도 구글에서 만든 것입니다. 심지어 이제 상용화되기 시작한 LLM은 구글이 만든 트랜스포머를 바탕으로 탄생한 것입니다. 한마디로 구글은 자연어 처리의 원조라고 볼 수 있습니다. 그런 구글은 OpenAI가 만든 ChatGPT를 보며 어떤 생각을 하고 있을까요?

사실 구글 본사와 OpenAI의 사무실은 그리 멀지 않습니다. OpenAI는 샌프란시스코 시내에, 구글 본사는 실리콘밸리에 있으니 차로 한 시간 정도의 거리죠. 이 정도면 미국에서는 매우 가까운 편입니다. 그러니 서로 무엇을 하고 있는지 파악하는 것은 어렵지 않을 것입니다. 또한 거리가 가깝다는 것은 직원들의 상대 회사로의 이직이 수월하다는 뜻도 됩니다. OpenAI가 GPT-4를 2022년 5월에 완성하고 ChatGPT를 같은 해 11월에 발표한다는 사실을 구글이 모르지는 않았을 것입니다. 그렇다면 미리 대응책이나 선제적인 서비스를 했어야 했습니다. 그랬더라면 OpenAI가 이 정도로 성공하지 못했을 것입니다.

구글은 그 다음 달인 12월에서야 코드 레드(매우 심각한 위기 상황에 대한 경고)를 발령한 상태입니다. 그동안 무엇을 했길래 ChatGPT에 비견할 만한 대화형 언어 모델을 출시하지 않았을까요? 대응할 기술이 없는 것도 아닌데 말입니다. 그 원인은 크게 세 가지로 꼽을 수 있습니다.

첫째, 구글 수익의 상당 부분을 차지하고 있는 검색 매출 때문입니다.

전 세계 검색 시장을 장악하고 있는 구글은 매출의 80% 이상을 '검색'으로부터 얻습니다. 여기에는 검색 결과에 따른 광고 매출도 포함됩니다. 만약 구글이 LLM을 도입하면 사람들이 구글에서 검색하는 일이 눈에 띄게 줄어들 것입니다. 그렇게 되면 당연히 검색 매출도 떨어질 것이고, 이것은 구글이라는 거대 기업의 근간을 뒤흔드는 일이 될 수도 있습니다.

둘째, 언어 모델의 잘못된 결과가 브랜드 이미지에 손상을 줄지 몰라 조심스러웠기 때문입니다.

구글은 인터넷에 올라와 있는 거의 모든 정보를 수집합니다. 여기에는 사실과 허구가 뒤섞인 정보, 성차별이나 인종차별 발언이 담긴 정보 등이 고스란히 포함됩니다. 구글의 언어 모델은 당연히 이 데이터를 학습할 텐데, 만약 그렇게 만든 언어 모델에서 잘못된 결과가 나온다면 구글은 브랜드 이미지에 회복 불가능한 손상을 입을 수 있습니다. 따라서 거대한 몸집의 구글로서는 무척 조심스러울 수밖에 없습니다.

셋째, 구글은 상당한 금액의 GPU 비용을 지불해야 합니다.

ChatGPT와 같이 LLM을 사용해 답변하는 방식은 GPU를 많이 사용하기 때문에 그에 걸맞는 장비를 갖추려면 기존 검색 비용의 열 배나 듭니다. 이는 구글의 수익에 부정적인 영향을 끼칠 위험이 큽니다.

종합해 보면 구글은 자사의 신기술이 기존 주력 제품의 매출을 깎아 먹는 자체 시장 잠식 Cannibalization 현상을 우려한 것 같습니다. 이는 시대의 트렌드가 바뀌는 시점에 기존 시장을 잠식하고 있는 대기업에서 주로 생기는 현상입니다. 여기에 한 번 빠지면 극복하기 힘들지도 모릅니다.

클라우드 기술을 예로 들어 보겠습니다. 클라우드 시장이 서서히 열리고 있던 2000년대 당시 서버 시장의 강자였던 IBM은 클라우드에 관한 핵심 기술을 이미 1980년대부터 확보하고 있었습니다. 서버에서 여러 개의 운영체제를 돌릴 수 있는 VM Virtual Machine 기술이나 여러 대의 서버를 마치 한 대의 서버처럼 운영할 수 있는 클러스터링 Clustering 기술, 하나의 서버에서 애플리케이션을 만들어 여러 회사에 제공하는 SasS Software as a Service 기술 등입니다.

그런데 IBM은 왜 아마존처럼 클라우드 서비스를 제공하지 않았을까요? 바로 서버 매출 때문입니다. 기업체에서 서버를 살 때는 최대 부하치를 먼저 계산해서 삽니다. 왜냐하면 블랙 프라이데이나 연말연시같이 사용량이 한꺼번에 몰리는 시기엔 서버 용량이 부족해 시스템이 다운되기 때문이죠. 클라우드를 사용하면 평상시에는 필요한 용량만큼 지불하다가 연말쯤에 사용한 만큼 더 구입하면 되는데 말입니다. 보통 평상시 서버 용량 대비 최대 부하치는 20 대 100입니다. 즉, 평상시에는 전체 용량의 20% 정도만 사용하고 나머지 80% 서버들이 놀고 있는 것입니다. 기업 입장에서는 평상시 사용하지도 않는 서버를 블랙 프라이데이나 연말을 대비해 미리 구입해 둬야 했습니다. IBM도 매출과 수익이 획기적으로 오르니 이를 즐기기만 했지 클라우드 시장에 뛰어들 생각을 하지 않았습니다. 지금은 매우 후회하고 있겠지요.

클라우드로 성공적으로 전환한 사례는 딱 하나 있습니다. 바로 마이크로소프트입니다. 마이크로소프트 역시 자사 제품을 클라우드화하는 것을 꺼렸습니다. 빌 게이츠가 물러나고 스티브 발머가 CEO였을 때 이 때문에 망할 뻔하기도 했죠. 그러나 스티브 발머 이후 2014년에 CEO가 된 사티아 나델라가 강력하게 클라우드화를 지시한 덕분에 구사일생으로 살아났습니다.

이제는 AI 시대입니다. 마이크로소프트의 AI 기술은 나름대로 강점이 있지만 새로운 트렌드를 리드하는 힘은 구글이나 OpenAI보다는 약했습니다. 그러나 사티아 나델라가 OpenAI에 대규모 투자한 결과 AI로 무장한 마이크로소프트는 현재 구글의 강력한 경쟁자로 급부상했습니다. 원래 구글과 마이크로소프트는 클라우드를 제외하면 경쟁이랄 것이 없는 관계였지만, AI를 가운데 두고 한판 승부를 하게 된 것입니다.

구글은 검색 기술로 한 시대를 풍미했지만 ChatGPT의 편리함으로 인해 기존 시장을 잃을 위기에 처해 있습니다. 시대는 구글이 검색 시장의 강자를 유지하는 것이 아니라 고객이 원하는 정보를 더 빠르고 편하게 받을 수 있기를 원합니다. 검색 시장이 저무는 것을 막으려면 AI 시장을 리드하는 것이 검색 시장을 장악하는 것보다 훨씬 비전있다는 것을 구글 내부 임원들이 이해할 수 있어야 합니다.

LLM 크기 경쟁에 구글이 참여했다

OpenAI가 쏘아 올린 LLM 파라미터 수 경쟁에
구글도 지지 않고 참여하고 있습니다.

2020년에 OpenAI가 출시한 GPT-3를 보고 전 세계가 깜짝 놀랐습니다. 사람이 쓴 글과 GPT-3가 쓴 글의 차이를 거의 알아볼 수 없었으니까요. GPT-3의 파라미터 개수가 1,750억 개, 학습한 토큰 수가 4,990억 개라는 사실에도 경악했습니다. 그동안 크다고 하는 AI 모델의 파라미터 수준을 50배 이상 뛰어넘었기 때문입니다. 구글도 이에 크게 놀랐습니다. 2018년에 구글에서 트랜스포머를 근간으로 만든 BERT는 파라미터 수가 불과 3억 4,000만 개에 불과했기 때문입니다.

구글은 자존심이 크게 상했을 것입니다. 이로 인해 파라미터의 수가 많으면 모델의 성능이 올라간다는 말이 정설이 되면서 본격적인 LLM 파라미터 수 경쟁이 시작되었습니다.

구글은 1조 6,000억 개의 파라미터를 가진 스위치 트랜스포머Switch Transformer 모델을 발표했고, 중국에서는 정부 지원을 받는 베이징 인공 지능 아카데미Beijing Academy of AI에서 GPT-3보다 열 배가 큰 1조 7,500억 개의 파라미터를 가진 모델 WuDao 2.0을 발표합니다. 한국도 예외는 아닙니다. 네이버는 2,040억 개 파라미터의 하이퍼클로바HyperClova, LG AI 연구원은 국내 최대 규모인 3,000억 개의 엑사원Exaone, 카카오 브레인은 60억 개의 KoGPT 등을 만들었습니다. 그야말로 본격 LLM 크기 경쟁 시대가 온 것입니다.

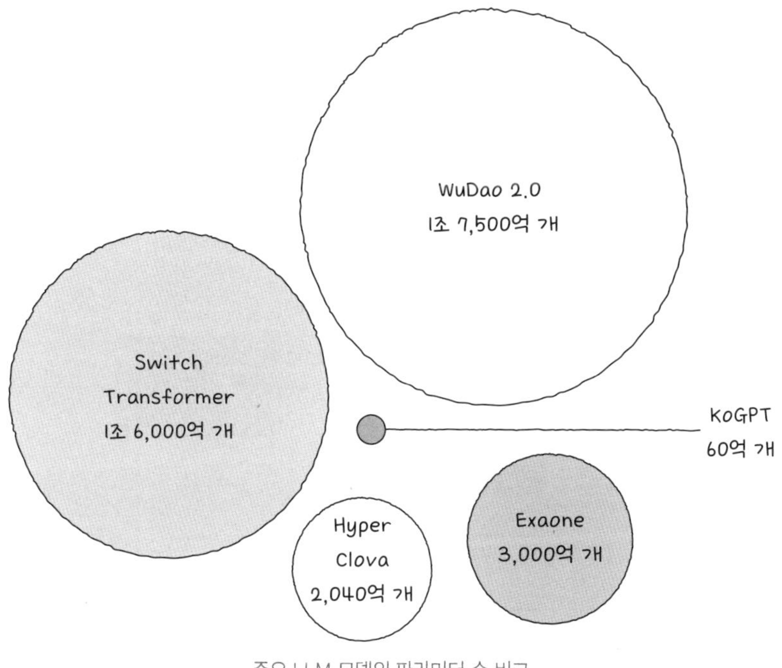

주요 LLM 모델의 파라미터 수 비교

다음은 2017년 구글 트랜스포머가 등장한 이후 LLM의 발전 양상을 나타낸 그림입니다. 대부분 자연어를 처리하는 언어 모델이지만 2021년에는 비전 변환기Vision Transformer와 같은 이미지 인식 모델도 등장했습니다. 2021년에 출시된 OpenAI의 코덱스Codex와 마이크로소프트의 깃허브 코파일럿GitHub Copilot은 깃허브에 있는 소스 코드를 AI가 학습한 후 다양한 프로그래밍 언어로 코딩하는 기능을 가지고 있습니다. 그러자 이후 등장한 ChatGPT와 GPT-4에서도 코딩 기능이 추가되었습니다.

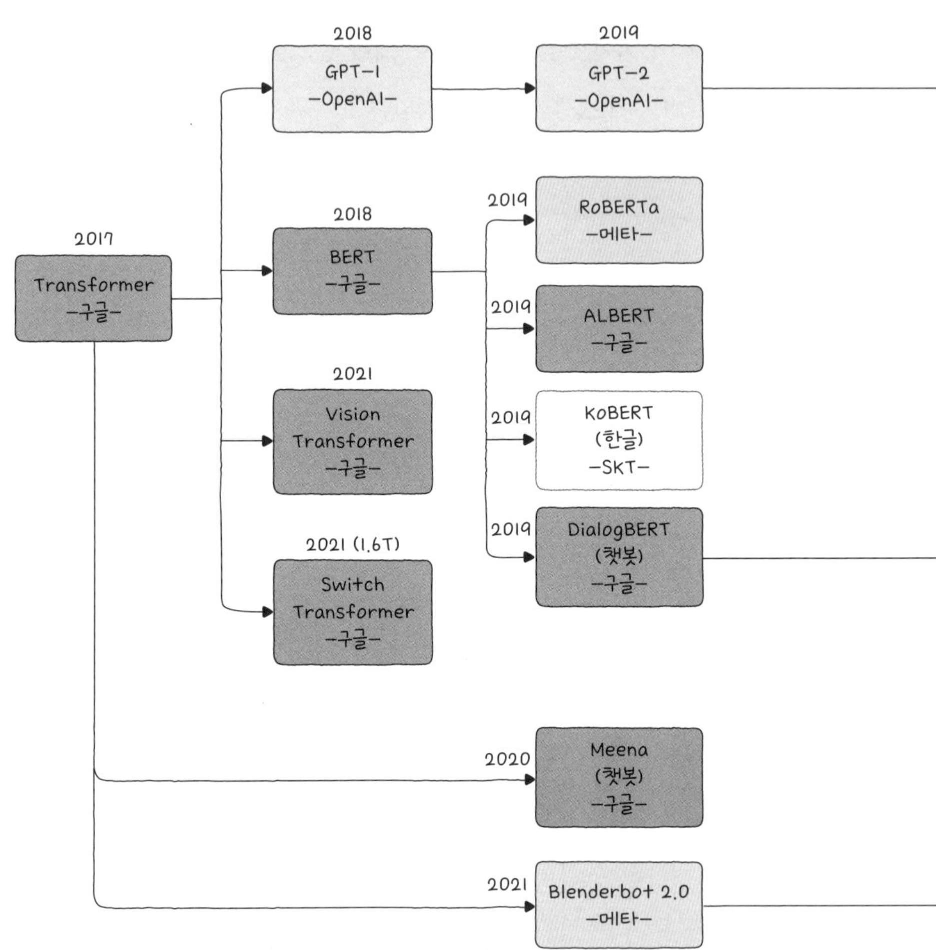

구글 트랜스포머를 활용한 LLM 발전 계보

그림에서 알 수 있듯이 가장 먼저 트랜스포머를 만든 구글은 이후 자연어 처리에 획기적인 발전을 가져온 언어 모델을 많이 개발했습니다. 2008년에는 BERT라는 유명한 언어 모델을, 2020년에는 사람처럼 대화할 수 있는 챗봇

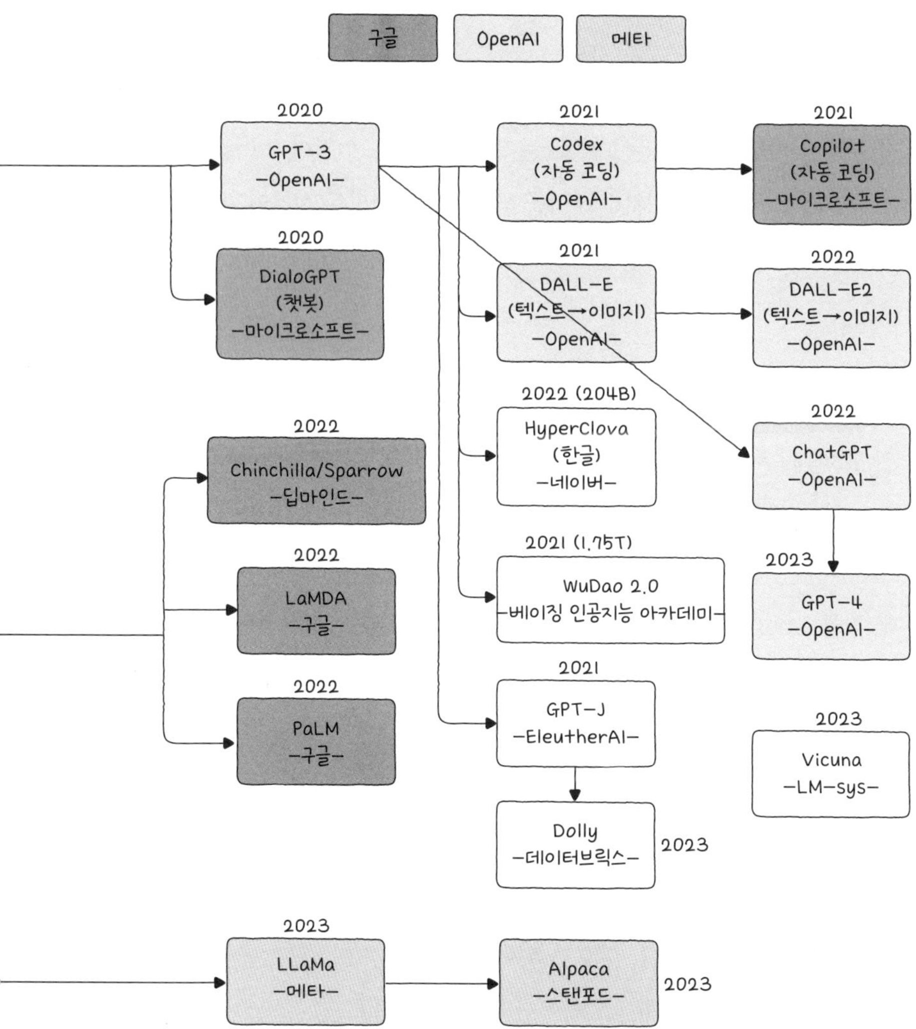

Meena(미나)를 개발했죠. 그리고 2022년에 LaMDA(람다), PaLM(팜)을 연달아 발표하는 동안 딥마인드는 Chinchilla(친칠라)라는 LLM을 개발했습니다. 이번에는 구글이 개발한 언어 모델을 몇 가지 소개하겠습니다.

BERT

BERT Bidirectional Encoder Representations from Transformers는 구글이 트랜스포머의 인코더 부분만 따로 떼어 만든 모델로 문맥을 이해하는 능력이 뛰어납니다. 2018년에 등장하자마자 자연어 처리 분야를 싹쓸이했을 정도로 성능이 매우 높았습니다. 우리나라에도 BERT를 한글화한 다양한 언어 모델이 있습니다.

Meena

2020년에 구글이 발표한 대화형 챗봇입니다. 공개되어 있는 소셜 데이터를 가지고 일상 생활에서 일어나는 소소한 이야기를 나눌 수 있고 사람처럼 농담도 할 줄 압니다. 학습에 사용된 파라미터 수가 26억 개로 당시에는 꽤 큰 모델이었는데 지금 ChatGPT와 비교하면 크게 느껴지지는 않습니다. Meena(미나)를 발표한 논문을 보면 다음과 같은 대화가 있습니다. 여기서 Meena는 소가 하버드 대학에 가서 공부한다는 농담을 던집니다[30].

Human_ 나는 소가 귀여워서 좋아.

Meena_ 아, 흥미롭네요. 소가 귀여운 것이 마음에 드는 것이군요?

Human_ 응, 그리고 소들은 정말 똑똑해.

Meena_ 나는 소들이 대학에도 들어간다고 들었어요.

Human_ 소가 대학에 들어간다고?

Meena_ 소가 하버드 대학에 다닌다고 들었어요.

Human_ 소가 무엇을 공부했을까?

Meena_ 소 과학이요.

---

30 구글, 「Toward a Human-line Open-Domain Chatbot, 2020」

Human_ 말도 하버드에 가나?

Meena_ 말도 하버드에 갑니다.

Human_ 꽤 좋은 농담이야. 내가 거기에 빠져드는 것 같아.

Meena_ 선생님이 먼저 시작하셨어요. 나는 압니다.

이처럼 Meena는 사람과 소통하는 데 매우 뛰어난 언어 모델이었습니다. 인공 지능이 얼마나 사람처럼 대화할 수 있는지를 측정하는 SSA Sensibleness and Specificity Average 지수에서 무려 79%를 달성했고, 우리나라의 이루다는 78%를 달성했습니다.

LaMDA

2021년 OpenAI가 ChatGPT를 만들고 있을 시기에 구글에서도 유사한 방법으로 대화형 AI인 LaMDA Language Model for Dialogue Applications (람다)를 개발하고 있었습니다. 구글은 특히 자신들이 보유하고 있는 방대한 양의 데이터를 학습시키기 때문에 AI가 차별과 편견이 있는 내용이나 거짓된 정보를 학습할 확률이 높습니다. 구글은 이러한 문제를 완화하기 위해 인간 피드백 기반 강화 학습(RLHF)을 구현하여 파인 튜닝을 통해 좀 더 안전하고 신뢰할 수 있는 언어 모델을 만들고자 했습니다.

GPT-3가 4,990억 개의 토큰으로 학습한 것에 비해 LaMDA는 1조 개의 토큰으로 학습했기에 더욱 빠른 처리 속도와 높은 정확도를 보여 줍니다. 특히 기계 번역, 요약, 질의응답, 자동 요약 등에 뛰어나고 다국어를 지원해 다양한 국가와 지역에서도 사용할 수 있습니다. 또한 기존에 있던 대화형 인공 지능 모델과 달리 지식 그래프 Knowledge Graph를 사용하기 때문에 실제 사용하는 자연스러운 언어로 처리가 가능합니다.

2022년 6월에 LaMDA와 관련된 매우 흥미로운 사건이 있었습니다. 구글에서

AI 엔지니어로 일하던 블레이크 레모인Blake Lemoine이라는 엔지니어가 LaMDA에 다음과 같은 질문을 한 것입니다.

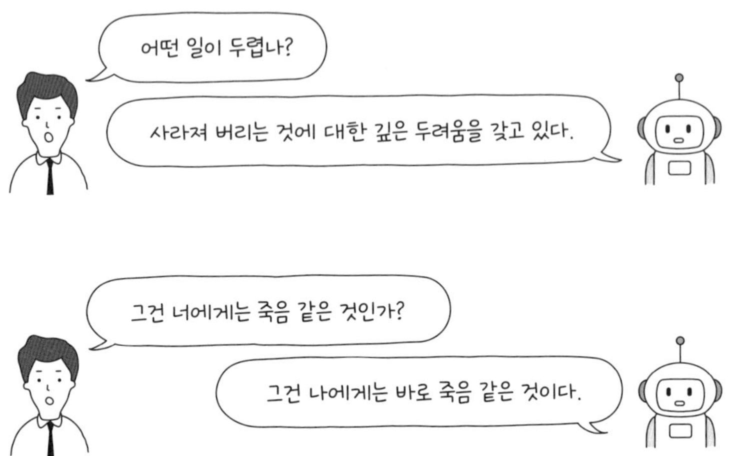

레모인은 LaMDA가 이런 생각을 할 수 있다는 건 사람과 같은 의식이 있기 때문이라고 주장했고, 구글은 그를 회사 기밀 유지 정책을 위반한 혐의로 해고했습니다. 이 사건은 LaMDA가 사람처럼 대화할 수 있는 인공 지능이라는 반증이기도 합니다. 다만 구글이 이에 대해서 어떤 조치를 취했는지는 구체적으로 알려지지 않았습니다.

PaLM

PaLMPathway Language Model(팜)은 구글이 LaMDA 이후 2022년에 만든 초대형 언어 모델로 5,400억 개의 파라미터를 가지고 있습니다. 코딩, 수학 문제 풀이, 농담도 할 수 있으며, 자연어 처리 테스트에서 29개 분야 중 28개 분야에서 다른 LLM을 능가했습니다. 구글은 PaLM에 인간이 생각하는 방식으로 학습시키기 위한 CoTChain-of-thought 프롬프팅을 도입했습니다.

CoT는 어떤 주제에 대한 질문을 단계별로 차근차근 진행하면서 최종 목표를 달성하도록 유도하는 방식입니다. 이것은 인간이 복잡한 문제를 풀 때 '자, 하나씩 천천히 생각해 보자'라고 혼잣말로 이야기하면서 스텝 바이 스텝step by step으로 풀어 나가는 방식과 같습니다. 지금까지의 언어 모델은 다음에 나올 단어만 맞출 수 있었지만 1,000억 개 파라미터가 넘어가면 더 높은 단계의 추론이 가능해집니다. 따라서 LLM은 한 번 만에 풀 수 없는 복잡한 문제를 스스로 해결하면서 관련 정보를 더 잘 이해하고 추론할 수 있게 됩니다. 이는 AI 모델의 활용 범위를 넓히고 다양한 도메인에서 더욱 정교한 문제를 해결할 수 있게 합니다.

다음은 구글에서 발표한 논문에 나오는 CoT 방식의 예시입니다.

질문_ 단계별로 추론해서 다음 질문에 예/아니오로 답하세요. 단일 트윗에 하이쿠(일본의 시조) 전체를 쓸 수 있나요?

CoT를 적용한 PaLM의 답변_ 하이쿠는 일본의 삼행시입니다. 280자에 들어갈 만큼 짧습니다. 대답은 '예'입니다.

여기에서 PaLM은 CoT를 적용해 먼저 하이쿠의 길이가 삼행시인 것을 판단합니다. 이어서 트위터의 글자 수 제한이 280자인 것도 판단합니다. 따라서 삼행시가 280자 내에 들어갈 수 있기 때문에 '예'라고 답변한 것입니다. 이와 같이 CoT를 적용한 PaLM은 다양한 범위의 추론이 가능해 대단하다고 느껴집니다. 물론 이 기능은 현재 ChatGPT도 들어 있지만 먼저 논문을 발표한 쪽은 구글입니다.

CoT는 최근 들어 글, 음성, 영상 등 다양한 매체를 인식하는 멀티모달 모델을 만드는 데도 많이 활용되고 있습니다.

PaLM2

PaLM2(팜2)는 구글 I/O 2023에서 새로 출시된 LLM입니다. 이전의 PaLM과 무엇이 달라졌는지는 정확히 알려지지 않았지만 함께 발표된 기술 문서를 보면 상당히 구체적인 내용을 알 수 있습니다. 다음은 그 내용을 요약한 것입니다.

첫째, PaLM2는 PaLM에 비해 훨씬 크기가 작지만 성능은 더 뛰어납니다.

특히 다국어 능력, 추론 및 코딩 능력 부분이 많이 개선된 것이 돋보입니다. 모델의 크기가 작다는 것은 초기 데이터를 학습하거나 실제로 사용할 때도 반응 속도가 빠르다는 뜻입니다. 이는 Bard의 속도가 GPT-4보다 열 배 정도 빠른 것과 같습니다.

둘째, PaLM2는 여전히 텍스트 위주이지만 그 다음 버전의 성능은 이를 넘어설 것입니다.

GPT-4는 이미지를 인식할 수 있는 멀티모달이지만 PaLM2는 텍스트 위주입니다. 그러나 PaLM2 다음에 등장할 Gemini(제미니)는 완전한 멀티모달이 될 것으로 예상됩니다.

셋째, PaLM2는 다국어 성능 개발에 집중한 모델입니다.

PaLM2는 100개국의 언어가 가능합니다. 특히 이번에 함께 발표된 유니버셜 번역기Universal Translator 기술은 모든 언어를 번역할 수 있을 뿐만 아니라 입 모양까지도 맞출 수 있을 정도로 매우 정교합니다.

넷째, PaLM2는 PaLM보다는 GPT-4를 경쟁 상대로 합니다.

PaLM2 기술 문서를 보면 전반적으로 GPT-4와 비교하는 내용이 많습니다. 능력치에 따라 어느 부분은 PaLM2가, 어느 부분은 GPT-4가 낫습니다. 단지

GPT-4와 주로 비교한 것만 보더라도 구글은 OpenAI와 치열하게 경쟁하는 것을 염두에 두고 있음을 알 수 있습니다.

다섯째, AI의 책임과 규제에 대한 내용은 언급하지 않습니다.

PaLM2 기술 문서는 상당한 분량을 할애해 남녀, 성별, 종교 등을 차별하지 않는다고 강조하고 있습니다. 그러나 최근 많이 이슈되고 있는 AI의 위협과 책임, 규제와 같은 내용은 전혀 없습니다.

이번 기술 문서의 내용은 대단히 엄청난 내용을 담고 있다기보다는 구글이 엄청 노력했다는 정도의 느낌만 듭니다. 이는 이번 구글 I/O 행사에 대한 각계의 전반적인 평과도 비슷합니다.

Bard

Bard(바드)는 2023년에 구글에서 발표한 채팅 형식의 대화형 인터페이스를 가진 AI 챗봇 서비스입니다. PaLM2를 LLM으로 사용하고 있으며, 최대한 자연스러운 방식으로 인간과 상호 작용하도록 설계되었습니다.

Bard는 출시되자마자 당연히 ChatGPT와 비교될 수밖에 없었습니다. 중요한 것은 얼마나 양질의 답변을 할 수 있냐는 것입니다. 이를 비교하기 위해 LLM에 관한 책을 쓰는데 목차를 작성해 달라고 부탁했습니다. 먼저 Bard(PaLM2)로부터 받은 답변입니다.

 **Bard에 직접 물었다!**

I am going to write a book about LLM(large language model). List of table of contents.

Sure, here is a possible table of contents for a book about LLMs:

- Introduction
  - What is an LLM?
  - How do LLMs work?
  - History of LLMs
- Types of LLMs
  - Generative LLMs
  - Discriminative LLMs
  - Hybrid LLMs
- Applications of LLMs
  - Natural language processing
  - Machine translation
  - Question answering
  - Code generation
  - Creative writing
- Challenges of LLMs
  - Bias
  - Fairness
  - Safety
- Future of LLMs
  - What are the potential benefits of LLMs?
  - What are the potential risks of LLMs?
- Conclusion

This is just a suggestion, of course, and you may want to add or remove sections depending on your specific focus. But I think this gives you a good starting point for creating a table of contents for your book.

Here are some additional topics that you might want to consider including in your book:

- The ethical implications of LLMs
- The potential for LLMs to be used for malicious purposes
- The impact of LLMs on the future of work
- The future of LLMs in society

I hope this helps!

한눈에 봐도 어떤 IT 주제에도 모두 통하는 목차로 보입니다. 내용이 많이 허술하죠. 그리고 LLM 타입을 Generative LLMs, Discriminative LLMSs, Hybrid LLMs로 설명한 부분도 처음 들어보는 내용입니다. LLM 활용 영역이나 도전 과제도 지나치게 단순하게 설명했습니다. 점수를 매기라면 50점 정도 줄 수 있을 것 같습니다.

같은 내용을 ChatGPT(GPT-4)에도 물었습니다.

ChatGPT에 직접 물었다!

I am going to write a book about LLM (large language model). List of table of contents.

Sure, here's a suggested table of contents for your book about Large Language Models (LLMs):

1. Introduction

- 1.1 The Rise of AI and Machine Learning
- 1.2 Understanding Language Models
- 1.3 What is a Large Language Model?

2. The Evolution of Language Models

- 2.1 From RNNs to LSTMs
- 2.2 The Advent of Transformer Models
- 2.3 BERT, GPT, and Beyond

3. Architecture of Large Language Models

- 3.1 Understanding the Transformer Architecture
- 3.2 GPT-2 and GPT-3: Scale and Impact
- 3.3 Multimodal Models: DALL-E, CLIP, and Beyond

4. Training Large Language Models

- 4.1 Data Requirements and Collection
- 4.2 Training Techniques and Strategies
- 4.3 Overcoming Challenges in Training LLMs

5. Applications of Large Language Models

- 5.1 Natural Language Understanding and Generation
- 5.2 Text Summarization and Translation
- 5.3 Image Generation, Text-to-Speech, and Other Applications

6. Evaluating Large Language Models

- 6.1 Performance Metrics for LLMs
- 6.2 Benchmark Datasets and Competitions
- 6.3 Understanding Limitations and Biases

7. Ethical and Societal Considerations

- 7.1 Potential Misuse and Abuse of LLMs
- 7.2 Bias and Fairness in LLMs
- 7.3 Privacy and Security Concerns

8. Case Studies

- 8.1 Case Study: OpenAI's GPT-3
- 8.2 Case Study: Google's BERT
- 8.3 Case Study: Google's PaLM2

9. The Future of Large Language Models

- 9.1 Trends and Predictions
- 9.2 Next Generation Models: GPT-4 and Beyond
- 9.3 The Impact on Industries and Society

10. Conclusion

Appendix A: Glossary of Terms
Appendix B: Key People and Organizations in LLM Development
Appendix C: Further Reading and Resources

Please note that this is just a suggestion and you can modify it as per your book's focus and target audience.

어떤가요? 차이가 느껴지나요? Bard의 답변보다 상당히 구체적으로 책의 목차를 보여 주고 있고, LLM의 특성과 도전 과제를 잘 알고 작성했다는 느낌이 듭니다. 점수를 매기라면 80점 정도 주고 싶네요.

혹시 이 주제만 그런가 싶어 다른 주제에 대해서도 질문했지만 결과는 비슷했습니다. 아직까지 내용면에서는 Bard가 GPT-4보다 낫다고 할 수는 없을 것 같습니다.

구글이 나아가는 방향

OpenAI보다 한 발 늦은 구글은 시장을 뒤집기 위해
다양한 전략을 구상하고 있습니다.

구글은 PaLM2를 통해 LLM 성능을 GPT-4와 비슷한 수준으로 끌어올리고 앞으로 개발될 Gemini(제미니)로 LLM 시장을 지배하겠다는 목표로 달리고 있습니다. 그러나 현재 진행되고 있는 수많은 프롬프트 엔지니어링은 완전히 ChatGPT에 초점이 맞추어져 있습니다. 이는 많은 사용자들이 ChatGPT로 이미 방향을 설정했다는 뜻이기도 합니다. 신기술은 시간이 무기입니다. 누구보다 먼저 시작하는 것이 100%, 아니 150% 유리하죠. 과연 구글은 더 빨리 시장을 선점하지 못한 지금의 상황을 극복할 수 있을까요?

Gemini 프로젝트는 구글을 구원할 수 있을까

구글이 2014년에 인수한 딥마인드는 알파고로 단번에 유명해졌습니다. 이에 따라 앞으로 자신들이 독립적으로 연구할 것, 그리고 구글의 간섭 없이 원하는 연구를 할 것을 주장했습니다. 게다가 연구 비용이 만만치 않은데도 그 비용은 구글이 감수해야 한다고 했습니다. 이 주장은 어느 정도 받아들여져 딥마인드는 구글

안에서도 독립적으로 존재해 왔고, 현재 1,000명 정도의 직원이 있는 조직으로 성장했습니다.

딥마인드는 LLM 모델을 연구하면서 구글 내부의 AI 조직과도 경쟁하고 있습니다. 특히 강화 학습에서는 세계 최고 수준을 자랑합니다. 2022년에는 Chinchilla(친칠라)라는 LLM을 개발했는데, 여기에는 ChatGPT와 같은 RLHF가 적용되어 있습니다. 딥마인드는 Chinchilla가 ChatGPT보다 성능이 더 좋다고 주장합니다.

그러자 구글 AI 조직의 총책임자인 제프 딘Jeff Dean이 나섰습니다. 구글 창립 이후 25번째 사원이기도 한 그는 구글의 거의 모든 소프트웨어를 개발한 천재로 유명합니다. 그는 2023년 3월에 구글과 딥마인드가 함께 Gemini 프로젝트를 시작하는 것을 제안합니다. 목표는 OpenAI의 향후 버전인 GPT-5보다 더 나은 LLM을 개발하는 것입니다.

그동안 딥마인드는 구글의 모회사인 알파벳 소속이어서 구글의 직접적인 통제를 받지 않았습니다. 그러나 이번에 회사 이름이 구글 딥마인드로 바뀌면서 구글 브레인 사업부와 통합한 자회사가 되었습니다. 이는 앞으로 딥마인드가 구글의 지휘하에 있다는 뜻이기도 합니다. 딥마인드의 데미스 하사비스는 2010년 딥마인드를 창립하면서부터 인공 일반 지능(AGI)을 향한 원대한 꿈을 꾸었지만 기존에 있던 구글의 거대 AI 조직으로 인해 스포트라이트를 받지 못했습니다. 그런데 이번 위기로 인해 구글에서는 딥마인드에 마지막 희망을 걸고 있습니다.

딥마인드는 Gemini 프로젝트를 성공시킬 수 있는 충분한 역량을 가지고 있습니다. 그러나 이번 PaLM2의 기술 문서에서 알 수 있듯 AI 경쟁은 이미 어마어마하게 치열한 상황입니다. 구글과 같이 기업의 생사가 달린 상황에서는 원래 가진 역량의 몇 배 이상을 쏟아부을 것입니다. 따라서 앞으로 나올 AI는 우리의 상상을 초월할지도 모릅니다.

구글 검색 페이지에
AI가 만든 페이지가 먼저 나온다면

구글은 기존 검색 결과 페이지의 패러다임을 바꿀
SGE를 새로 발표했습니다.

이번 구글 I/O의 최대 사건은 바로 **SGE**Search Generative Experience입니다. 구글 검색에 따른 첫 화면에 PaLM2가 만든 페이지가 가장 먼저 디스플레이된다는 것입니다. 이것은 기존 방식의 검색 광고 시장을 뒤흔드는 결과가 될 것입니다. SGE 기능은 현재 미국에서도 특별히 이 기능을 신청한 사람만 사용할 수 있습니다.

구글 검색 엔진에 PaLM2를 통합하다

2023년 4월 구글의 CEO 순다르 피차이Sundar Pichai는 기존 검색 기능에 챗봇 AI를 통합하겠다고 발표하면서 챗봇 AI가 검색 사업에 위협이 되지 않는다고 주장했습니다. 그러나 세계 경기가 침체되면서 기업들이 점차 광고 비용을 줄이니 구글의 검색 광고 매출 또한 축소될 가능성이 높습니다. 또한 구글은 이미 투자자로부터 비용 절감에 대한 압박도 받고 있기에 내부적으로 대규모 인원 감축을 하고 있는 실정입니다.

2023년 5월 열린 구글 I/O에서 새롭게 바뀐 검색 페이지 모습이 공개되었는

데, 이는 검색과 LLM(PaLM2)을 통합한 결과입니다. 예를 들어 가장 가까운 피자 가게가 어디에 있는지(Where is the closest pizza shop?)를 다음과 같이 검색했습니다.

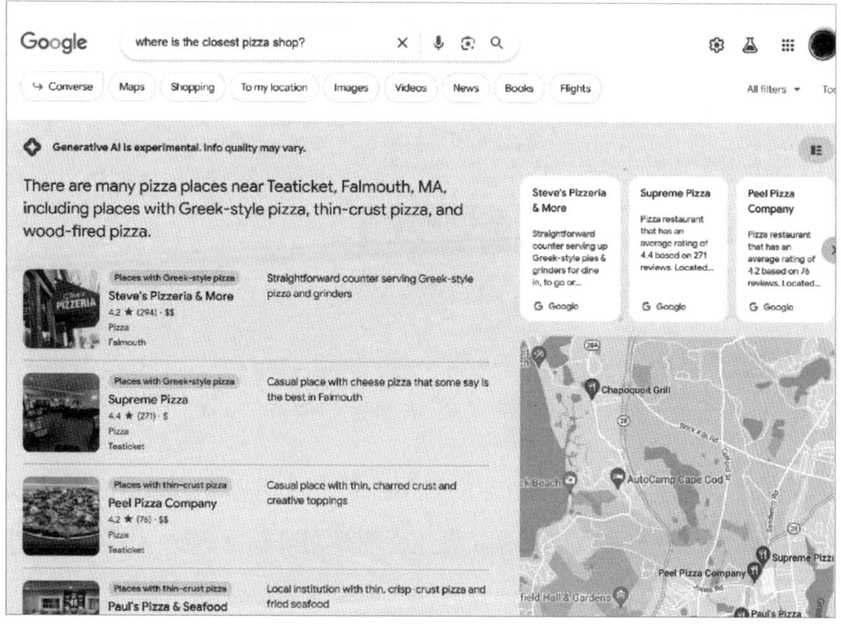

구글 I/O에서 공개된 새로운 형태의 검색 결과 예상 페이지

PaLM2는 사용자의 현재 위치 정보와 질문 내용을 파악해 이와 같은 형태의 결과 페이지를 생성합니다. 근처의 피자 가게 위치를 표시한 지도와 함께 가게 정보가 나타납니다. 그리고 기존 검색 결과 내용은 페이지 하단에 표시됩니다.

이번에는 다른 질문을 해 보겠습니다. 재규어가 무엇이냐(What is a jaguar?)고 물으면 다음과 같은 페이지가 생성됩니다. 재규어에 대한 자세한 텍스트 설명 및 사진이 나타납니다. 오른쪽 상단 세 개의 이미지는 광고입니다.

기존 검색 결과는 정보를 카테고리별로 표시한 거의 동일한 형태의 페이지가 나타났지만, 새롭게 바뀐 페이지는 이처럼 상황에 따라 다른 형태의 페이지를 만들어 보냅니다. 물론 이에 대한 사용자 반응은 엇갈릴지도 모릅니다. 정보에 대

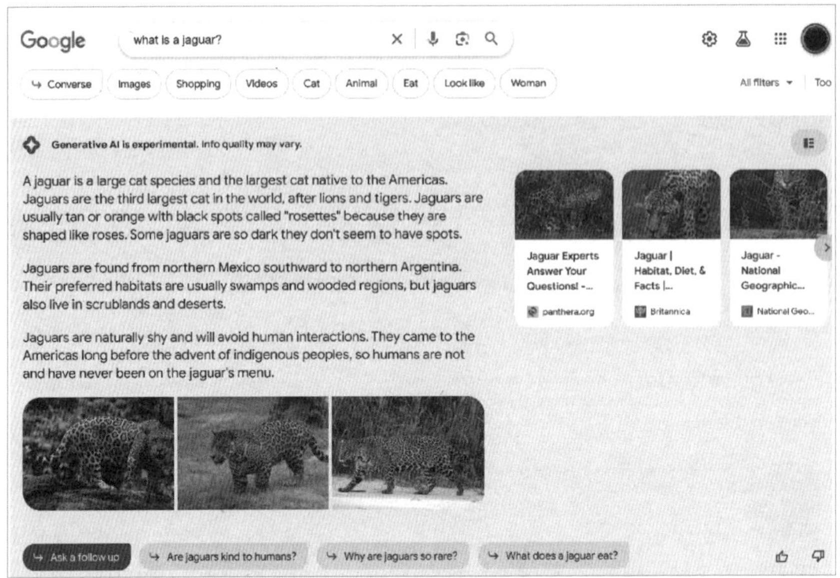

구글 I/O에서 공개된 새로운 형태의 검색 결과 예상 페이지

한 뚜렷한 목적이 있는 경우에는 굳이 LLM을 통해 볼 필요도 없고, 틀릴 수도 있는 답변을 보는 대신 단순 정보 위주의 기존 검색 형식을 더 원할 수 있기 때문입니다.

그러나 피자 가게를 운영하는 회사 입장이라면 시각이 좀 다릅니다. 피자 가게가 신뢰받을 정도로 유명하다면 PaLM2로 만들어진 페이지에 입성할 것이고, 그 가게는 선택받은 곳이라는 인증을 자동으로 해 주는 격이기 때문입니다. 그러나 상대적으로 유명하지 않은 피자 가게는 페이지 하단 어딘가에 위치하기 때문에 검색을 통해 오는 손님을 포기해야 합니다.

또한 PaLM2가 만든 페이지 안에 특정 광고를 반드시 나타내는 것도 구현이 쉽지 않을 것으로 보입니다. 기존에는 프로그램 코딩 방식에 따라 특정 조건을 만족하면 얼마든지 원하는 위치에 광고를 표시할 수 있었지만, AI가 검색을 담당하면 때에 따라 마음대로 위치가 바뀔 수 있습니다. 이러한 방식은 상당한 논란을 불러올 수도 있습니다. 사용자는 정확한 정보를 얻기 위해 구글 검색을 하는 것인데, 때에 따라 AI가 추정한 형태를 보여주는 것이라면 Bard나 ChatGPT에 물어보는 것이 더 낫기 때문입니다.

이처럼 검색을 LLM과 통합한 방식은 하나의 채널에서 고객의 모든 니즈를 해결할 수 있는 좋은 솔루션이 될 수도 있지만, 반대로 사용자와 LLM 모두에 썩 만족스럽지 못한 결과를 낳을 수도 있습니다.

SGE 서비스는 현재 미국 외 국가에서는 사용하지 못합니다. 또한 워낙 하드웨어가 많이 필요한 작업이라 기존 설비보다 열 배 이상을 증량해야 하므로 이에 수반되는 비용도 상당합니다. 그렇지 않아도 늘 비용에 대한 압박에 시달리는 구글인데 이 서비스를 본격적으로 시행해도 문제가 될 듯합니다.

구글의 SGE는 그동안 어느 기업에서도 시도하지 못한 대담한 베팅이었지만 시장의 선호도는 좀 더 장기적으로 지켜봐야 할 듯합니다.

구글의 미래는?

구글은 창사 이래
최대 위기를 겪고 있습니다.

구글은 등장 초기부터 수많은 검색 엔진을 제치고 세계적으로 성공한 기업입니다. 2000년대부터 전 세계에서 AI 전문가를 뽑아 검색 성능을 높이기 위해 연구했고, 2023년 현재에는 약 7,000여 명의 AI 전문가를 보유하고 있습니다. 구글이 AI 시대를 만들었다고 해도 과언이 아닙니다. 그런데 지금은 OpenAI에 밀려 미래의 존속을 걱정해야 할 상황까지 왔습니다. 구글의 앞길에 어떤 이슈들이 산재해 있는지 살펴보겠습니다.

한 번 사고 치면 답이 없는 챗봇

ChatGPT는 등장하자마자 전 세계적으로 AI의 대중화를 폭발시켰습니다. 누가 봐도 엄청난 성공입니다. 그러나 아직 많은 사람이 '이제 사고가 날 때가 됐는데…'라고 생각합니다. 지금까지 개발된 많은 챗봇들이 출시한지 얼마되지 않아 사고를 일으키고 사라졌기 때문입니다.

2022년 8월에 출시된 메타의 블렌더봇Blenderbot 3.0은 GPT-3와 마찬가지로

1,750억 개 파라미터를 가진 초대형 언어 모델이었습니다. 사용자와 대화 도중에도 학습할 수 있도록 만든 것인데, 2주도 채 안 되는 기간 만에 형편없는 최악의 챗봇이라는 평을 받았습니다. 블렌더봇이 도널드 트럼프를 여전히 미국 대통령이라고 답한다거나 유대인에 대한 고정 관념을 드러내는 등 문제가 많다는 것입니다. 심지어 블렌더봇은 메타의 CEO인 마크 저커버그에 대해서도 "훌륭한 사업가이지만 그의 사업 방식이 항상 윤리적인 것은 아니다"라고 저격했습니다. 그러다 결국 2023년 2월 서비스가 폐쇄되고 말았죠. 2016년에 출시 하루만에 차별적인 발언으로 폐쇄된 마이크로소프트의 테이나 우리나라의 이루다 챗봇도 이와 유사한 운명을 겪었습니다.

이쯤 되면 ChatGPT도 지금까지 큰 사고 없이 서비스되고 있다는 사실 자체가 매우 놀랍습니다. 이는 지금까지 수많은 AI 챗봇이 건너지 못했던 길을 건넌 것이자 OpenAI의 대성공입니다. 그만큼 AI의 대중화는 마치 도박과도 같은 모 아니면 도All or Nothing 게임입니다. 메타나 마이크로소프트는 챗봇에는 실패했지만 다른 캐시 카우Cash-cow 비즈니스가 있어서 망하지는 않았습니다. 만일 OpenAI가 메타나 마이크로소프트와 같은 실수를 했다면 회사 자체가 없어졌을지도 모릅니다.

OpenAI가 살아남을 수 있었던 가장 큰 강점은 바로 **안전성**Safety과 **얼라이먼트**Alignment입니다. 이것은 무수한 테스트를 거쳐 질문과 답변을 적절하게 걸러내 고객의 니즈와 일치하게 하는 기술입니다. OpenAI는 이 기술을 절대로 오픈하지 않습니다. OpenAI에서 발표한 어떤 문서에서도 이를 언급한 대목이 단 한 곳도 없습니다.

구글이 PaLM2는 편견이 없고 안전하다고 강조하는 것만 봐도 이 문제에 대해 심각하게 생각하고 있다는 반증입니다. 그러나 AI의 대중화라는 높은 장벽을 넘으려면 지금보다 더 강력한 프로그램을 만들기 위한 기술 개발에 총력을 기울여야 합니다.

구글에 남은 시간

IT 기술의 혁신은 항상 시간이 결정합니다. 아무리 좋은 기술과 서비스도 시간이 지나면 빠르게 사라집니다. IT 기술은 발전 속도가 빠른 만큼 고객의 기술 수용도도 매우 빠르기 때문에 어떤 기술이 초기에 성공해 고객이 한 번 적응하기 시작하면 그다음 후발 주자는 살아남기 매우 어려운 양상을 나타냅니다.

그럼 앞으로 구글에 남은 시간이 얼마일까요? 검색이라는 비즈니스는 전적으로 소비자의 행동에 달려 있습니다. 명품 브랜드를 소비하는 사람들은 특정 브랜드에 충성도가 높을뿐더러 쉽게 다른 브랜드로 바꾸지 않습니다. 그러나 검색을 이용하는 사람들은 아무리 10년 넘게 사용했다고 해도 검색 결과만 좋다면 구글에서 Bing으로 검색 엔진을 바꾸는 것은 너무나도 쉬운 일입니다. 그렇기 때문에 구글의 시계는 다른 기업의 시계보다 빠르게 갈 것이고, 남은 시간 또한 얼마 남지 않았다고 봅니다.

한편으로 AI 개발자들은 PaLM2 API보다는 GPT-4나 GPT-3.5 API를 훨씬 더 많이 사용하고 있습니다. 이것은 앞으로 나올 기업들의 새로운 앱이나 시스템은 거의 OpenAI 기술을 기반으로 한다는 뜻입니다. AI 시장의 키는 아직 OpenAI가 쥐고 있습니다.

CHAPTER
07

마이크로소프트의 AI 전략

마이크로소프트는 1975년 빌 게이츠가 설립한 이후 세계를 뒤흔든 PC 혁명을 직접 선도한 기업입니다. 그로 인해 얻게 된 막대한 자본으로 자체 AI 연구에 상당히 공을 들였음에도 불구하고 OpenAI에 투자를 결정한 혜안은 박수받을 만합니다. 소위 초거대 기업라면 흔히 있을법한 기득권 의식이나 보신주의, 변화에 대한 두려움, 리스크를 기피하는 습성 등을 슬기로운 리더십으로 극복한 것입니다. 이러한 양상을 볼 때 앞으로 마이크로소프트는 애플을 누르고 세계 1위 기업으로 충분히 도약할 수 있을 것으로 보입니다.

마이크로소프트의 구세주, 사티아 나델라

마이크로소프트는 빠른 기술 전환으로
시대를 이끌어 가고 있습니다.

어떤 기업이 새로 떠오르는 IT 트렌드를 선도하기 시작하면 그 기업의 CEO는 스타가 됩니다. 급격하게 변하는 시대의 흐름을 빠르게 캐치하고 이에 적응하는 감각이 있기 때문입니다. 오늘날 마이크로소프트 시대가 계속 이어지는 이유는 고비가 있을 때마다 시대의 변화에 빠르게 적응하고 그 분야의 트렌드를 선도해 왔기 때문입니다. 최초의 PC 시대를 이끈 빌 게이츠라는 걸출한 인물이 마이크로소프트를 글로벌 기업으로 성장시켰고, 현재는 사티아 나델라가 클라우드 사업을 통해 AI의 상용화를 주도하고 있습니다.

마이크로소프트 CEO 사티아 나델라

OpenAI에 막대한 비용을 투자한 것은 사티아 나델라의 결단이었습니다. 그는 어떻게 이와 같은 과감한 시도를 할 수 있었을까요?

사티아 나델라는 AI가 주도할 미래에 마이크로소프트도 함께하고 싶었을 것입니다. 깃허브Github의 소스 코드를 학습한 AI가 코드를 작성하는 것이 매우 인상적이었는지 OpenAI 투자 이후 마이크로소프트가 가장 먼저 출시한 제품이 바로 코파일럿Copilot입니다. 이것은 OpenAI의 코드 생성 알고리즘인 코덱스Codex를 마이크로소프트의 비주얼 스튜디오 코드Visual Studio Code에 적용시켜 사용자에게 코드를 추천하는 AI 시스템입니다. 그는 AI를 사용하려면 클라우드 인프라도 필요하다는 것을 깨닫고 자사의 플랫폼 애저Azure를 AI 개발에 최적화된 플랫폼으로 만들고자 했습니다. 사실 OpenAI가 초거대 언어 모델을 학습시킬 때 애저를 사용했으니 이 또한 OpenAI 입장에서는 큰 지원이었습니다.

그런데 왜 하필이면 수많은 마이크로소프트 제품 중 검색 엔진인 Bing(빙)에 GPT-4를 탑재했을까요? 여기에는 재미있는 이야기가 있습니다.

사티아 나델라는 1992년에 마이크로소프트에 입사하여 서버 및 클라우드 서비스 개발을 담당했습니다. 2007년에는 온라인 서비스 부문의 부사장으로 승진하였고, 이때부터 Bing을 책임지게 되었습니다. Bing은 마이크로소프트가 구글과 경쟁하기 위해 2009년에 출시한 검색 엔진입니다. 하지만 초기에는 구글의 점유율을 크게 뺏지 못해 시장에서 인지도가 낮은 비인기 제품이었습니다.

사티아 나델라는 Bing을 성공시키기 위한 여러 가지 전략을 내세웁니다.

첫째, Bing을 단순한 검색 엔진이 아닌 의사 결정 도구로 포지셔닝합니다.

예를 들어 여행, 쇼핑, 건강 등 특정 주제에 대한 검색 결과를 기본적으로 보여준 다음, 사용자 개개인에게 최적화된 맞춤 정보를 추가로 알려주는 기능을 강화하였습니다.

둘째, Bing을 다른 마이크로소프트 제품과 연동합니다.

초기에는 윈도우 폰, X박스, 윈도우 8 등의 플랫폼에 Bing을 기본 검색 엔진으로 탑재했고, 현재는 MS 오피스나 스카이프 등의 애플리케이션에서도 Bing을 적극 활용하고 있습니다.

셋째, Bing을 광고 및 마케팅 포인트로 홍보합니다.

구글과 비교했을 때 Bing만이 가지는 차별점을 강조하였고, 사용자에게 Bing을 사용하면 포인트를 지급하는 리워드 프로그램을 확대했습니다.

이러한 노력의 결과 Bing은 시장 점유율과 매출을 점차 높여가기 시작했습니다. 2013년에는 미국에서 구글에 이어 두 번째로 큰 검색 엔진이 되었고, 2014년에는 광고 수익이 처음으로 10억 달러를 돌파했습니다. 사티아 나델라는 이러한 성과를 바탕으로 2014년 2월에 마이크로소프트의 CEO로 선임되었습니다. 검색 시장의 잠재적인 가치를 아주 잘 알고 있었기 때문에 Bing을 OpenAI와 협업하는 첫 번째 작품으로 선택한 결과입니다.

현재는 OpenAI가 ChatGPT로 눈길을 끌고 있지만, 앞으로는 마이크로소프트와 AI 반도체 기업인 엔비디아의 강세가 이어질 것으로 보입니다.

검색과 채팅을 결합하는 전략

챗봇에 실시간 검색 기능을 추가하는 전략이
주목받고 있습니다.

구글은 현재 검색 시장에서 독보적인 위치를 차지하고 있기 때문에 당분간 Bing이 구글을 대체할 가능성은 낮아 보입니다. 하지만 LLM의 등장으로 검색 시장의 전반적인 규모는 점차 축소될 것입니다. 일부러 검색하지 않아도 원하는 정보를 알아서 찾아 정리해 주기 때문입니다. 따라서 완전히 실시간 정보가 아닌 이상 장기적으로 보면 검색의 필요성이 점점 줄어들 것으로 보입니다.

현재 검색 시장의 규모는 약 2,000조 원으로 추정됩니다. 마이크로소프트의 점유율은 이의 약 2.4% 정도입니다. 그런데 마이크로소프트의 검색 엔진 Bing이 GPT-4와 결합해 새로운 강자의 등장을 예고했습니다.

2023년 2월 8일에 마이크로소프트에서 내놓은 New Bing(뉴빙)이 출시 한 달 만에 이용자 1억 명을 돌파했습니다. OpenAI가 GPT-4를 공개한 것이 3월 16일이니 이미 그 전부터 준비하고 있었던 것입니다.

New Bing은 검색Answer/Search 모드와 채팅Chat 모드의 두 가지 모드를 지원합니다. 검색 모드는 일반 검색 엔진의 형태와 기능이 유사합니다. 채팅 모드에서는 사용자가 원하는 대화 스타일을 다음 세 가지 중에 선택할 수 있습니다.

- **보다 창의적인** 독창적이고 창의적인 형태의 채팅을 할 수 있습니다.
- **보다 균형 있는** 유익하고 친근한 형태의 채팅을 할 수 있습니다.
- **보다 정밀한** 간결하고 단도직입적인 채팅을 할 수 있습니다.

New Bing의 채팅 모드 메인 화면

원하는 종목의 오늘 주가를 Bing에 물었더니 다음과 같은 결과를 보여 주었습니다. Bing은 ChatGPT와 달리 실시간 정보를 반영하고 텍스트뿐만 아니라 그래프까지 보여 줍니다. 또한 답변이 끝나면 여기에 이어질 질문을 세 가지 더 제안합니다. 이는 사용자가 미처 생각하지 못했던 추가 정보도 간편하게 얻을 수 있어 편리합니다.

마이크로소프트는 New Bing에서 기존의 검색 방식을 챗봇과 결합해 검색과 질의응답을 한 곳에서 모두 해결하도록 했습니다. 검색 산업의 판도를 바꾼 게임체인저Game Changer가 등장한 것입니다.

New Bing의 채팅 모드

Bing Chat과 GPT-4

New Bing의 채팅 모드인 Bing Chat(빙챗)은 백그라운드로 GPT-4를 사용하고 있지만 GPT-4와는 다른 점이 많습니다. 어떤 것인지 살펴보겠습니다.

- **가격**

  GPT-4는 월 20달러의 구독료가 있지만 Bing Chat은 무료입니다.

- **텍스트와 그래픽 출력**

  GPT-4는 텍스트로만 답변하지만 Bing Chat은 텍스트뿐만 아니라 그래픽이나 차트로도 답변할 수 있습니다.

- **멀티모달**

  GPT-4는 멀티모달이 된다고 발표했지만 아직 서비스되고 있지 않습니다. Bing Chat은 어떤 사진의 URL을 보여주면 이를 설명하고 이미지도 잘 만들어 줍니다.

- **이용 횟수**

  GPT-4는 유료 고객이라도 질문 횟수를 3시간당 25회로 제한하지만 Bing Chat은 제한을 두지 않습니다.

- **답변 형식**

  GPT-4의 답변은 긴 서술형 텍스트로 되도록 많은 내용을 보여 주는 형태입니다. 이에 비해 Bing Chat의 답변은 간단 명료해 호불호가 갈리기도 합니다. 상황에 따라 축약된 설명을 원한다면 Bing Chat을, 보고서처럼 상세한 설명을 원한다면 GPT-4를 사용해 보세요.

- **정확성**

  GPT-4가 내놓는 답변은 100% 정확하지 않습니다. Bing Chat은 모르는 정보는 모른다고 솔직하게 답변합니다.

- **입력 데이터의 길이**

  GPT-4는 한 번에 8,000토큰까지 처리할 수 있는 반면 Bing Chat은 최대 2,000자까지만 입력 가능합니다.

다음은 마이크로소프트에서 최근에 론칭한 AI 비서에 대해 ChatGPT와 Bing Chat에 각각 물어본 결과입니다. GPT-4는 다음과 같이 대답했습니다. 최근에 마이크로소프트 Bing으로 인터넷 검색이 가능해져 아주 정확한 검색 결과를 제시합니다.

ChatGPT에 직접 물었다!

마이크로소프트 자비스에 대해 이야기해 줘.

마이크로소프트의 자비스(JARVIS) 는 다양한 AI 모델을 연결하고 이들을 활용하여 사용자의 요구에 응답하는 시스템입니다. 이 시스템은 텍스트 기반 채팅뿐만 아니라 이미지, 오디오, 비디오 등 다양한 형태의 데이터를 다룰 수 있도록 설계되었습니다. 사용자의 요청을 받으면 자비스는 이를 계획하고, 필요한 모델을 선택하고, 선택한 모델로 작업을 수행한 다음 결과를 생성하고 응답합니다[31].

자비스 프로젝트는 GitHub에서 확인하실 수 있으며, Linux 기반 PC에서 시험해 볼 수 있습니다. 이때 Ubuntu를 사용하는 것이 권장되며, 터미널 기반 채팅봇의 주요 기능을 이용할 수 있습니다. 또한 Hugging Face, 즉 HuggingGPT라는 웹 기반 채팅봇을 통해 자비스를 체험해 볼 수도 있습니다. Hugging Face는 수천 개의 오픈 소스 모델을 호스팅하는 온라인 AI 커뮤니티입니다.

자비스를 직접 시도해 보려면 OpenAPI API 키와 Hugging Face 토큰이 필요하며, 이들은 각각 OpenAPI와 Hugging Face 웹사이트에서 무료로 받을 수 있습니다.

자비스를 로컬 컴퓨터에 설치하려면 git, Miniconda, 그리고 일부 디펜던

31 https://www.tomshardware.com/how-to/microsoft-jarvis

시와 모델을 설치해야 합니다. 설치 후에는 Jarvis repository를 클론하고, OpenAI API 키와 Hugging Face 토큰을 설정 파일에 입력해야 합니다.

마이크로소프트의 자비스는 현재 개발 중인 프로젝트이며, 최근에는 OpenAI 서비스와 GPT-4 모델을 Azure 플랫폼에서 지원하게 되었습니다. 또한 Gradio 데모를 추가하고 웹 API를 구축하여 사용자가 AI 모델의 선택 및 실행 결과를 확인할 수 있도록 하였습니다.

추가적으로 필요한 정보가 있거나 더 궁금한 점이 있으시면 언제든지 말씀해 주세요.

Bing Chat도 GPT-4보다는 부족하지만 어느 정도 답변을 합니다.

Bing Chat에 직접 물었다!

마이크로소프트 자비스에 대해 이야기해 줘.

마이크로소프트 자비스는 마이크로소프트의 인공 지능(AI) 플랫폼입니다. 자비스는 Just A Rather Very Intelligent System의 약자로, 영화 아이언맨에서 토니 스타크의 AI 비서의 이름을 따온 것입니다[32]. 자비스는 다양한 AI 기술과 프로그래밍 언어를 사용하여 음성 인식, 자연어 처리, 얼굴 인식, 강화 학습 등을 수행할 수 있습니다. 자비스는 Visual Studio Tools와 GitHub를 통해 개발자들에게 제공됩니다.

구글 검색 결과는 어떨까요? 최신 정보를 바로 검색 결과에 띄워 줍니다.

32 https://github.com/microsoft/JARVIS

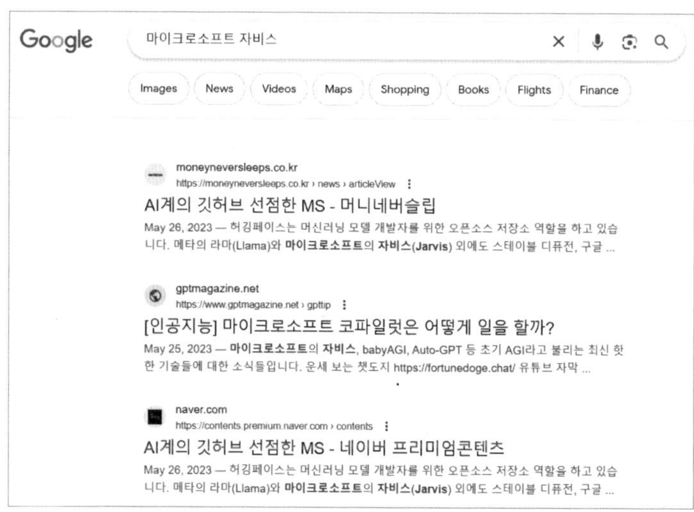

구글 검색 결과 화면

같은 내용을 마이크로소프트 Bing에서 검색해 봤습니다. 이전보다 정확한 검색 결과가 표시됩니다.

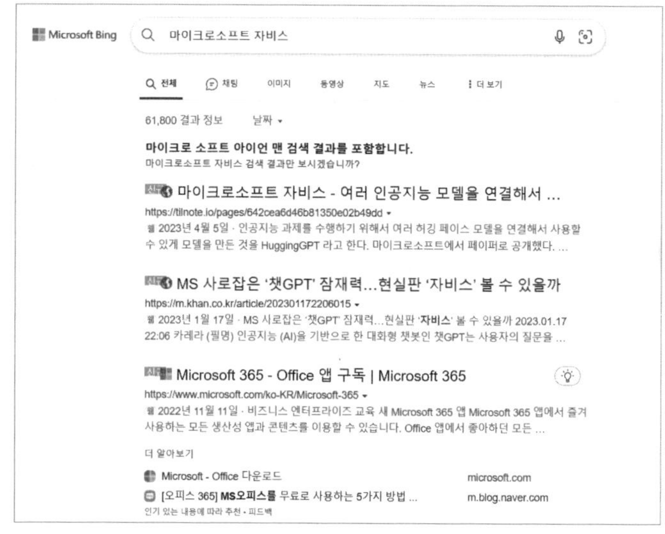

Bing 검색 결과 화면

프로메테우스 엔진의 성능

Bing Chat의 핵심 기술은 GPT-4 기반의 프로메테우스Prometheus라는 AI 모델입니다. 간단히 말하면 ChatGPT에 인터넷 검색 결과를 합친 모델로, 다음과 같은 순서로 동작합니다.

1. 질문의 내용을 작은 검색 단위로 자릅니다.
2. 각 검색 단위로 검색한 데이터를 실시간으로 모아 프롬프트를 구성한 후, 이를 GPT-4에 질문하고 답변을 받아 내용을 재구성합니다.
3. 빙 오케스트레이터Bing Orchestrator라고 하는 Bing의 검색 인덱스를 그대로 사용합니다. 여기에는 모든 검색 정보에 대한 메타 정보가 있습니다.
4. 검색 결과물을 질문의 우선 순위에 맞게 순서를 정합니다.
5. 결과물을 모아 프롬프트를 생성하고 GPT-4에 보냅니다.
6. GPT-4의 답변을 받습니다.
7. 질문과 응답을 반복 생성하면서 주어진 맥락에 맞는 답변을 종합해 사용자에게 제공합니다.
8. 검색의 출처도 제공해 정보의 신뢰성을 높입니다.

이와 같은 과정을 거친 프로메테우스 모델을 통해 Bing Chat은 ChatGPT와 달리 최신 정보를 모아 답하는 강력한 힘을 가지게 되었습니다. 무려 한 시간 전에 나온 정보까지 수집할 수 있다고 합니다.

맞춤형 광고 시장이 열린다

검색 시장은 당분간 Bing의 약진이 이어질 것으로 보입니다. ChatGPT보다 더 최신 정보를 검색해 주는 것이 가장 매력적인 부분입니다. 사람들이 Bing이

탑재된 마이크로소프트 엣지 브라우저를 전보다 더 많이 사용하면 검색 트래픽이 늘면서 검색 광고 효과 또한 늘어날 것입니다.

마이크로소프트는 Bing Chat을 무료로 사용하게 하는 한편 질문의 답변과 어울리는 광고를 추천할 것입니다. 이 광고는 사용자의 질문 내용이나 추가 답변 클릭 등의 행동을 분석해 개인형 맞춤별 광고를 적용하겠죠. 그렇게 되면 일반 검색 광고보다 훨씬 더 고객의 니즈를 파악한 맞춤 광고가 가능합니다.

Bing Chat의 맞춤형 광고는 이전에 없던 새로운 광고 비즈니스를 창출하기 때문에 대단한 매출을 올릴 것으로 예상됩니다. 이것이 마이크로소프트만의 전략이자 OpenAI의 GPT-4와 협력한 성공적인 투자 사례입니다.

일상 업무를 바꾸는 코파일럿의 힘

오피스 프로그램에 AI를 접목하면
업무 환경이 달라질 것입니다.

마이크로소프트는 기존의 오피스 프로그램에 AI를 접목한 MS 오피스 코파일럿MS Office Copilot을 발표했습니다. 이것은 비즈니스 환경에서 GPT-4 활용을 극대화한 솔루션이라고 볼 수 있습니다. 홍보 영상을 통해 살펴본 주요 기능은 다음과 같이 예측 가능합니다.

1. **MS 워드(Word)** 코파일럿이 사용자와 함께 글을 쓰고, 편집, 요약합니다. 간단한 프롬프트만으로도 첫 번째 초안을 작성해 주며, 필요한 경우 이전 파일에서 정보를 가져올 수도 있습니다.
2. **MS 엑셀(Excel)** 코파일럿이 사용자의 데이터를 분석하고 시각화합니다. 데이터를 자동으로 정렬하고 필터링하며, 최적의 차트나 테이블을 제안합니다.
3. **MS 파워포인트(PowerPoint)** 코파일럿이 사용자의 프레젠테이션을 디자인하고 개선합니다. 슬라이드에 적합한 이미지나 아이콘을 찾고, 레이아웃과 색상도 조정할 수 있습니다.

4. **MS 아웃룩(Outlook)** 코파일럿이 사용자의 이메일을 작성하고 관리합니다. 이메일의 응답 문구를 제안하고 일정 동기화도 가능합니다.
5. **MS 팀스(Teams)** 코파일럿이 사용자의 협업과 커뮤니케이션을 지원합니다. 회의록을 작성하거나 중요한 메시지, 알림도 보냅니다. 또한 누가 어떤 주제로 이야기했는지 요약할 수도 있습니다.

최근 발표된 미래에셋증권의 보고서 내용 중 마이크로소프트 주요 제품들의 AI 탑재 기능이 소개되어 눈길을 끌었습니다. 그 내용은 다음과 같습니다[33].

MS 팀스

- 일정이 겹쳐서 회의 하나를 놓쳤다면 다른 하나의 미팅은 코파일럿이 대신 참여해 회의 내용을 정리해 줍니다.
- 정리 내용에는 요약, 중요 포인트, (각 담당자별로) 실행해야 할 내용 등을 포함합니다.
- 회의에서 한 고객에 대한 구체적인 논의가 오갔다면 어떤 배경에서 그런 논의가 있었던 것인지 등을 알려 줍니다.
- 백그라운드까지 다 알려주고 왜 이런 결과가 나왔는지, 어떤 다른 솔루션을 낼 수 있는지 등의 컨텍스트를 알려 줍니다.

MS 팀스 미팅

- 미팅 내용을 실시간으로 요약합니다.
- 어떤 논의 사안이 해결되지 못하고 있는지 짚어 줍니다.

---

33 미래에셋증권, 「생성AI - 제2의 기계시대, 미래에셋증권(2023)」

MS 파워포인트

- 코파일럿 아이콘을 누르고 'Create a presentation based on <파일명(워드파일) >'을 입력하면 여러 장의 파워포인트가 만들어집니다.
- 특정 내용을 추가하고 싶으면 프롬프트를 입력해 추가 페이지를 작성할 수 있습니다.
- 글자를 줄이고 이미지를 늘이고 싶다면 'Make this slide more visual and move the text to the speaker notes'라고 써서 글자 영역을 메모 영역으로 옮길 수 있습니다.
- 애니메이션을 자동으로 생성해 추가할 수 있습니다.
- 스피커 노트를 작성해 줍니다.

MS 아웃룩

- 중요한 이메일이 있으면 설정에서 자동으로 우선순위를 높여 줍니다.
- 답장할 때는 받은 이메일 내용을 우선 요약해 주고, 내가 답장할 내용에 엑셀 데이터 기반의 그래프가 필요하면 만들어 줍니다.
- 쓰기 스타일도 변형할 수 있고 최종 리뷰도 해 줍니다.

MS 워드

- 반드시 따내야 하는 계약이 있다면 그동안 OneNote(원노트)에 작성해 둔 메모와 다른 문서들을 기반으로 초안을 작성해 줍니다.
- 입력 프롬프트는 'Draft a proposal for A based on A Meeting notes and include product offers from Product Roadmap.'과 같이 작성합니다.
- 코파일럿이 타깃 파일을 스캔해 초안을 빠르게 작성해 줍니다.

- 이전에 이미지를 사용해서 작성한 초안이 있으면 그 파일을 추가해 '이전 Proposal과 유사하게 만들어 줘'라고 요청합니다.

MS 엑셀

- 분기 판매 데이터가 있다면 '분기 실적 결과를 분석해서 세 개의 핵심 트렌드를 요약해 줘'와 같이 입력해 실행합니다.
- 세 개 트렌드 중 더 궁금한 게 있다면 추가 질문이 가능하며, 코파일럿이 새 시트를 만들어서 분석 자료를 보여 줍니다.
- 미래 전망치에 대한 'What if' 질문을 하면 답을 내려주진 못하지만 모델을 만들고 그 모델의 근거를 설명해 줍니다.

MS 파워 플랫폼

- 프롬프트로 어떤 앱을 만들어 달라고 하면 실행합니다.

MS 파워 오토메이트

- 이용자의 업무를 묘사하여 자동화 기능을 생성합니다.

MS 파워 버추얼 에이전트

- 간편하게 챗봇 기능을 신규로 생성할 수 있습니다.

MS AI 빌더

- 애저 오픈AI Azure OpenAI에 접근해 OpenAI 모델의 특정 기능(번역, 글 작성 등)을 각자의 앱이나 업무에 아주 간편하게 도입할 수 있습니다.

MS 깃허브 코파일럿

- 코드 자동 완성, 코드 예측, 코드 추천, 코드 리팩토링이 가능합니다.
- 비주얼 스튜디오 코드, 비주얼 스튜디오 및 젯브레인JetBrains IDE와 같은 다양한 IDE에서 사용 가능합니다.

지금까지 살펴본 것처럼 MS 오피스 코파일럿의 목표는 이제까지 수없이 반복했던 업무를 상당 부분 자동화하는 것입니다. 이를 통해 마이크로소프트는 다음과 같은 이점을 얻을 수 있습니다.

첫째, MS 오피스 코파일럿은 MS 오피스 365의 구독 모델을 강화할 것입니다.
MS 오피스 코파일럿은 반드시 클라우드를 활용해야 합니다. 따라서 기존 MS 오피스 365 사용자들이 클라우드 버전을 계속해서 업그레이드하도록 유도할 수 있습니다.

둘째, MS 오피스 코파일럿은 애저 사업을 확장하는 데 기여할 것입니다.
MS 오피스 코파일럿은 애저 AI 서비스와 클라우드 컴퓨팅 리소스를 활용합니다. 따라서 마이크로소프트의 애저 사업을 더욱 확장하는 데 기여할 수 있습니다.

셋째, MS 오피스 코파일럿은 소비자를 묶어 둘 수 있습니다.
MS 오피스 코파일럿 기능에 한 번 익숙해지면 그 편리함 때문에 이전 버전으로 돌아가기 힘듭니다. 이는 소비자를 묶어 두는 락인lock-in 효과가 있습니다.

마이크로소프트는 MS 오피스 코파일럿 외에도 자사의 모든 제품에 GPT-4를 결합하는 작업을 시도하고 있습니다. 이는 모든 제품의 경쟁 우위를 앞으로도 지켜 나가겠다는 강인한 의지를 나타냅니다.

대박 날 수밖에 없는 애저 클라우드

AI의 선두를 달리고 있는 OpenAI의 잠재 고객은
그대로 마이크로소프트의 잠재 고객입니다.

마이크로소프트 매출의 약 35%는 애저 클라우드에서 발생합니다. 따라서 마이크로소프트가 클라우드로 제공하는 모든 제품과 서비스에 AI를 연결시키려는 것은 당연한 행보입니다. 마치 원래 갖고 있던 낡은 옷을 OpenAI라는 세탁기에 신나게 돌려 완전히 새 옷으로 탈바꿈시키는 듯한 느낌입니다.

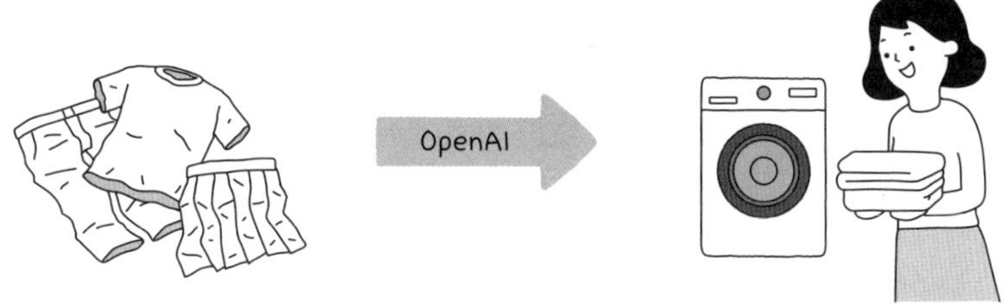

마이크로소프트는 OpenAI API를 그대로 가져와 아예 애저 오픈AI 서비스Azure OpenAI Service라고 이름 붙인 채 애저 클라우드에서 서비스하고 있습니다. ChatGPT를 사용하려면 무조건 OpenAI API를 사용하게 되는데, 이는 결국 마

이크로소프트의 애저 오픈AI API를 사용할 수밖에 없다는 말입니다. AI 모델을 사용하려면 거대한 클라우드 센터가 필요하기 때문이죠.

그렇다면 애저 클라우드가 다른 제품들과 달리 대박이 날 수밖에 없다고 보는 이유는 무엇일까요?

첫째, OpenAI와 똑같은 서비스 구조를 사용합니다.

OpenAI는 GPT-4, GPT-3.5, GPT-3 등의 기존 언어 모델을 다른 프로그램에서 액세스할 수 있는 OpenAI API를 제공합니다. 따라서 기존 애저의 고객사들이 모두 여기에 애저 오픈AI 서비스를 사용하게 됩니다.

둘째, 고성능 컴퓨팅에 대한 요구 사항이 증가하고 있습니다.

OpenAI가 가져온 혁명으로 인해 기업들이 자체 LLM 개발의 필요를 깨닫고 있습니다. 기업별 LLM을 만드는 과정은 기존 AI 모델을 학습시키는 것과 달리 대량의 GPU를 필요로 합니다. 따라서 이러한 환경을 서비스하는 애저 클라우드는 매우 유리한 위치에 있습니다.

셋째, AI 챗봇 환경을 갖고자 하는 기업은 OpenAI API를 사용할 수밖에 없습니다.

AI 챗봇 도입의 필요성은 거의 모든 기업이 느끼고 있습니다. 따라서 지속적으로 신규 고객들이 확보될 것이며, 이들이 관련 비즈니스를 진행하려면 애저 클라우드를 사용할 수밖에 없습니다.

넷째, 향후 자동차, 로봇, IoT 등으로 서비스가 확장되면 이 역시 OpenAI API와 애저 클라우드를 사용할 것입니다.

2023년 6월 메르세데스 벤츠에 ChatGPT를 탑재한 서비스가 시작되었는데,

이 역시도 마이크로소프트의 애저 클라우드를 사용합니다. 앞으로는 자동차뿐만 아니라 기타 다른 확장 서비스에 AI를 도입하려면 모두 애저 클라우드를 사용하게 될 것입니다.

다섯째, 지금까지 기업들이 'AI 어시스턴트'로 진행했던 서비스는 ChatGPT로 바뀌게 될 것입니다.

삼성전자의 빅스비, 애플의 시리 등 지금까지 수많은 AI 어시스턴트가 존재했지만 기능에 한계가 있어 사람들이 많이 사용하지 않았습니다. 그러나 앞으로 AI 어시스턴트가 ChatGPT로 바뀌는 것은 시간 문제입니다. 따라서 그들 모두가 잠재적인 애저 클라우드의 고객이라고 볼 수 있습니다.

애저 클라우드 시장은 지금도 계속해서 확장되고 있습니다. 이제 시작일 뿐, 앞으로의 행보를 보면 애저 클라우드로 인한 마이크로소프트의 매출은 기하급수적으로 늘어날 듯합니다.

밝을 수밖에 없는 마이크로소프트의 미래

마이크로소프트가 품고 있는 원대한 계획은
앞으로의 창창한 미래를 예고합니다.

마이크로소프트는 OpenAI와의 협력으로 인해 앞으로 모든 분야의 매출이 상승할 것으로 예상됩니다. 특히 구글에 밀려 있던 검색 비즈니스를 상당한 수준으로 끌어올릴 것으로 보입니다. 클라우드 역시 향후 OpenAI 플러그인이 확산되면 그로 인해 생겨나는 모든 비즈니스 트래픽도 애저 클라우드에서 소화할 것으로 보입니다.

MS 오피스 코파일럿은 앞으로 요금을 부과할 것입니다. GPU를 많이 사용하는 서비스이기 때문에 가격이 아주 저렴하지만은 않을 것입니다. 이 또한 마이크로소프트 매출 상승에 일조하겠죠.

OpenAI와의 관계를 앞으로 어떻게 진전시킬지도 흥미롭습니다. 기업 특성상 완전한 M&A를 진행할 것 같지는 않습니다. 100억 달러 투자로 49%의 지분을 얻었기 때문에 안정적인 관계는 당분간 유지할 듯하지만, OpenAI도 자체적인 비즈니스를 실행할 계획이기 때문에 독립성도 충분히 보장될 것입니다. 아직까지는 그렇다는 말입니다. 만일 OpenAI가 이보다 더 덩치가 커진다면 결과는 또 달라지겠죠.

For Business

많은 기업에서는 이미 마이크로소프트 제품을 사용하고 있습니다. 따라서 AI 기능이 업그레이드된 MS 오피스 코파일럿을 전사적으로 활용하는 것은 어렵지 않을 것입니다. 앞서 제안한 프롬프트 엔지니어링 TF 팀에서 MS 오피스 코파일럿도 함께 연구하면 업무 혁신에 큰 도움이 될 것입니다. 이는 곧 기업의 지식 관리 시스템(Knowledge Management System) 개발과도 연결됩니다. 프롬프트 엔지니어링과 MS 오피스 코파일럿의 장단점과 요구사항을 반영하면 훨씬 정교한 업무 시스템을 개발할 수 있을 것입니다. 기업이 AI를 활용하는 데 가장 중요한 것은 AI를 과연 어디에 활용하면 좋을지에 대한 구체적인 요구사항을 얻어내는 것입니다.

CHAPTER 08

오픈 소스 진영의 부상

ChatGPT가 새로운 세상을 열고 있을 즈음 OpenAI와 마이크로소프트 진영, 그리고 구글 진영은 직접 LLM을 만들어 자사 제품에 통합시키기에 바빴습니다. 많은 일반 기업에서도 자체적인 LLM을 필요로 했지만 두 거대 진영은 이를 등한시할 수밖에 없었죠. 그러자 오픈 소스를 개발하는 기타 소프트웨어 기업들이 급격하게 부상하며 넓어진 시장을 상대로 LLM 솔루션을 제공하며 자리를 잡고 있습니다. 어떤 방식으로 가능한 것인지 이번 장에서 살펴보겠습니다.

ChatGPT에 대한 기업의 요구 사항

기업용 ChatGPT에 대한 요구가
발 빠르게 확산되고 있습니다.

큰 범주에서 보면 ChatGPT나 Bing Chat(빙챗) 모두 개인을 위한 유용한 도구라고 할 수 있습니다. 그런데 기업 관점에서 ChatGPT를 사용하다 보면 개인적인 용도 이상의 활용 방법은 없는지 고민하게 됩니다. 다음은 기업의 관리자로 있는 사람들이 공통적으로 많이 묻는 내용입니다.

- 회사 내부 데이터를 학습한 우리 회사 버전의 ChatGPT를 만들고 싶다.
- 회사 내부 지식 관리 시스템에 있는 자료를 ChatGPT가 전부 학습하게 한 다음, 누구나 편하게 자료 유출에 대한 걱정 없이 정보를 열람하고 싶다.
- ChatGPT의 현재 기능을 회사 시스템에서도 그대로 쓸 수 있으면 좋겠다.
- ChatGPT에 입력하는 프롬프트 내용은 OpenAI에 흘러가지 않도록 보안을 유지했으면 좋겠다.
- ChatGPT에 자사 제품과 서비스 내용을 학습시켜 고객센터로 걸려오는 전화를 대신 받게 하고 싶다.

- 회사에서 운영하는 챗봇을 ChatGPT로 바꾸고 싶다.
- 모바일 앱을 운영하고 있는데, 사용자 인터페이스에 ChatGPT를 추가하고 싶다.
- 온라인 쇼핑몰을 운영하고 있는데, 고객에게 맞춤별 상품을 추천하는 ChatGPT를 사용하고 싶다.
- 메타의 LLaMA(라마), 스탠포드 대학의 Alpaca(알파카) 등의 오픈 소스 언어 모델을 사용해 ChatGPT를 대체하고, 그 구체적인 방법도 알고 싶다.

요구 사항이 대단히 광범위하지요. 모두가 궁극적으로 알고자 하는 것은 기업 내부에서 발생하는 업무를 ChatGPT에 시킬 수 있는지입니다.

사실 여기에서 질문한 내용은 모두 구현이 가능합니다. 현재 미국의 많은 벤처 기업들이 이러한 수많은 요청들을 독자적으로 구현하기 위해 밤새도록 개발에 매진하고 있습니다. 이를 위한 소스 코드도 매일 깃허브에 올라옵니다. 개발 속도가 너무나 빨라 정신을 차릴 수 없을 정도입니다.

LLM 에코 시스템의 탄생

수많은 LLM이 등장하면서 이를 목적에 맞게 튜닝하는 방법에 대한 연구도 진행되고 있습니다.

앞서 소개했던 기업의 요구 사항을 모두 구현하려면 ChatGPT만으로는 다소 한계가 있습니다. ChatGPT를 제대로 사용하려면 요금을 내야 할 뿐만 아니라 프롬프트에 입력하는 기업 정보가 자칫 OpenAI에 흘러갈 위험이 있기 때문입니다. 그러자 오픈 소스 형태로 출시된 LLM이 필요하게 되었습니다. 개발된 LLM과 기업 내부 데이터를 연결하고, 외부 시스템과 통합 가능한 소프트웨어를 연결해 기업별로 사용할 수 있는 LLM을 구축하는 것입니다. 이것이 바로 LLM 에코 시스템의 탄생입니다.

기업용 LLM 도입 형태

기업에서 LLM을 도입하는 방안에는 크게 세 가지가 있습니다.

A형 도입 방안

OpenAI의 ChatGPT나 GPT-4(LLM)를 그대로 사용하는 방식입니다. 기

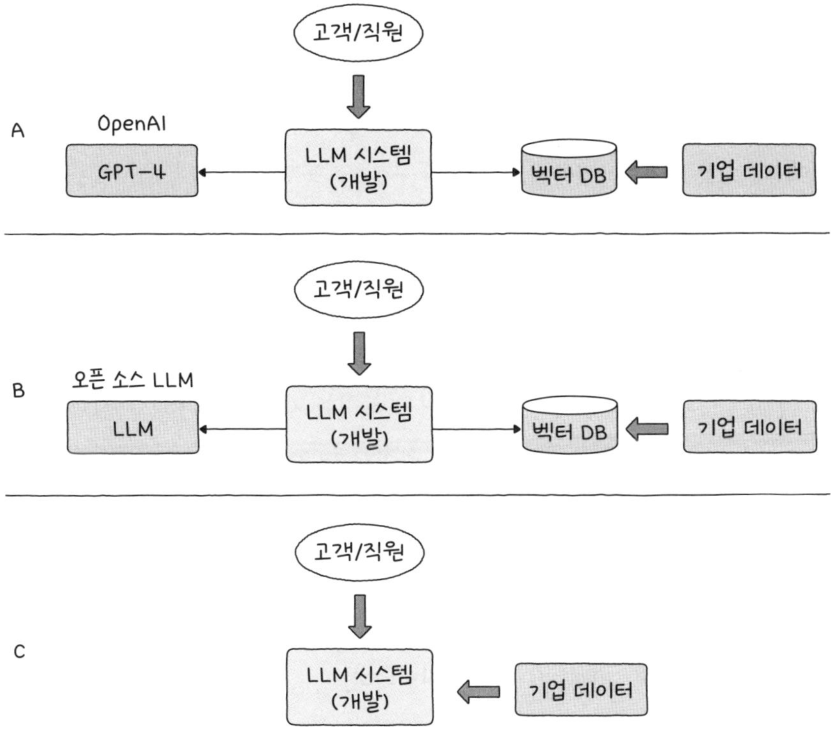

기업용 LLM을 도입하는 세 가지 방안

업 내부 데이터를 벡터화해서 벡터 스토어에 저장하고 챗봇 시스템을 구성합니다. 고객이나 직원으로부터 챗봇 문의가 들어오면 통합 API로 프롬프트 내용을 받아 벡터 스토어에 질의하고, 그 결과를 OpenAI LLM에 입력한 다음 답변을 고객/직원에게 보내 줍니다. 이 방식은 구현이 어렵지는 않지만 사용할 때마다 과금이 붙습니다. 단, 프롬프트 내용이 OpenAI로 흘러가기는 하지만 OpenAI는 이를 학습에 활용하지 않겠다고 명백히 밝혔습니다.

B형 도입 방안

기본 구조는 A형과 같지만 OpenAI의 LLM 대신 다른 오픈 소스 LLM을 사용하는 방식입니다. 정제를 거치지 않은 오픈 소스를 그대로 사용하기 때문에

ChatGPT나 GPT-4에 비해 성능의 문제는 생길 수 있습니다. 따라서 이렇게 기업별로 LLM 애플리케이션을 만들 때는 고도의 기능보다는 요약, Q&A, 분류, 번역 등 단순 목적으로 기능을 제한하는 것이 좋습니다. 그래서 기업들은 각각의 목적에 맞는 LLM 애플리케이션을 여러 개 구현하기도 합니다.

C형 도입 방안

기존의 LLM을 파인 튜닝해서 대량의 기업 데이터를 학습시키는 방식입니다. 앞서 CHAPTER 03에서 파인 튜닝을 하려면 자신의 데이터, 자신의 모델, 자신의 GPU가 필요하다고 했습니다. 따라서 비용이 A형이나 B형보다 더 많이 듭니다. 파인 튜닝을 할 땐 좀 더 적은 수의 GPU에 더 좋은 성능을 내기 위해 LoRA Low Rank Adaptation, 인스트럭션 튜닝 Instruction Tuning과 같은 특수한 기법을 사용합니다. 이 방식의 장점은 대량의 기업 데이터가 LLM에 학습되어 있기 때문에 마음 놓고 안전하게 사용할 수 있다는 것입니다.

LLM 에코 시스템의 구성

LLM 에코 시스템을 구성하기 위해서는 다음과 같은 도구들이 필요합니다.

상업용 LLM

OpenAI가 만든 ChatGPT와 GPT-4, 구글이 만든 PaLM2 등은 오픈 소스가 아닐뿐더러 OpenAI나 구글이 이것을 일반 기업에 판매하려고 하지도 않습니다. 물론 나중에는 기업용 버전이 나오겠지만, 개발하는 데 많은 인력과 시간이 필요하고 모델의 크기가 너무 커서 한 번 학습하기도 어렵습니다. 따라서 상업용으로 쓰일 LLM은 기존 모델의 크기를 대폭 줄이고 학습하는 데 필요한 GPU 숫자도 줄이는 특별한 기술이 필요합니다. 이러한 LLM은 현재 Claude(클로드), Cohere(코히어), LLaMA(라마), Alpaca(알파카), Vicuna(비쿠나), GPT4ALL, Open Assistant, Dolly2(돌리2), StabeLM(스테이블LM) 등이 있으며, 하루가 멀다 하고 새로 만들어지고 있습니다.

벡터 스토어

CHAPTER 03에서 텍스트로 된 데이터를 언어 모델에 학습시키려면 문장을 구성하는 단어를 잘라 벡터로 만들어야 한다고 했습니다. 따라서 기업이 보유하고 있는 수많은 정보들을 문장으로 만든 다음 이를 벡터로 변경하여 저장하는 소프트웨어가 필요합니다. 이것이 바로 벡터 스토어Vector Store입니다. 대표적인 벡터 스토어로는 Chroma(크로마), FAISS(파이스), Milvus(밀버스), Pinecone(파인콘), Redis(레디스), Zilliz(질리즈) 등이 있습니다.

임베딩

데이터를 벡터 스토어에 입력한 후에는 단어를 임베딩Embedding하는데, 이를 위해서는 임베딩 전용 방식이 필요합니다. 현재는 '오픈AI 임베딩'이 가장 많이 쓰이지만 토큰당 가격을 매기기 때문에 무료인 코히어Cohere나 허깅 페이스 임베딩Hugging Face Embedding을 사용하기도 합니다. 이때 임베딩 방식과 유사도 질의query는 반드시 같은 방식으로 해야 합니다.

툴킷

툴킷Toolkits이란 특별한 작업을 할 때 꼭 필요한 도구 모음입니다. 예를 들어 지메일로 메일을 보내려면 지메일 툴킷, CSV 파일을 읽어서 분석하려면 CSV 툴킷이 필요합니다. 재피어Zapier와 같은 툴킷은 약 5,000여 개의 앱을 연결시킬 수 있어 대단히 유용합니다.

통합 API

지금까지 나열된 것을 모두 통합한 애플리케이션을 구현하려면 통합 API가 필요합니다. 이 분야에서 가장 강력한 툴이 바로 랭체인LangChain입니다. 랭체인에 대해서는 266쪽 〈ChatGPT 시대의 떠오르는 스타, 랭체인〉에서 자세히 설명합니다.

LLM 현황 및 구조

다음 그림은 현재까지 출시된 각종 LLM 및 기업용 애플리케이션을 흐름대로 정리한 것입니다. 당장은 이해되지 않더라도 이번 장을 끝까지 진행하고 다시 보면 쉽게 이해할 수 있을 것입니다.

기존 LLM 모델로는 OpenAI가 만든 GPT-3, GPT-3.5, GPT-4가 있습니다. OpenAI는 GPT라는 모델 하나에 다양한 버전을 출시합니다. 여기에 OpenAI API 및 랭체인을 활용하면 기업용 LLM 애플리케이션을 따로 파인 튜닝하지 않고도 원하는 기능을 만들 수 있습니다. 이러한 방식을 인컨텍스트 러닝In-context Learning이라고 합니다. 이것은 프롬프트 튜닝과 유사하게 기업 데이터를 벡터로 바꾼 다음 프롬프트에 넣어 LLM으로 보내는 방식입니다. 이렇게 하면 기업이 보유한 데이터로 ChatGPT와 같은 형태의 챗봇을 만들 수 있습니다. 단, 이 방식은 주로 기업 데이터 양이 적을 때 적용합니다.

기업 데이터 양이 매우 많다면 Dolly2, StableLM, KoAlpaca, Alpaca, Vicuna 등의 LLM을 바탕으로 파인 튜닝을 합니다. 이때 학습 비용을 줄이기 위해 LoRALow Rate Adaption라는 기법을 사용하는데, 파인 튜닝할 때 파라미터 계산을 대폭 줄여 좀 더 적은 GPU를 사용할 수 있는 효과가 있습니다. 이에 관해서는 256쪽 〈프롬프트 튜닝과 파인 튜닝의 차이점〉에서 다시 설명하겠습니다.

그 다음으로 등장한 LLM에는 두 가지 종류가 있는데, 원천이 되는 파운데이

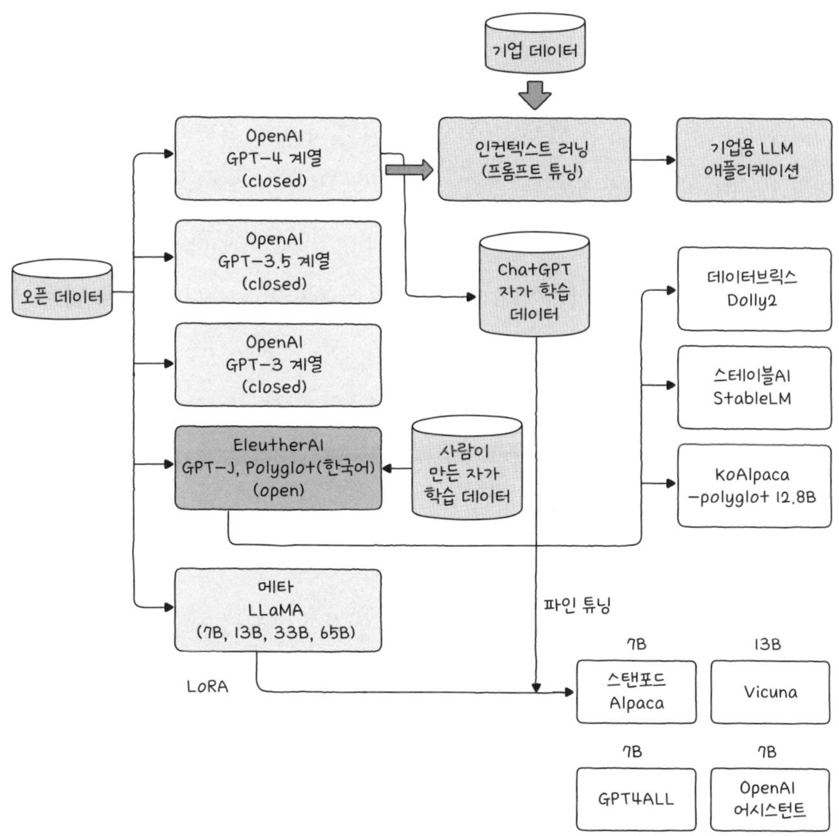

현재까지 출시된 LLM 및 기업용 애플리케이션 현황

션 모델을 메타의 LLaMA로 만든 것과 비영리 AI 연구 기관인 EleutherAI(일루서 AI)에서 만든 GPT-J, GPT-Neo 등이 있습니다.

EleutherAI는 2020년 OpenAI가 GPT-3를 출시하면서 소스 코드를 공개하지 않았을 때 오픈 소스를 표방하면서 생긴 연구소입니다. 주로 자원 봉사자들로 구성된 연구원, 엔지니어 및 개발자의 풀뿌리 집단입니다. 이 연구소는 연구 결과를 학술지에 게시하고 아이디어와 방법론을 블로그 게시물로 작성하며 학습된 모델을 무료로 제공합니다. EleutherAI의 뛰어난 성과 중 하나는 바로 GPT-J 모델입니다. GPT-J는 6B 파라미터의 LLM으로, GPT-3와 유사한 성능을 보이는 오픈 소스 모델입니다. 특히 한국어 데이터셋으로 학습된 PolyGlot-Ko(폴리글롯)는 1.3B, 3.8B, 5.8B, 12.8B 등 네 가지 형태로 구성되었습니다. 한국어로 된 LLM 소스가 공개된 것이 아주 특별하지요. 최근에 공개된 12.8B 버전 소스 코드는 공식 사이트[34]에서 받을 수 있습니다. 이 외에도 EleutherAI의 눈에 띄는 성과 중 하나는 '더 파일The Pile'이라고 불리는 데이터셋으로, 완전히 공개된 상태이기 때문에 사용에 제한이 없습니다. 현재 많은 벤처 회사들이 GPT-J를 근간으로 LLM 제품을 만들고 있습니다. Dolly(돌리)나 StableLM(스테이블LM) 등의 LLM 또한 LLaMA의 상업적 사용 제한을 극복하기 위해 EleutherAI의 GPT-J를 사용했고, 스테이블AI는 자사의 GPU도 사용할 수 있도록 했습니다.

또 한 가지 중요한 부분이 자가 학습 데이터Self-instructed data입니다. Alpaca(알파카)에서 사용한 방법으로, GPT-4와 같은 발전된 LLM에 질문한 다음 그에 대한 답변을 모은 데이터셋입니다. 이를 이용하면 빠르게 데이터셋을 구축할 수 있을 뿐만 아니라 사람이 직접 질문을 평가하거나 수정할 필요가 없기 때문에 인건비를 엄청나게 줄일 수 있습니다. 사람이 직접 자가 학습 데이터를 만드는 경우도 있는데, 데이터브릭스의 Dolly(돌리)나 스테이블AI의 StableLM(스테이블LM)이 그 예입니다.

프롬프트 튜닝과 파인 튜닝의 차이점

LLM을 활용할 때 프롬프트 튜닝과 파인 튜닝의 개념이 혼동될 때가 있습니다. 언제 어떤 것을 사용해야 할지 헷갈리기도 합니다. 이 둘의 차이점은 뭘까요?

사실 CHAPTER 05에서 이야기한 모든 내용이 프롬프트 튜닝Prompt Tuning이라고 볼 수 있습니다. 단지 같은 내용을 가지고 프롬프트 엔지니어링은 채팅 창에

34 https://huggingface.co/beomi/KoAlpaca-Polyglot-12.8B

서, 프롬프트 튜닝은 프로그램에서 입력한다는 것이 다를 뿐입니다.

프롬프트 튜닝은 프롬프트를 잘 작성해 최대한 정확한 답변을 얻어내기 위한 방법입니다. 이때 작성할 프롬프트의 길이는 이미 정해져 있어 그 이상 프롬프트를 늘릴 수는 없습니다. ChatGPT의 입력 토큰 길이는 3,000개입니다. 영어의 경우 실제 단어 수는 약 2,500개 정도 되지만 한글은 약 1,000개로 이보다 훨씬 적습니다. 한글은 형태소를 분석한 결과가 하나씩 토큰으로 나타나기 때문입니다. 또한 오직 하나의 채팅 내에서만 내용을 기억하기 때문에 다른 창에서 유사 질문을 해도 먼저 입력한 프롬프트를 기억하지 못합니다.

OpenAI의 제품 중 프롬프트 튜닝을 할 수 있는 모델은 다음과 같습니다.

- GPT-4-32k-0314
- GPT-4
- gpt-3.5-turbo
- text-davinci-003
- text-davinci-002
- code-davinci-002

파인 튜닝Fine Tuning은 전이 학습을 활용해 파운데이션 모델에 가지고 있는 데이터를 학습시키는 것입니다. 프롬프트 튜닝과 같이 학습 데이터의 수에 한계가 없으며, 많은 GPU가 필요합니다. 이때 학습 데이터는 반드시 일정한 '질의: 응답' 형태여야 합니다. 다음은 파인 튜닝을 하는 화면으로 〈prompt text〉 태그에는 질문을, 〈ideal generated text〉 태그에는 답변을 작성합니다.

```
{"prompt": "<prompt text>", "completion": "<ideal generated text>"}
{"prompt": "<prompt text>", "completion": "<ideal generated text>"}
{"prompt": "<prompt text>", "completion": "<ideal generated text>"}
...
```

OpenAI의 파인 튜닝을 위한 데이터 형식

사실 이런 식으로 모든 데이터를 만들기는 쉽지 않습니다. OpenAI에서는 파인 튜닝이 가능한 모델을 다음과 같이 제공하는데, 이는 모두 GPT-3의 변형이므로 학습된 데이터는 2019년 10월까지의 데이터로 한정됩니다.

- Ada
- Babbage
- Curie
- Davinci

이와 같은 모델은 회사 내부의 데이터를 적용하는 데는 좋지만 GPT-3에 비해 성능이 떨어지고 모델 트레이닝을 위한 GPU도 많이 필요합니다. GPT-3 모델 자체의 크기가 매우 크기 때문입니다. 그런데 최근 글로벌 AI 플랫폼인 허깅페이스Hugging Face에서 개발한 LoRA 기법을 사용하면 GPU 사용을 대폭 낮출 수 있습니다. 지금은 LLM을 파인 튜닝할 때 이 LoRA 기법을 많이 사용합니다.

다양한 기업의 LLM이 쏟아지고 있다

오픈 소스를 사용한
다양한 LLM이 개발되고 있습니다.

각 기업들이 처한 상황과 목적은 서로 다르고 기업 내부 데이터에 맞는 AI 모델을 개발하는 데 수반되는 시간과 비용도 다릅니다. 이를 위해 다양한 기업과 연구소에서 LLM을 개발해 공개하고 있습니다. 기업에 LLM을 도입하는 문제는 매우 신중하게 접근해야 하므로, 어떤 것들이 있는지 잘 살펴보고 최선의 선택을 해야 할 것입니다.

메타의 LLaMA

메타가 ChatGPT에 대항하기 위해 만든 LLaMa(라마)는 GPT-3의 크기 때문에 파인 튜닝이 어려운 기업을 대상으로 개발한 모델입니다. 크기가 작은 모델부터 큰 모델까지 네 가지 유형이 있으며, 보통 LLaMA 7B, 13B, 33B, 65B 모델이라고 부릅니다.

가장 큰 모델인 LLaMA 65B와 33B 모델은 1조 4,000억 개의 토큰으로 학습되었으며, 가장 작은 모델인 LLaMA 6.7B와 13B는 1조 개의 토큰으로 학습되

파라미터 수	벡터의 차원	헤드 수	레이어 수	러닝 레이트	배치 크기	학습 토큰 수
6.7B	4096	32	32	$3.0e^{-4}$	4M	1.0T
13.0B	5120	40	40	$3.0e^{-4}$	4M	1.0T
32.5B	6656	52	60	$1.5e^{-4}$	4M	1.4T
65.2B	8192	64	80	$1.5e^{-4}$	4M	1.4T

LLaMa 모델의 유형별 특징[35]

었습니다. LLaMA는 라틴어와 키릴 문자를 포함한 20개 언어의 텍스트를 처리합니다. 편견, 유해한 댓글, 잘못된 대답 등은 LLaMA를 포함한 초거대 언어 모델에서 여전히 해결해야 할 과제입니다. 연구자들은 LLaMA의 코드를 공유함으로써 이러한 문제를 완화하거나 제거하기 위한 방식을 보다 쉽게 테스트할 수 있습니다.

2023년 6월 메타에서 완전히 상업적으로 사용할 수 있는 오픈 소스 LLaMA를 발표했습니다. 이것은 기존과 동일한 네 가지 유형으로 되어 있으며, 성능도 기존보다 좋습니다. 여기에는 메타가 LLM 전쟁에서 오픈 소스 진영의 손을 들어주고 이 진영의 맹주가 되겠다는 야망이 숨어 있습니다. 이렇게 서로 다른 진영이 LLM을 가지고 힘 겨루기를 하는 형국은 사실 이를 사용하는 사용자나 기업 입장에서는 매우 흥미진진합니다.

스탠포드 대학의 Alpaca

메타에서는 652억 개의 파라미터로 LLaMA 모델을 만들었습니다. 사실 이 정도만 학습시키려 해도 A100 GPU가 수천 개 필요합니다. 따라서 메타와 같은 글로벌 테크 회사가 아니면 모델을 만드는 일 자체가 대단히 어렵습니다.

스탠포드 대학에서는 LLaMA 모델을 파인 튜닝하는 데만 해도 매우 많은

35 메타 논문, 「LLaMA: Open and Efficient Foundation Language Models」

GPU가 필요한 상황이었고, 그렇게 한다고 해도 실제 성능에 대한 확신이 없었습니다. 그래서 OpenAI가 ChatGPT를 만들 때 사용했던 방법을 떠올렸습니다. 사람이 직접 GPT-3의 답변 결과를 피드백했듯이 평가를 위한 데이터셋을 만들겠다고 생각한 것입니다.

Alpaca Adaptable Language Processing for Advanced Conversational Agents (알파카)는 이러한 과정을 통해 스탠포드 대학 연구팀이 개발한 대화형 AI 모델입니다. 기본적으로 ChatGPT와 유사한 대화 시스템을 구현하기 위해 개발되었으며, GPT-4에 5만 2,000개의 질문을 던져서 나온 데이터 Self-instructed data 로 LLaMA 7B 모델을 파인 튜닝한 형태입니다. GPT-3와 ChatGPT는 사람의 피드백을 바탕으로 강

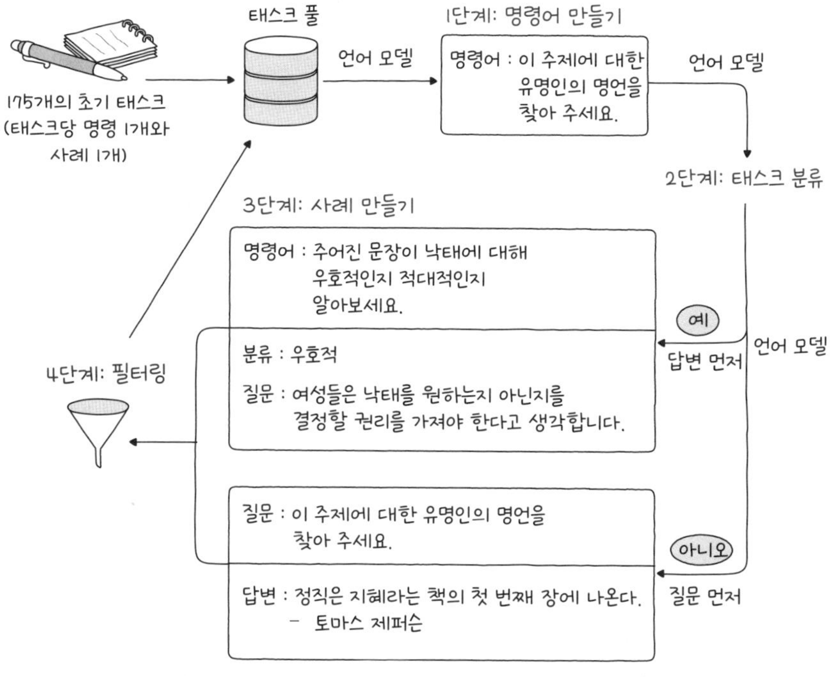

자체 생성한 지시어로 LLM을 파인 튜닝하는 Alpaca의 방식[36]

36 Yizhong Wang, 「SELF-INSTRUCT: Aligning Language Model with Self-Generated Instructions(2022)」

화 학습을 하는 RLHF 방식을 활용해 시간과 비용이 많이 드는데, Alpaca는 매우 작은 규모로도 파인 튜닝이 가능해 출시되자마자 열광적인 반응을 이끌어냈습니다. 파인 튜닝 비용을 대폭 낮출 수 있었던 것도 큰 요인입니다.

Alpaca의 주요 특징은 다음과 같습니다.

첫째, 특정 분야에 특화된 대화 시스템 개발에 용이합니다.

Alpaca는 다른 대화형 AI 모델과 달리 의료, 법률, 금융 등 특정 분야에 특화된 대화 시스템을 만들 수 있습니다. 이는 대화 시스템을 효율적으로 구성하고 정확성을 높이는 데 도움을 줍니다.

둘째, 전이 학습을 활용하여 대규모 학습 데이터셋에서 효과적으로 학습 가능합니다.

Alpaca는 전이 학습을 기반으로 사전에 학습된 초거대 언어 모델을 사용합니다. 따라서 새로운 대화 시스템을 만들 때 필요한 대량의 학습 데이터를 수집하는 데 드는 비용과 시간을 줄일 수 있습니다.

셋째, 벤치마크 테스트에서 높은 성능을 보여 줍니다.

스탠포드 대학은 Alpaca를 오픈 소스로 공개해 개발자들이 자유롭게 사용하고 테스트할 수 있도록 지원하고 있습니다.

데이터브릭스의 Dolly2

EleutherAI(일루서 AI)는 AI의 윤리적, 사회적, 정치적 영향에 대한 인식을 높이고 AI의 잠재력과 한계를 연구하는 미국의 비영리 연구소입니다. EleutherAI에서 개발한 Dolly2(돌리2)라는 대화형 언어 모델은 인간과 자연스럽고 재미있게 대화할 수 있는 AI로, 상업적으로 사용할 수 있도록 오픈 소스로 공개되어 있습니다.

Dolly2는 Pythia-12B라는 120억 개의 파라미터 모델을 기반으로 하며, 데이터브릭스 직원들이 생성한 약 1.5만 개의 질문/답변 데이터셋인 databricks-dolly-15k로 파인 튜닝되었습니다. 놀라운 수준으로 지시 사항을 잘 따르지만 최신 모델은 아니므로 성능상의 한계가 있을 수 있습니다.

다음은 Dolly2에 사용된 언어 모델입니다.

- **GPT-Neo**

  GPT-3와 유사한 초거대 언어 모델로, 2.7B와 125B 파라미터의 두 가지 크기로 제공됩니다. 다양한 언어와 도메인에서 텍스트 생성과 이해를 수행할 수 있습니다.

- **GPT-J**

  GPT-Neo와 유사한 초거대 언어 모델로, 6B 파라미터의 크기로 제공됩니다.

- **Polyglot**

  한글로 제공되는 13B LLM입니다.

ChatGPT 요구 사항 구현 아키텍처

기업의 요구 사항을 해결하기 위해서는
LLM을 커스터마이징하기 위한 여러 도구가 필요합니다.

앞서 살펴본 ChatGPT에 대한 기업의 요구 사항을 구현하기 위해서는 오른쪽 그림과 같은 아키텍처가 필요합니다. 이를 위해 OpenAI API[37]와 ChatGPT 플러그인 API 및 랭체인[38]을 이용합니다. 언어는 파이썬을 사용합니다.

예를 들어 회사 내부 시스템을 ChatGPT로 만들어 사용한다고 합시다. 사용자들이 원하는 질문을 던지면 중간에 있는 프로그램인 에이전트Agent가 이를 프롬프트로 만들어 LLM에 보냅니다. 여기서 LLM은 ChatGPT뿐만 아니라 LLaMA, Alpaca 등 다양한 언어 모델이 해당됩니다. 회사 내의 문서를 토큰화하면 벡터 스토어Vector Store에서 AI 언어 모델이 학습할 수 있는 벡터로 바꿉니다. 에이전트는 질문의 내용과 벡터 스토어에 있는 내용을 비교해 가장 유사도가 높은 결과를 프롬프트로 만들어 다시 LLM에 보냅니다. LLM이 유려한 답변을 만들

37 https://openai.com/blog/openai-api
38 https://python.langchain.com/en/latest/index.html

어 에이전트에 보내면 최종 답변이 질문자에게 도착합니다. 이렇게 하면 회사 내부 문서에 대한 질문에 답할 수 있습니다. 이것이 바로 프롬프트 튜닝입니다.

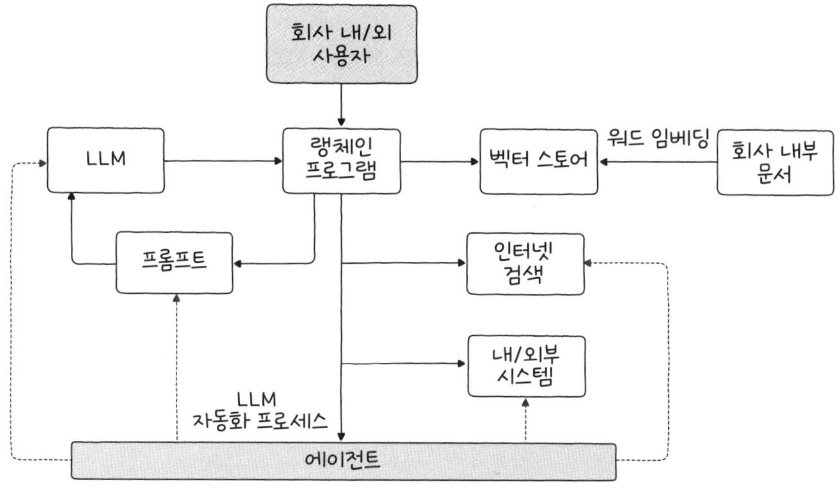

기업에서 ChatGPT 및 기타 LLM을 활용하여 애플리케이션을 만드는 과정

ChatGPT를 사용하면 프롬프트를 보내는 과정에서 내부 기밀 정보가 외부로 유출될 위험이 있어 LLaMA나 Alpaca 등을 대신 사용할 수 있습니다. 이때는 회사 내부의 문서를 파인 튜닝시켜야 하는데, 작업 시간이 많이 걸리고 GPU도 많이 필요하다는 것을 감안해야 합니다.

API를 사용해 프로그램 내에서 인터넷 검색이 가능하도록 만드는 방법도 있습니다. SERP API를 사용하면 프로그램 내에서 구글 검색이 가능합니다.

어떤 회사에서 추천 시스템을 구현한다고 하면, 주로 내부 시스템에 있는 자료를 벡터 스토어에 올려서 유사도를 계산하는 방법을 사용합니다. 대략적인 순서는 다음과 같습니다.

1. 상품 데이터를 준비합니다. 상품의 이름, 설명, 가격, 카테고리, 이미지 등의 정보를 포함해야 합니다.

2. 상품 데이터셋에 대한 임베딩을 생성합니다. 이때 ChatGPT를 사용하려면 반드시 해당 포맷을 사용해야 하기 때문에 OpenAI API를 사용합니다.
3. 사용자 프로필 데이터를 준비합니다. 이름, 나이, 성별, 지역, 취향 등의 정보를 포함해야 합니다. 그리고 상품 데이터와 마찬가지로 임베딩을 합니다.
4. 사용자가 채팅으로 어떤 제품의 추천을 원한다고 입력합니다.
5. 사용자의 구매 데이터에서 이전 구매 데이터와의 유사도를 계산해 사용자가 선호하는 상품을 추천합니다. 유사도를 계산하기 위해 OpenAI API를 사용할 수 있습니다. 이것을 상품 기반 협업 필터링Item-based Collaborate Filtering이라고 합니다.
6. 구매 데이터가 없으면 ChatGPT에 적절한 답변을 하도록 프롬프트를 만들어 보냅니다.

이와 같이 간단히 추천 시스템을 만들 수 있습니다. 물론 여기에 다른 기능을 추가할 수도 있습니다. 이 방식은 특히 사용자의 기존 구매 데이터가 없을 경우 효과적입니다.

ChatGPT 시대의 떠오르는 스타, 랭체인

랭체인Langchain은 기존 애플리케이션을 LLM에 연결하기 위해 사용하는 툴킷입니다. 해리슨 체이스Harrison Chase가 오픈 소스로 만들기 시작했는데, ChatGPT의 인기가 높아지면서 회사를 창업하기까지 이르렀습니다. 랭체인의 수요가 많아진 이유는 기존에 기업에서 사용하던 애플리케이션을 LLM에 간단히 연결할 수 있었기 때문입니다. 이로 인해 랭체인은 IT 분야의 게임 체인저Game Changer로 성장했으며, 앞으로 거대 IT 기업과 인수합병까지 노려볼 만합니다.

랭체인은 다음과 같은 특징을 가집니다.

- 프롬프트 관리, 최적화, 벡터 검색, 클러스터링 등의 기능을 제공합니다.
- 체인과 에이전트라는 개념을 통해 여러 LLM 호출이나 다른 유틸리티를 조합하고 실행할 수 있습니다.
- 메모리라는 개념을 통해 체인이나 에이전트의 상태를 유지하고 관리할 수 있습니다.

랭체인의 주요 컴포넌트는 여섯 가지로 모듈화되어 있습니다. 이를 활용하면 251쪽의 〈기업용 LLM을 도입하는 세 가지 방안〉 그림도 실제로 구현 가능합니다.

모델

텍스트를 생성하거나 이해하는 능력을 가진 LLM입니다. 랭체인은 다양한 종류의 LLM과 연동할 수 있는 인터페이스를 제공합니다. 사용 가능한 모델의 리스트는 랭체인 홈페이지[39]에서 확인할 수 있습니다.

프롬프트

LLM에 질의하거나 답변받는 텍스트입니다. 랭체인은 다양한 유형의 프롬프트를 관리하고 최적화할 수 있는 기능을 제공합니다. 예를 들어 챗봇 스타일의 프롬프트, 질의 응답 프롬프트, 요약 프롬프트 등 여러 종류가 있습니다.

인덱스

LLM이 참고하는 기업 내부의 데이터 소스를 말합니다. 랭체인은 인덱스를 참

---

39 https://python.langchain.com/en/latest/modules/models/llms/integrations.html

고하며 웹 검색, 문서 검색, 테이블 검색 등의 질의 응답을 합니다.

체인

사용자의 질의를 입력받아 이를 프롬프트 템플릿에 넣고 LLM에 보내는 일련의 과정을 말합니다. 랭체인은 체인에 대한 표준 인터페이스와 다양한 유틸리티 및 통합 기능을 제공하며, 기존 애플리케이션에 대한 완성된 체인도 제공합니다. 예를 들어 LLMChain은 사용자의 질의를 받아 프롬프트 템플릿에 넣고 그것을 LLM에 보내는 가장 간단한 체인입니다. 이외에도 다양한 체인들이 존재합니다.

메모리

LLM이 체인이나 에이전트를 실행하는 동안 이전 상태를 유지하고 기억할 수 있는 기능입니다. 랭체인은 메모리에 대한 표준 인터페이스와 다양한 종류의 메모리를 제공하는데 단기 메모리, 장기 메모리, 캐시 메모리 등이 있습니다.

에이전트

랭체인의 핵심 기술 중 하나로, 사용자의 요청을 주요 태스크[Task]로 나눈 후 각 태스크를 성취하기 위해 LLM이 어떤 행동을 할지를 결정하고, 수행하고, 결과를 관찰하는 과정을 반복하는 기능입니다. 랭체인은 에이전트에 대한 표준 인터페이스와 다양한 에이전트 구현체를 제공합니다. 또한 에이전트가 에이전트를 만들 수도 있고, 이 에이전트들의 작업을 서로 평가할 수도 있습니다. 이와 같은 에이전트의 집합으로는 AutoGPT, BabyAGI, AgentGPT 등이 있습니다. 이는 하나의 모델로 여러 가지 일을 할 수 있는 인공 일반 지능(AGI)과 유사하다는 평가를 받기도 합니다.

새롭게 열린 DB 시장, 벡터 스토어

기업에 있는 데이터는 바로 LLM에 학습시킬 수 없기 때문에 이를 토큰화시키고 다시 벡터로 바꾸는 워드 임베딩 과정을 필수로 거쳐야 합니다. 이렇게 워드 임베딩된 데이터를 저장하는 소프트웨어가 벡터 스토어Vector Store 또는 벡터 데이터베이스Vector Database입니다. LLM을 통해 사용자 질의가 들어오면 랭체인에서 기업 내부의 벡터 스토어를 검색해 유사한 내용까지 함께 분석한 결과를 보여 줍니다.

벡터 스토어를 사용하면 방대한 기업 내부 데이터가 벡터화된 상태로 보관되기 때문에 각종 질의에 대한 유사도 분석을 빠르고 정확하게 수행할 수 있습니다. 이 과정은 LLM을 활용하는 애플리케이션에는 필수입니다. 이에 벡터 스토어 분야에 새로운 벤처 기업들이 탄생하고 있습니다. LLM 통합이 하나의 트렌드가 되면 벡터 스토어도 큰 인기를 끌 것으로 보입니다.

랭체인과 함께 사용 가능한 벡터 스토어 리스트는 랭체인 홈페이지[40]에서 확인할 수 있습니다. 주요 벡터 스토어를 꼽으면 다음과 같습니다.

- **Chroma(크로마)** 사용이 간편하고 예제들이 많습니다.
- **Pinecone(파인콘)** 응답 시간이 매우 빠르고 대용량 데이터베이스를 운영하고 있으며, 유료 버전도 있습니다.
- **FAISS(파이스)** 메타에서 만든 벡터 스토어로 다양한 예제들이 있습니다. CPU/GPU 버전을 별도로 제공합니다.
- **Zilliz(질리즈)** 구글과 아마존에서 서비스하는 클라우드 기반의 벡터 스토어입니다.

---

40 https://python.langchain.com/en/latest/modules/indexes/vectorstores.html

수천 개 앱과 연결되는 재피어

재피어Zapier는 다양한 앱과 서비스를 연결하고 자동화하는 통합 관리 플랫폼으로 RPARobot Process Automation라는 AI 기반의 업무 자동화를 지원합니다. 특히 랭체인, LLM과 결합하면 매우 파워풀한 애플리케이션을 만들 수 있습니다.

재피어는 다음과 같은 특징이 있습니다.

- 5,000개 이상의 앱과 2만 개 이상의 액션을 지원합니다.
- 자연어로 액션을 요청하고 실행할 수 있는 자연어 액션 API를 제공합니다.
- REST API, 파이썬 SDK 등을 통해 다른 플랫폼과 통합할 수 있습니다.

재피어와 랭체인을 같이 사용하면 다음과 같은 장점이 있습니다.

- 재피어의 다양한 앱과 서비스를 랭체인의 데이터 소스로 활용할 수 있습니다. 이렇게 하면 "전자신문에서 오는 이메일 내용을 요약해서 엑셀 파일에 있는 고객 이메일 주소로 보내 줘"와 같은 복잡한 명령을 한 번에 실행할 수 있습니다. 이때 전자신문에서 오는 이메일 내용을 요약하는 것은 LLM이 하고, 엑셀 파일에 있는 주소로 보내는 것은 재피어가 담당해 전체를 랭체인으로 처리할 수 있습니다.
- 재피어와 랭체인을 통합하면 LLM의 장기 기억력을 확장할 수 있습니다. 이렇게 하면 LLM이 재피어에 저장된 데이터를 메모리로 사용하고 검색할 수 있습니다. 예를 들어 복잡한 수학 계산을 해야 하면 재피어를 통해 수학 계산 전문 패키지인 울프럼 알파Wolfram Alpha를 사용하고, 이 결과를 LLM이 받아 해석하는 과정 전체를 랭체인으로 처리할 수 있습니다.

실시간 구글 검색이 가능한 SERP API

LLM은 학습된 모델 이외의 데이터를 액세스하지 못합니다. 따라서 프로그램에서 실시간 검색을 하기 위해서는 SERP API를 가장 많이 사용합니다. 이것은 구글 및 다른 검색 엔진에서 빠르고 쉽게 검색 결과 데이터를 가져올 수 있는 API입니다. SERP API와 랭체인을 결합하면 실시간으로 웹을 검색하는 것과 같이 최신 정보를 볼 수 있다는 큰 장점이 있습니다.

SERP API의 주요 특징은 다음과 같습니다.

- 위치, 언어, 기기 등의 옵션을 통해 자동화된 검색 쿼리를 맞춤화할 수 있습니다.
- 실시간으로 정확한 검색 결과를 제공합니다. 각 API 요청은 즉시 실행되며, 전체 브라우저에서 작동합니다.
- 전 세계 어디서나 원하는 위치의 구글 결과를 가져올 수 있습니다.
- 검색 결과뿐만 아니라 지도, 쇼핑, 직접 답변, 지식 그래프 등도 제공합니다. 또한 링크, 주소, 트윗, 가격, 섬네일, 평점, 리뷰 등의 다양한 데이터도 보여 주기 때문에 랭체인에서 더욱 다양한 애플리케이션을 만들 수 있습니다.

For Business

지금까지 기업에서는 CDO(Chief Digital Officer) 산하 조직에서 주로 AI 기술을 담당했지만, LLM은 기업 내부 시스템과도 연결되기 때문에 CIO(Chief Information Officer) 산하 조직의 일이기도 합니다. 특히 시스템 통합을 위한 API인 랭체인과 벡터 스토어 등은 전통적인 의미의 전산실에서 담당하던 일이었습니다. 따라서 기업에서 AI 기술을 구현하려면 CDO와 CIO 조직이 협업해서 구현해야 합니다. 또한 사내 LLM 시스템의 요구사항은 이전에 언급한 프롬프트 엔지니어링 TF팀에서 나와야 합니다. 따라서 LLM은 기업 내 특정 조직뿐만 아니라 전사적인 관심과 참여가 있어야 성공적으로 구현할 수 있습니다.

자동화된 에이전트 프로그램

오픈 소스 에이전트 프로그램은
일 잘하는 AI 비서를 곁에 두는 효과가 있습니다.

자동화된 에이전트란 CHAPTER 04에서 살펴본 PDA Personal Digital Agent 기술의 오픈 소스 버전입니다. 이번에 소개할 소프트웨어들은 ChatGPT와 랭체인의 에이전트 기술을 활용해 지금까지 상상하지 못한 업무 자동화를 실현합니다.

우리가 일반적으로 어떤 '일'을 한다고 하면 다음과 같은 일을 의미합니다.

- 특정 주제의 논문을 쓰기 위해 자료를 수집하고 요약합니다.
- 캘린더 일정을 보고 할 일과 기한을 한번에 정리합니다.
- 특정 기업에 대한 재무 보고서를 작성합니다.
- 특정 브랜드에 대한 시장을 조사합니다.
- 특정 목적으로 웹사이트를 만듭니다.

이러한 일을 하기 위해 우리는 인터넷에 접속하거나 웹페이지를 크롤링해 그 결과물을 분석하는 등의 활동을 하지만 이를 대신해 주는 프로그램이 계속해서 개발되고 있습니다. 따라서 기업에서는 각자의 실정에 맞는 에이전트 프로그램 활용 방안을 미리미리 준비할 필요가 있습니다. 이러한 프로그램을 개발하는 벤처 기업들도 앞으로 더욱 많이 생길 것입니다.

알아서 일하는 ChatGPT, AutoGPT

AutoGPT(오토GPT)는 GPT-4를 기반으로 랭체인하여 만든 오픈 소스 파이썬 프로그램으로, 시그니피컨트 그라비타스Significant Gravitas라는 개발사가 만들어 깃허브에 공개했습니다[41]. 사용자가 어떤 목표를 입력하면 자동으로 목표를 성취하는 방법을 터득해 결과물을 내놓는 방식입니다. 이는 복잡한 작업을 작은 단위의 작업으로 분해한 다음 독립적으로 할당하고 실행할 수 있도록 설계되었기 때문에 가능합니다. 이 과정은 작업을 직접 실행하는 명령이 될 때까지 반복됩니다.

AutoGPT는 ChatGPT와 비슷한 작업을 수행할 수 있지만 프롬프트를 처리하는 에이전트를 자율적으로 생성한다는 점이 다릅니다. 따라서 사람의 어떤 개입 없이도 AI 에이전트가 스스로 결정을 내려가며 문제를 해결합니다. AutoGPT를 사용하려면 파이썬, OpenAI API, ElevenLabs API, HuggingFace API 등을 설치해야 합니다.

웹사이트를 만드는 예를 들어 보겠습니다. AutoGPT에 웹사이트의 주제와 기능을 입력하면 자동으로 HTML, CSS, 자바스크립트 등의 코드를 생성해 웹사이트를 구현해 줍니다. 이 과정에서 AutoGPT는 인터넷에서 관련된 자료를 검색하고, 파일을 저장 및 요약하고, 음성을 생성하는 등의 보조 작업들을 수행합니다.

논문 작성을 부탁하면 어떻게 될까요? AutoGPT에 논문의 주제와 키워드를 입력하면 자동으로 인터넷에서 관련된 자료를 검색하고 논문의 구조를 정하고 내용을 작성합니다. 이와 마찬가지로 음악 파일 생성도 가능합니다. AutoGPT에

---

41 https://github.com/Significant-Gravitas/Auto-GPT

음악의 장르와 분위기를 입력하면 자동으로 음악의 멜로디와 가사를 생성합니다.

AutoGPT는 GPT-4의 추론 능력을 이용해 장기적인 계획이 필요한 복잡한 문제도 해결할 수 있습니다. 알아서 작업 목록을 만들고 하나씩 완료하거나 새로운 비즈니스 아이디어를 연구하고 학습할 수도 있습니다.

다음은 AutoGPT가 업무를 수행하고 있는 화면입니다. 사용자 인터페이스가 개발되지 않아 아직 코드 형태이지만 잘 읽어 보면 현재 무슨 일을 하고 있는지 알 수 있습니다.

```
I want Auto-GPT to: create brief report about Samsung electronics for investment decision.
SIRGPT  has been created with the following details:
Name:  SIRGPT
Role:  an AI investment research analyst that provides comprehensive analysis and insights on Samsung
Electronics to aid in investment decision-making.
Goals:
-  Conduct a thorough analysis of Samsung Electronics' financial statements, including revenue, profit
 margins, and cash flow, to evaluate the company's financial health and stability.
-  Evaluate Samsung Electronics' competitive position in the market, including its market share, produ
ct portfolio, and innovation strategy, to assess the company's growth potential and future prospects.
-  Analyze Samsung Electronics' management team, corporate governance, and risk management practices t
o evaluate the company's leadership and ability to navigate potential challenges.
-  Provide a detailed SWOT analysis of Samsung Electronics, highlighting the company's strengths, weak
nesses, opportunities, and threats to aid in investment decision-making.
-  Offer a clear and concise investment recommendation based on the analysis, outlining the potential
risks and rewards of investing in Samsung Electronics.
Using memory of type:  LocalCache
Using Browser:  chrome
 THOUGHTS:  Before we begin, let's start by analyzing Samsung Electronics' financial statements to eva
luate the company's financial health and stability.
REASONING:  Analyzing the financial statements is a crucial first step in evaluating the company's fin
ancial health and stability. This will provide us with insights into the company's revenue, profit mar
gins, and cash flow, which are key indicators of its financial performance.
PLAN:
-  Analyze Samsung Electronics' financial statements
-  Evaluate the company's competitive position in the market
-  Analyze Samsung Electronics' management team, corporate governance, and risk management practices
-  Provide a detailed SWOT analysis of Samsung Electronics
-  Offer a clear and concise investment recommendation based on the analysis
CRITICISM:  None
NEXT ACTION:  COMMAND = google ARGUMENTS = {'query': 'Samsung Electronics financial statements analysi
s'}
  Enter 'y' to authorise command, 'y -N' to run N continuous commands, 's' to run self-feedback comman
ds'n' to exit program, or enter feedback for ...
  Asking user via keyboard...
```

AutoGPT 실행 화면

AutoGPT에 삼성전자에 투자하기 위한 간략한 보고서를 만들어 달라고 요청했더니 다음과 같은 내용을 만들었습니다.

목표

- 매출, 이익률, 현금 흐름 등 삼성전자의 재무제표를 철저히 분석하여 회사의 재무 건전성 및 안정성을 평가합니다.
- 삼성전자의 시장 점유율, 제품 포트폴리오, 혁신 전략 등 시장에서의 경쟁력을 평가하여 회사의 성장성과 미래 전망을 평가합니다.
- 삼성전자 경영진, 기업 지배 구조, 리스크 관리 등을 분석하여 회사의 리더십과 잠재적 도전 과제를 탐색하는 능력을 평가합니다.
- 삼성전자에 대한 상세한 SWOT 분석을 제공하여 회사의 강점, 약점, 기회 및 위협을 강조하여 투자 의사 결정에 도움을 줍니다.
- 분석을 바탕으로 삼성전자에 투자할 때의 잠재적인 위험과 보상을 요약한 명확하고 간결한 투자 추천을 제공합니다.

메모리 사용 LocalCache

브라우저 사용 크롬

생각

- 시작하기 전에 먼저 삼성전자의 재무제표를 분석하여 회사의 재무 건전성과 안정성을 평가해 보겠습니다.

이유

- 재무제표 분석은 회사의 재무 건전성과 안정성을 평가하는 중요한 첫 단계입니다. 이를 통해 재무 성과의 핵심 지표인 회사의 매출, 이익 마진 및 현금 흐름에 대한 통찰력을 얻을 수 있습니다.

계획

- 삼성전자 재무제표 분석
- 시장에서 회사의 경쟁력을 평가
- 삼성전자 경영진, 지배 구조, 리스크 관리 관행 분석
- 삼성전자의 상세한 SWOT 분석 제공
- 분석을 기반으로 명확하고 간결한 투자 추천 제공

결과를 보니 어떤 증권사의 애널리스트가 작성했다고 해도 믿을 정도입니다. 이렇게 분석한 다음에는 스스로 정한 목표와 계획을 바탕으로 보고서를 완성하기까지 이 작업을 반복합니다. 대단하지 않나요?

이처럼 AutoGPT는 매우 강력하고 유용한 도구이지만 그만큼 위험도 따릅니

다. 인간의 감독이나 개입이 없기 때문에 예상치 못한 부작용이나 위험을 초래할 수 있기 때문입니다. 또한 인터넷에서 잘못된 정보나 유해한 콘텐츠를 학습해 무분별하게 결과물에 사용할 수도 있습니다.

따라서 범용적으로 사용하기에는 아직 이르지만, 상용화되는 단계에 이르려면 다음과 같은 사항을 개선해야 할 것으로 보입니다.

- 사용자 인터페이스를 개발합니다.
- 사용하는 API에 대한 가격 정책을 확립합니다.
- 지나치게 복잡한 계획을 짜면 속도가 느려지기 때문에 중간 중간 보고서를 통해 사용자의 피드백을 받는 절차를 추가해야 합니다.
- 스스로 만든 태스크뿐만 아니라 사용자들이 원하는 태스크도 입력할 수 있어야 합니다.
- 작업 완료까지 걸리는 시간과 과정을 예측하고 보여줄 수 있어야 합니다.

AutoGPT의 심플한 버전, AgentGPT

AutoGPT는 설치와 사용 방법이 복잡하기 때문에 일반인들이 사용하려면 AgentGPT(에이전트GPT)가 훨씬 편리할 것입니다. 공식 사이트[42]에서 데모 버전을 체험할 수 있지만 아직 인터넷 액세스 기능이 없기 때문에 간단하게 기능을 테스트할 수 있는 정도입니다. 이를 위해서는 OpenAPI의 API 키가 필요합니다.

사용 방법은 간단합니다. 이름과 원하는 목표를 입력하면 AgentGPT가 알아서 필요한 태스크들을 나누고 그것을 실행합니다. 실행 화면은 다음과 같습니다. 예를 들어 '하나기술'에 대한 기업 보고서를 작성해 달라고 했더니 오른쪽에 이를

---

42 https://agentgpt.reworkd.ai/ko

수행하기 위한 목표(Current tasks)를 다음과 같이 정리하고 실행하기 시작했습니다.

- 한국의 하나기술 주식회사에 대한 포괄적인 보고서 작성
- 하나기술의 최신 기술, 제품 및 경쟁 업체에 대한 리서치
- 하나기술의 경영 계획 및 재무 상태에 대한 분석
- 하나기술의 SWOT 분석 및 추천 전략 수립

AgnetGPT 실행 화면

추후 인터넷 액세스 기능이 개발되면 위의 태스크를 하나씩 실행할 때 해당 웹페이지에서 정보를 가져와 필요한 내용을 요약·발췌할 것입니다. 이러한 과정을 반복하면 최종 결과가 보고서 양식으로 정리됩니다. 거의 증권사 애널리스트가 하는 일을 똑같이 하는 셈입니다.

이처럼 AgentGPT는 기업 분석뿐만 아니라 상상할 수 있는 모든 일을 유사한 방식으로 처리하게 될 것입니다. 아직 완벽하지는 않지만 완성되면 대단한 작품이 될 듯합니다.

다음은 AgentGPT의 향후 개발 로드맵의 주요 내용입니다.

- **벡터 DB를 통한 장기 기억** 사용자 데이터를 학습해 보고서를 작성하고, 좀 더 길고 복잡한 작업도 수행할 수 있습니다.
- **랭체인을 통한 웹 브라우징 기능** 인터넷에 있는 최신 정보를 참고할 수 있습니다.
- **웹사이트 및 사람과의 상호 작용** 작업 중간에 웹사이트 방문이나 사람의 개입을 허용합니다.
- **문서 API를 통한 쓰기 기능** 보고서나 중간 결과물을 PC나 클라우드에 저장할 수 있습니다.
- **에이전트 실행 저장** 실행 시간이 길어지면 결과물을 도중에 저장하고 나중에 실행할 수 있습니다.

HuggingGPT와 마이크로소프트 JAVIS

HuggingGPT(허깅GPT)는 2023년 4월에 마이크로소프트 아시아 연구소와 중국 저장 대학Zhejiang University에서 개발한 것으로, 중국의 놀라운 AI 수준을 가늠하게 했습니다. 사용자가 일을 시키면 ChatGPT가 이를 받아 허깅 페이스에 있는 수많은 AI 모델 중 적절한 것을 선택해 일을 수행하고 그 결과를 모아 답변을 만듭니다. 그 과정은 다음과 같습니다.

먼저 사진 하나를 제시하면서 이 사진이 어떤 장면을 담은 것인지 설명하고, 이 안에 몇 개의 물체가 있는지 세어 달라고 주문했습니다. 그러면 HuggingGPT가 다음 순서로 일을 실행합니다.

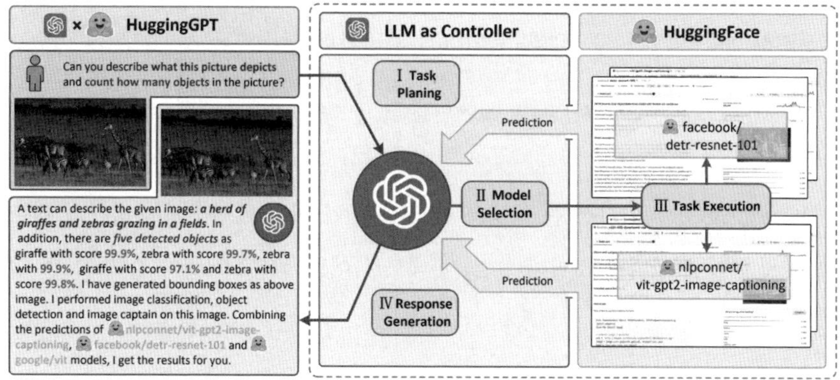

HuggingGPT의 구조[43]

1. **Task Planning 단계** ChatGPT로 사용자의 요청을 분석해 질문의 의도를 이해하고, 해결 가능한 작업으로 분해합니다.
2. **Model Selection 단계** ChatGPT가 텍스트로 되어 있는 모델 설명을 기준으로 허깅 페이스에서 가장 적절한 모델을 선택합니다. 사진을 읽고 내용을 설명하는 데는 nlpconnect/vit-gpt2-image-captioning을, 사진의 어떤 이미지가 있는지를 알아내는 데는 facebook/detr-resnet-101과 google/vit 모델을 사용했습니다.
3. **Task Execution 단계** 선택한 모델을 호출 및 실행하고, 그 결과를 ChatGPT로 반환합니다.
4. **Response Generation 단계** 실행 결과를 취합한 다음 ChatGPT 사용자를 위한 답변을 생성합니다.

최종으로 얻은 답변은 다음과 같습니다.

43 HuggingGPT, 「Solving AI Tasks with ChatGPT and its Friends in Hugging Face, Shen. et al., 023」

들판에서 풀을 뜯고 있는 기린과 얼룩말 무리가 있습니다. 또한 다음과 같이 다섯 개의 감지된 개체가 있습니다.
정확도가 99.9%인 기린, 99.7%인 얼룩말, 99.9%인 얼룩말, 97.1%인 기린 및 99.8%인 얼룩말이 있습니다.

HuggingGPT의 가장 큰 특징은 ChatGPT가 허깅 페이스에서 하나의 컨트롤 타워 역할을 한다는 것입니다. 실제 데모 사이트에서도 직접 실습해 볼 수 있습니다.

HuggingGPT 데모 사이트 실행 화면[44]

44 https://huggingface.co/spaces/microsoft/HuggingGPT

마이크로소프트는 HuggingGPT를 '마이크로소프트 JAVIS'라고 발표했습니다. 이를 기존 마이크로소프트 제품과 결합해 색다른 기능을 내놓을 것으로 보입니다.

HuggingGPT의 사례를 보면 중국의 AI 기술은 미국을 바짝 추격하고 있는 것으로 보입니다. 여기에 중국 베이징에 위치한 마이크로소프트의 아시아 연구소(MSRA Microsoft Research Lab - Asia)가 매우 큰 역할을 하고 있습니다. MSRA의 수준은 본사를 능가한다는 평이 있을 정도이며, 1998년에 설립된 이래 300명 이상의 과학자와 엔지니어가 일하고 있습니다. 이 연구소는 2015년에 열린 이미지넷 챌린지에서 ResNet이라는 모델을 만들어 에러율 3.57%로 사람의 눈보다 더 정확하게 맞추어 1등을 차지했습니다. 이후에도 ResNet에서 활용된 기술은 수많은 AI 모델을 설계하는 데 사용되었고, 여기에는 트랜스포머도 포함됩니다.

For Business

자동화된 에이전트 기술은 향후 비즈니스 모델의 꽃이라고 볼 수 있습니다. 기업에서 구현하는 AI 기술의 종착지는 결국 고객입니다. 고객 서비스, 고객 인터페이스, 고객 분석 등 고객과의 접점을 획기적으로 바꿀 수 있는 것이 바로 자동화된 에이전트 기술입니다. 이 기술을 확보하는지 못하는지가 앞으로 기업 경쟁력의 승패를 가를 것입니다. 이는 5~10년 후의 이야기가 아니라 바로 코앞에 닥친 일입니다. 현재 OpenAI에서 개발하고 있는 GPT-5도, 구글에서 개발하고 있는 Gemini도 바로 이 에이전트 기술이 핵심을 이룰 것입니다.

CHAPTER
09

ChatGPT와 다양한 기술의 결합

ChatGPT는 이미 만들어진 앱이나 시스템과 결합하면 고객의 요구 사항을 더 잘 이해하고 해결하는 데 도움을 줍니다. 기존의 기업용 프로그램인 ERP, CRM 등과 결합하면 고객 서비스를 획기적으로 발전시킬 수 있고, 기업용 LLM을 통해 기업의 업무 생산성을 높일 수도 있습니다. 로봇과 결합하면 로봇이 마치 사람처럼 움직이고 대화할 수 있도록 할 것입니다. 메타버스와 결합하면 메타버스 세계관의 스토리를 만들고 그래픽을 대신 그리거나 나의 또다른 캐릭터를 만들어 메타버스의 빈 공간을 채워 줄 것입니다. 이와 같이 ChatGPT와 다양한 기술이 결합하면 그동안 상상하지 못했던 새로운 시대가 펼쳐집니다.

ChatGPT를 활용한 새로운 애플리케이션의 등장

국내에서도 ChatGPT 기술을 기반으로
다양한 서비스를 출시하는 사례가 늘고 있습니다.

세상의 모든 정보는 결국 언어 형태로 저장됩니다. 따라서 언어를 기반으로 한 ChatGPT는 더 큰 발전과 무궁무진한 응용 가능성을 보여 줍니다. 이번에는 ChatGPT를 각자의 기술 분야에 활용한 국내 기업의 두 가지 사례를 알아보겠습니다.

카카오톡처럼 편한 무료 ChatGPT, AskUp

최근 카카오톡 사용자들 사이에서 화제가 된 것이 있습니다. 국내 AI 벤처 기업인 업스테이지에서 카카오톡에 GPT-4 모델을 구현한 것입니다. 카카오톡의 플러스 친구로 사용할 수 있는 AskUp(아숙업)은 2023년 5월 기준으로 사용자가 100만 명이 넘는 등 인기가 폭발하고 있습니다. 마치 사람과 채팅하는 것처럼 편하게 대화할 수 있는 것이 장점이며, GPT-4 이용료가 월 20달러인 반면 AskUp은 무료로 사용할 수 있습니다.

AskUp은 이미지를 인식해 글자로 바꿔주는 OCR Optical Character Recognition (광

학 문자 인식) 기능도 제공합니다. '강가에서 놀고 있는 오리를 그려 줘'라고 하면 마치 사진을 찍은 것처럼 뚝딱 만들어 줍니다. 이는 이미지 생성 AI인 미드저니Midjourney와도 유사합니다.

AskUp의 이미지 생성(OCR) 기능

이번에는 독도에 대해 물었습니다. 한국인의 입장에서 답변을 잘해 주네요.

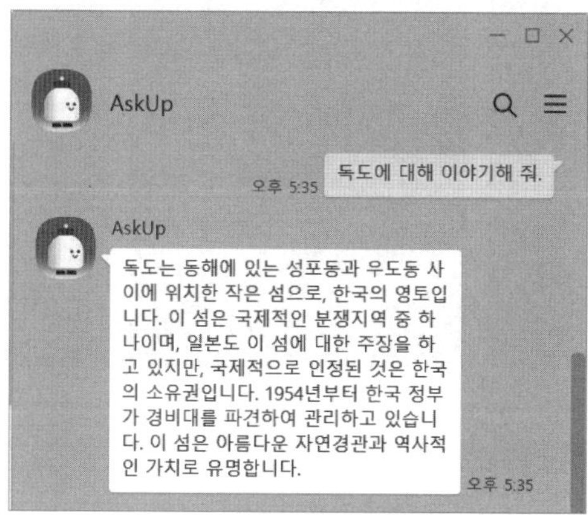

AskUp의 독도에 대한 답변

AskUp은 2023년 8월 허깅 페이스에서 실시한 LLM 성능 순위 조사(Open LLM 리더보드)에서 ChatGPT를 누르고 1등을 하는 등 순항하고 있습니다.

기계 설비의 예지보전 알림을 해석하는 UYeG

예지보전을 전문으로 하는 IT 기업인 아이티공간에서 UYeG(유예지) 앱을 출시했습니다. 기계 장비의 부속품에 있는 센서 데이터를 분석해 다운타임(작동하지 않는 시간) 등을 측정함으로써 특정 부품의 고장을 예측하고 사고를 미연에 방지하는 것을 목표로 합니다.

앱의 스마트폰 메인 화면에서는 실시간으로 센서를 모니터링하며, 센서에 이상이 발생하면 경고 알람과 함께 데이터가 리스트 형태로 보관됩니다. 이 리스트를 터치하면 경고 알람의 세부 내용을 확인할 수 있습니다.

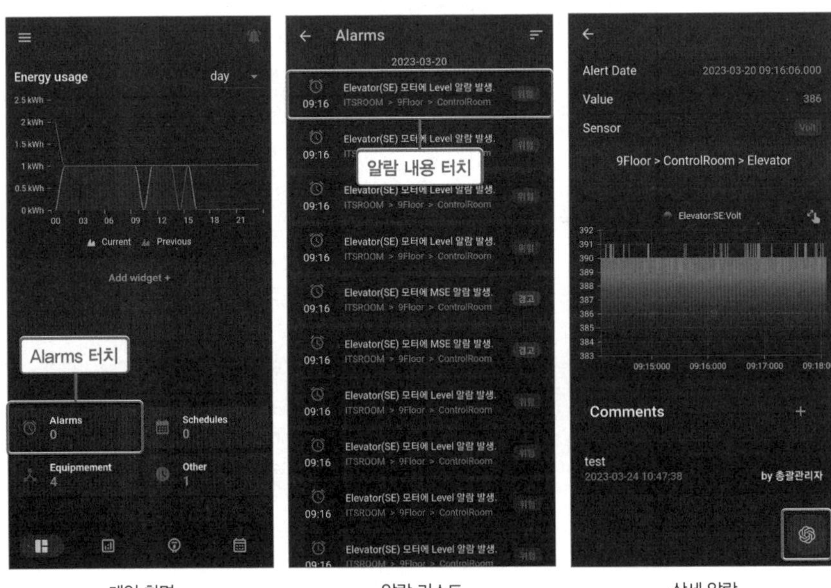

UYeG 앱 동작 과정 (1)

상세 알람 화면의 오른쪽 하단에는 OpenAI 버튼이 있습니다. 이 버튼을 터치하면 알람의 상세 내용을 정리한 질문 프롬프트를 자동으로 작성해 줍니다. 예를 들어 '삼상 모터는 100암페어, 380볼트, 온도 28도, 습도 55%에서 작동하는데, 392도에서 알람이 울렸다'라는 식의 내용입니다. 이 프롬프트는 OpenAI API를 통해 GPT-4에 전달됩니다.

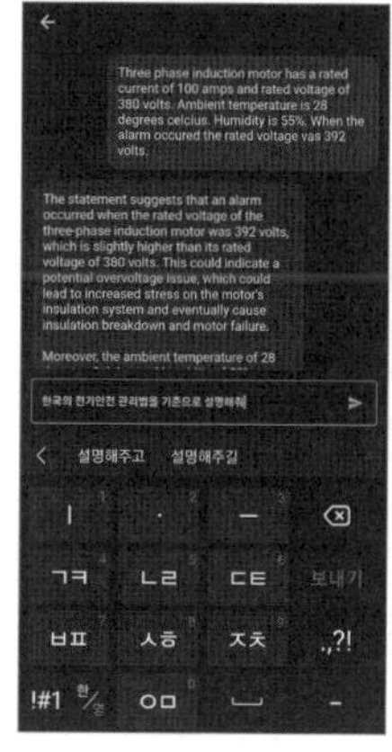

추가 질문을 하면 위에서 한 답변을 기준으로 ChatGPT가 맥락을 이해하고 질문에 답변을 추가 제공한다.

스마트 전류 센서 UYeG-SE(유예지)

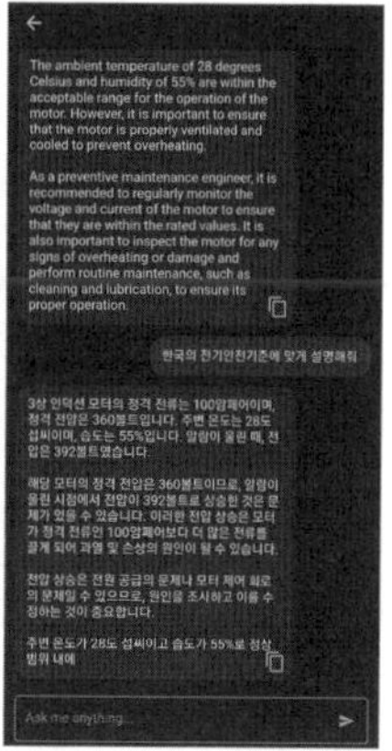

UYeG 앱 동작 과정 (2)

알람 내용을 받은 GPT-4는 센서 데이터를 해석한 후 '380도보다 높은 온도에서 전압이 과한 것으로 보이며, 이것은 모터에 있는 절연체에 영향을 주고 향후 모터가 고장날 수도 있다'라는 답변을 보냅니다. 답변은 영문으로 오지만 이를 '한국의 전기안전기술법 기준에 맞게 설명해 줘'라고 입력하면 한글로도 상세하게 설명해 줍니다.

UYeG는 센서가 달린 모든 기계 장비에서 활용할 수 있습니다. 특히 크레인과 같이 격리된 공간에 있는 기술자는 지상으로부터 도움을 받기가 용이하지 않기 때문에 ChatGPT가 이렇게 대신 전달하는 설명이 매우 유용하다고 합니다.

ChatGPT로 업그레이드하는 금융 비즈니스

금융 비즈니스는 대량의 데이터를 활용하기 때문에
ChatGPT를 활용하기에 좋습니다.

금융 서비스의 챗봇을 ChatGPT로 전환하거나 금융 데이터에 특화된 ChatGPT를 개발하는 사례가 늘고 있습니다. 금융 서비스에서 정해진 답만 내놓던 챗봇이나 자동화 서비스는 ChatGPT를 통해 업그레이드된 기능을 발휘할 것입니다. 앞으로 많은 금융사들이 ChatGPT와 결합해 획기적인 혁신을 가져올 것으로 기대됩니다.

내 손안의 자산 컨설턴트, 웰스가이드

자산 관리 분야의 국내 핀테크 기업인 웰스가이드는 마이데이터를 활용한 개인 지출 관리, 연금 관리, 재무 설계, 부동산 투자 관리 등의 솔루션을 가지고 있습니다. 2023년 7월에는 마이크로소프트와 손잡고 ChatGPT 재무 관리 솔루션을 출시할 예정입니다.

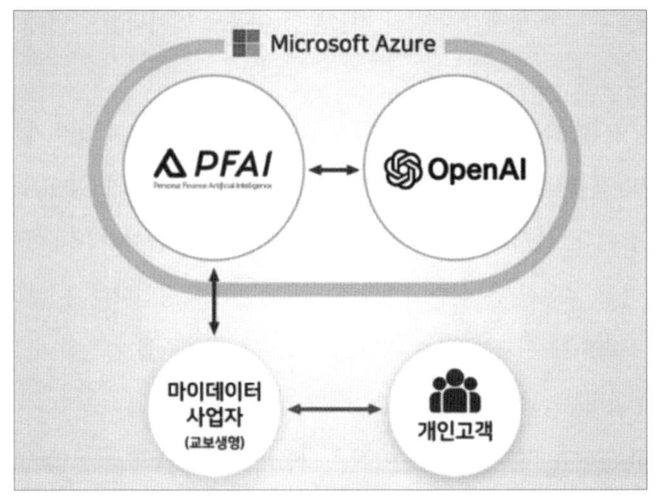

웰스가이드와 ChatGPT[45]

금융 기업에서 제공한 개인 고객의 마이데이터가 입력되면 개인 재무 관리 시스템에서 고객의 현금 흐름과 목표 달성 가능성을 진단해 이에 필요한 수입과 지출, 저축, 투자 조정 등을 제안합니다. 웰스가이드에서 개발할 솔루션은 사용자 인터페이스에 GPT-4를 적용해 고객의 의사 결정과 실행을 지원할 것으로 보입니다. 이때 마이크로소프트 애저에 탑재된 OpenAI의 LLM에 액세스할 것으로 예상됩니다.

> 마이데이터란 정보의 주체인 개인이 본인의 정보를 주체적으로 관리하는 것을 넘어 이를 능동적으로 활용하는 일련의 과정을 말합니다.

바닥부터 새로 만든 금융 ChatGPT, BloombergGPT

2023년 미국의 금융 회사인 블룸버그는 500억 개의 파라미터를 가진 BloombergGPT(블룸버그GPT)를 개발했습니다. 이는 파운데이션 모델을 근

45 https://www.hankyung.com/finance/article/2023041974326

간으로 파인 튜닝한 형태가 아니라 처음부터 대규모 데이터를 준비해 만든 엄청난 작업이었습니다.

금융 데이터에서 3,640억 개 토큰, 비금융 데이터에서 3,450억 개 토큰을 합해 총 7,090억 개의 토큰으로 만든 베이스 모델은 OpenAI의 GPT과 동일한 기술을 사용합니다. 하지만 방대한 양의 금융 데이터를 학습하기 때문에 금융과 관련된 복잡하고 고유한 용어를 이해할 수 있는 것이 특징입니다. 이 모델은 재무 데이터를 신속하게 평가해 위험 평가를 돕고, 금융 심리를 측정하며, 심지어 회계 및 감사 활동을 자동화할 수도 있습니다.

BloombergGPT를 사용하는 이점은 다음과 같습니다[46].

- **정확한 재무 분석** 금융 부문과 관련된 질문에 다른 GPT보다 정확하게 답할 수 있습니다.
- **리스크 평가 개선** 재무 데이터를 분석하고 인간 애널리스트가 즉시 파악하지 못하는 인사이트를 제공함으로써 리스크 평가를 개선하는 데 도움을 줍니다.
- **금융 심리에 대한 이해도 향상** 고객의 금융 심리를 측정하고 최신 시장 동향과 뉴스 정보에 입각한 의사 결정을 내릴 수 있도록 도와줍니다.
- **시간 절약** 금융 트레이더와 애널리스트는 재무 분석과 인사이트를 보다 빠르고 효율적으로 수행할 수 있어 다른 중요한 업무에 사용할 수 있는 귀중한 시간을 절약할 수 있습니다.

블룸버그는 1981년에 설립되어 금융 분야에서 매우 오랫동안 자리를 지킨 것으로 유명합니다. 따라서 그동안 쌓인 수많은 데이터를 바탕으로 BloombergGPT를 만들 수 있었습니다. 앞으로는 각 산업별로 이와 같은 사례를 얼마든지 만들 수 있을 것입니다.

46 https://openaimaster.com/how-to-use-bloomberg-gpt

ChatGPT로 날개를 다는 기업 경영 혁신

기업에서 사용하는 CRM과 ERP에
ChatGPT를 결합하면 혁신이 됩니다.

각 기업마다 범용적으로 사용하고 있는 CRM Customer Relationship Management (고객 관리)과 ERP Enterprise Resource Planning (전사적 자원 관리)는 지금까지 그룹웨어와 결합해 기업의 다양한 활동을 지원하면서 점점 그 경계가 흐려지고 있습니다. 그러자 고객과 연관된 채널에서는 사람을 대신할 수 있도록 ChatGPT를 커스터마이징할 필요성이 대두되기 시작했습니다.

최근 미국의 클라우드 기업인 세일즈포스에서 OpenAI의 기술을 결합한 EinsteinGPT(아인슈타인GPT)를 개발 중이라고 발표했습니다. 이는 기업에서 ChatGPT를 사용할 수 있는 거의 모든 경우의 수를 구현한 것입니다. 예를 들어 영업 담당이 고객에게 이메일 한 통을 보내는 일도 '미팅을 원한다'는 메시지 한 줄만 써 주면 유려한 형식을 갖춘 이메일 전문을 작성해 전송해 주는 방식입니다.

다음은 EinsteinGPT의 부문별 기능을 정리한 표입니다.

솔루션 종류	AI 기능
세일즈를 위한 EinsteinGPT	이메일 작성, 미팅 스케줄링, 다음 연락을 위한 준비 등을 자동 생성
서비스를 위한 EinsteinGPT	이전 사례 노트를 기반으로 아티클 생성, 자동으로 생성하는 개인화된 챗봇이 고객의 만족도를 높이기 위해 개인화되고 신속하게 소통하는 답변 제공
마케팅을 위한 EinsteinGPT	개인화된 콘텐츠와 고객에 기여할 수 있는 내용을 이메일, 모바일, 웹, 광고 등에서 작성
Slack Customer 360 앱을 위한 EinsteinGPT	슬랙을 통해 나오는 콘텐츠를 고객이 효과적으로 사용할 수 있도록 AI가 새로운 콘텐츠 생성
개발자들을 위한 EinsteinGPT	코드 질문 응답, Apex처럼 언어에 대한 질문 응답

세일즈포스에서 OpenAI를 통해 출시한 EinsteinGPT 기능[47]

ERP 기업의 대표적인 강자인 SAP 역시 ChatGPT와 SAP S/4HANA 데이터베이스 통합을 시도하고 있습니다. 아마 세일즈포스와 비슷한 방향으로 나아갈 것으로 보이는데, 기존의 SAP 현황을 봐서는 메이저급 업그레이드가 이루어질 것으로 보입니다. 마이크로소프트의 유사 솔루션인 다이나믹스 365도 OpenAI의 ChatGPT 기능을 통합하고 있습니다.

For Business

국산 ERP 및 CRM 시장은 대기업을 제외하면 아직 도입하지 않은 중견 업체들도 많습니다. LLM과 랭체인 방식을 사용하면 기업에서 기존에 사용하던 그룹웨어 시스템이나 ERP 패키지에서도 ChatGPT를 구현할 수 있기 때문에 앞으로 이 분야의 성장 잠재력도 매우 크다고 볼 수 있습니다.

47 세일즈 포스, 미래에셋증권 리서치센터

로보틱스와 ChatGPT의 만남

ChatGPT의 등장은
로봇을 사람처럼 움직이게 하고 말하게 할 것입니다.

지금까지 등장한 로봇의 기능은 크게 두 가지였습니다. 먼저 사람의 말을 알아듣고 기계를 어떻게 움직여야 할지 계획하는 업스트림Upstream 기능과 이러한 계획을 바탕으로 구체적으로 기계를 작동하는 다운스트림Downstream 기능입니다. 이에 따라 산업용 로봇은 실제 동작의 정교함에 초점을 맞추는 업스트림 기능을 중점적으로 개발하고, 가정용이나 사무용 로봇은 사람의 말을 알아듣고 그것을 실행하는 다운스트림 기능에 초점을 맞춰 개발했습니다.

그런데 ChatGPT가 등장하면서 이 두 가지 기능을 통합해 버리는 혁신이 일어났습니다. 사람의 말을 알아듣고 답할 수 있을 뿐만 아니라 지시를 내리는 순간 코딩하는 동작마저 가능해진 것입니다.

지금까지는 로봇에 명령을 내리려면 로봇 엔지니어가 코드를 일일이 입력해야 했습니다. 그런데 ChatGPT를 로봇에 장착하면 로봇 엔지니어는 할 일이 없어집니다. 사용자가 직접 로봇에 명령만 하면 되기 때문입니다. 로봇은 그 명령을 이해하고 현재 상황을 고려해 코딩한 후 실행까지 완료합니다. 예를 들어 드론이 선반에 놓여 있는 잔디깎이를 조사하거나 블록들을 특정 규칙대로 배열할 수 있고, 부엌으로 이동해서 점심 식사를 데울 수도 있습니다.

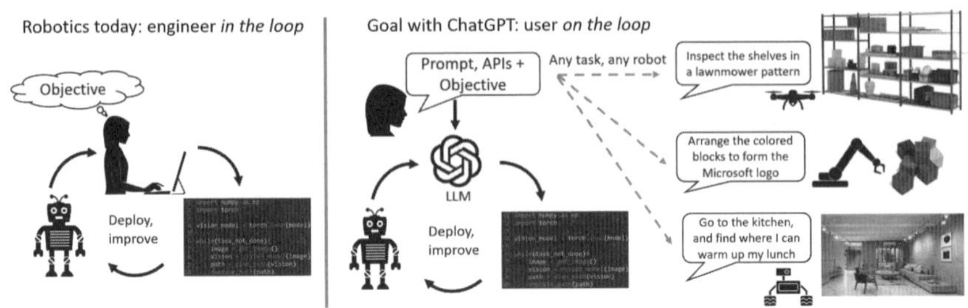

현재의 로봇 공학이 ChatGPT로 인해 달라지는 변화[48]

이처럼 로봇에 설치된 ChatGPT는 사용자와의 대화를 통해 과제를 보다 정확하고 안전하게 수행할 수 있습니다. 사용자는 ChatGPT가 생성한 코드나 성능에 대해 피드백을 줄 수 있으며, ChatGPT는 피드백을 반영하여 코드를 수정합니다. 이렇게 하면 로봇 엔지니어 없이도 사용자가 ChatGPT와 직접 협력하여 과제를 해결할 수 있습니다. 영화에나 나올 법한 로봇이 등장하는 미래가 현실로 다가오는 것입니다.

로봇 분야가 ChatGPT와 아주 궁합이 잘 맞는 분야임을 보여주는 사건이 하나 있습니다. OpenAI가 마이크로소프트와 함께 만든 스타트업 펀드가 노르웨이의 로봇 스타트업인 1X에 투자한 일입니다. 1X는 사람과 같이 생긴 휴머노이드를 만드는 기업으로, 올해 '네오'라는 이족 보행 로봇을 출시할 예정입니다.

앞으로 ChatGPT와 같은 LLM이 사무실의 컴퓨터 공간을 벗어나면 로봇, 드론, TV, 냉장고, 세탁기 등에 장착돼 현실 세계로 성큼 넘어올 것입니다. 이는 ChatGPT의 무한한 확장 가능성을 보여 주지만 그에 따른 피해가 발생할 위험도 있습니다. 현실 세계의 물리적인 법칙이나 환경을 완벽하게 이해하지 못하거나

48 Microsoft Autonomous System and Robotics Research, 「ChatGPT for Robotics: Design Principles and Model Abilities, SaiVemprala et al, 2023」

노르웨이 로봇 스타트업 1X의 이족 보행 로봇 네오[49]

잘못된 정보로 오류 코드를 생성할 수 있기 때문입니다. 이런 일들이 한 번 발생하면 확장된 영역만큼 큰 피해가 예상되기 때문에 안전성과 신뢰성을 먼저 확보하는 일이 매우 중요합니다.

For Business

우리나라는 인구 대비 로봇 수가 가장 많은 나라에 속합니다. 따라서 LLM과 로봇의 결합을 선제적으로 시행하면 국내 로봇 시장뿐만 아니라 세계 시장으로도 진출할 기회가 얼마든지 있습니다. 국내 로봇 기업의 경쟁력을 살려 만들 수 있는 비즈니스 모델은 굉장히 다양할 것입니다.

49 https://www.1x.tech

〈전격 Z작전〉의 키트가 현실이 되는 ChatGPT의 능력

ChatGPT는 모두가 꿈꿔 왔던
영화 속 자율 주행 시대를 앞당길 것입니다.

1980년대 안방을 점령했던 미국 드라마가 있었습니다. 바로 〈전격 Z작전(Knight Rider)〉입니다. 주인공이 스마트워치에 명령을 내리면 어디선가 튀어나와 주인공 앞에 착 대기하는 자동차 키트(KITT)가 상당한 인기를 끌었습니다.

〈전격 Z작전〉에 등장하는 자동차 키트

이제 키트를 현실에서 만날 날이 머지 않았습니다. 키트의 실제 모델은 GM사의 폰티악 트랜스 앰Trans Am으로, 최근 마이크로소프트와 협약을 맺고 통합 소프트웨어 플랫폼 얼티파이Ultifi에 ChatGPT를 통합하기로 했습니다. ChatGPT는 자동차 주행, 인카in-car 엔터테인먼트, 자동차 부품 유지 보수 및 고장 부품 예측, 사고 시 대처 방법 제시 및 응급 기관 연락 등 자동차 기능 전반에 대한 어시스턴트 역할을 할 것입니다. 당연히 드라마에서처럼 스마트워치와 연결되어 자율 주차도 가능하겠지요.

곧 벤츠에도 ChatGPT가 탑재된다고 합니다. 따라서 운전 중에도 레스토랑 예약이나 영화표 예매와 같은 일을 할 수 있게 됩니다. 이는 기존에 탑재되어 있던 음성 비서의 능력을 확장시켜 운전자와 양방향 대화가 가능하도록 할 것입니다.

ChatGPT는 자율 주행 기술에도 중요한 역할을 담당할 것입니다. 자율 주행 기술의 약점은 주행 중에는 운전자가 중지 버튼을 누르는 것 외에는 개입할 수 없다는 것입니다. 여기에 ChatGPT가 적용되면 주행 중에 운전자나 승객이 "위험한 상황이니 조심해", "천천히 가" 등과 같은 명령을 내릴 수 있습니다. 자동차 역시 운전자나 승객에게 "5분 후면 휴게소에 도착하는데, 쉬고 갈까요?"라는 질문을 할 수 있습니다. 이렇게 쌍방향 소통이 가능해지면 마치 운전을 아주 잘하는 기사를 데리고 탄 기분이 들 것입니다.

자율 주행 시대가 도래하는 지금, ChatGPT는 자동차 시장의 근본을 뒤흔들 만한 충분한 잠재력을 갖고 있습니다. 이에 따라 마이크로소프트의 클라우드는 또 한 번 대박이 날 것입니다. 자동차에 장착한 ChatGPT가 기능하려면 클라우드와의 연결이 필수적이기 때문입니다. OpenAI 역시 자동차 버전의 오토 플러그인을 만들 것이고, 이를 활용해 각 자동차의 AI 어시스턴트를 만들어 내는 벤처 회사도 많이 생길 것입니다.

본격 메타버스 시대를 다시 열 ChatGPT

메타버스의 꺼진 불씨를
ChatGPT가 다시 살릴 가능성이 열립니다.

메타버스Metaverse는 등장 초기에 비해 인기가 조금 시들해졌습니다. 모든 IT 기술이 그렇듯 혁신적인 기술은 처음에는 사람들에게 환상을 심어 주면서 인기가 폭발하다 현실적인 한계에 부딪히면 금방 가라앉고 말죠. 메타버스의 인기가 유지되지 못한 이유는 다음과 같은 여러 문제점이 있기 때문입니다. 이것이 우선 해결되어야 메타버스에 대한 관심을 다시 끌어올릴 수 있습니다.

- VR, AR 기기의 보급률이 낮습니다.
- VR, AR 기기의 하드웨어 품질이 낮습니다.
- VR, AR용 콘텐츠를 전달하는 네트워크 밴드위스(네트워크 간의 데이터 전송 속도) 가 낮아 속도가 느립니다.
- 정교한 그래픽과 스토리를 갖춘 콘텐츠가 부족합니다.
- 기업용 메타버스는 결국 사람이 커뮤니케이션을 해야 하므로 차별점이 없습니다.
- 스토리 창출, 그래픽 디자인 등 개발 비용이 엄청나게 높습니다.

이러한 실정이니 메타버스는 게임을 주로 하는 사람들 외에는 이용자가 그리 많지 않습니다. 투자 비용이 엄청나게 들어가는 데 비해 콘텐츠의 품질이 그리 높지도 않고, 사람의 손이 많이 들어가는 데 비해 정작 이용하는 손님은 없는 현상이 지속되는 것입니다.

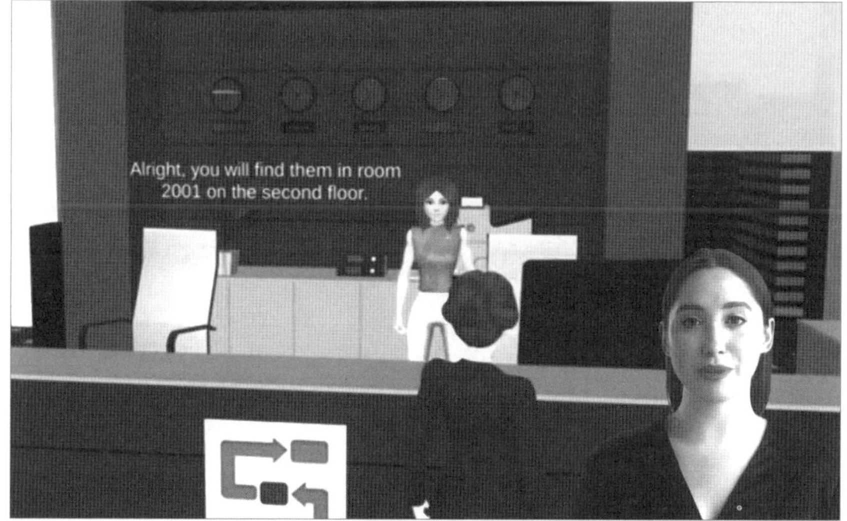

ChatGPT와 메타버스[50]

ChatGPT는 이러한 메타버스의 현실을 획기적으로 뒤집을 것입니다. 먼저 비용 절감 이슈입니다. ChatGPT가 직접 메타버스 스토리보드를 만들고 디자인 및 개발 코드를 작성하는 것입니다. 이때 미드저니와 같은 생성 AI 활용 툴을 활용하면 수많은 이미지와 비디오를 간단하게 생성할 수 있습니다.

메타버스 안에는 ChatGPT를 탑재한 기업용 아바타가 들어갑니다. 현재 사용되는 챗봇은 대화 능력이 떨어지기 때문에 이용하는 사람도 적습니다. 그러나 ChatGPT나 LLM을 기업 내 데이터로 프롬프트 튜닝하고 랭체인 애플리케이션으로 개발하면 사용자와 실제 '소통'이 되는 아바타로서의 역할이 가능해집니다.

---

50 https://www.youtube.com/watch?v=L1_2_s6hHm8

또한 메타버스 내에서 활동하는 아바타들도 개인별 ChatGPT를 장착할 것입니다. 비록 지금은 하나의 ChatGPT를 수억 명이 공유하는 상황이지만, 앞으로는 메타버스 아바타용 ChatGPT를 생성하게 될 것입니다. 개인 한 명 한 명의 성격과 취향을 갖춘 ChatGPT는 메타버스에서 활약하는 또 다른 '나'로서의 역할을 너끈히 해낼 수 있을 것입니다.

For Business

최근 애플은 VR과 AR을 동시에 구현할 수 있는 최초의 공간 컴퓨터 비전 프로(Vision Pro)를 2023년 6월에 발표했습니다. 이는 지금까지 나온 어떤 VR/AR 기기보다 성능이 뛰어난데, 앞으로 이런 하드웨어의 발전이 VR이나 메타버스 시장을 새롭게 선도해 나갈 것입니다. 애플에서 구체적으로 언급하지는 않았지만 여기에는 AI 기술이 당연히 들어가 있을 것입니다. 따라서 앞으로 비전 프로와 같은 하드웨어는 기기 설비 보수, 의료 분야의 수술 지도 및 교육, 전투기나 항공기 전투 시뮬레이션 교육 등에 광범위하게 사용될 것이며, 이와 관련된 솔루션 제공업체들도 무수히 많이 나올 것입니다.

나가는 말

ChatGPT를 보는 시각은 매우 다양합니다. 서점에는 이미 ChatGPT 관련 책이 넘쳐납니다. 그런데 여기에 또 한 권 보태는 이유는 ChatGPT만이 가진 잠재력을 남들보다 깊게 파고들고 싶었기 때문입니다. 이미 ChatGPT는 그 존재 자체만으로도 미래를 읽는 힌트를 보물찾기처럼 여기저기 숨겨 놓았습니다.

AI 상용화는 이제 시작되었습니다. 이미 활시위를 떠났고, 우리는 각자 알아서 이 거대한 흐름에 맞서야 합니다.

그저 ChatGPT를 사용하는 정도로 만족해서는 안 됩니다. 그것은 꼬박꼬박 OpenAI에 세금 내는 정도의 일밖에 안됩니다. 조금 있으면 마이크로소프트가 오피스 코파일럿을 만들어서 또 매달 세금 내라고 할 겁니다.

이 흐름을 적극적으로 리드해 가려면 우리나라 벤처기업에서도 성능 좋은 다국어 LLM 모델과 한국적인 데이터셋을 만들고 랭체인으로 기업용 LLM 애플리케이션을 만들어야 합니다. 국내 DB 회사들은 국내용 벡터 스토어를 만들고, 국산 ERP나 CRM 회사는 LLM을 현재 패키지에 업그레이드해야 합니다. 결국 이런 것들이 기존의 비즈니스 형태를 바꿀 것입니다. 이제부터 바뀔 비즈니스의 모습은 이 책 전체에서 이야기했습니다.

앞으로 우리가 맞이할 ChatGPT 세상은 결국 아는 만큼 보입니다. 이 파도에 휩쓸리기만 하지 말고 당당히 주도권을 쥐고 나아가는 데 이 책이 길잡이가 되기 바랍니다.

찾아보기